EDITIONS TOMEK · MONACO

PETER DUSEK *HELMUT KOLLER*

Das Buch zum Film
ELEKTRA
Rache ohne Erlösung

*Mit Beiträgen von
Leonie Rysanek und Prof. Götz Friedrich*

*Umschlagfotos von Helmut Koller
Graphische Gestaltung von Einband und Schutzumschlag:
Alf Kemeter, Gmunden*

Layout und Bildauswahl: Helmut Koller

Schlußredaktion und Verlagsherstellung: Ingo Waldau, München

ISBN 2-86443-022-3

© R. St. Tomek, Principauté de Monaco
(17, Boulevard du Larvotto, »Casabianca«)

Nachdruck, auch auszugsweise, nur mit Genehmigung der Verkaufsleitung
von D. Fischer & Co. GmbH, Verlagsbüro München 71 (Tel. 089/7 91 44 90)

– Weitere Rechtsvermerke auf Seite 238 –

TECHNISCHE HERSTELLUNG:

Satz: Fotosatz Blum GmbH, München 71 und (Libretto) Biering/Numberger, München 40
Bildreproduktion: Chemigraphia Gebr. Czech, München/Mondadori, Verona
Druck und Bindearbeit: Arnoldo Mondadori Editore, Graphischer Betrieb Verona
Printed in Italy (8209-5001)

INHALTSANGABE

MITWIRKENDE Besetzung und Aufnahmestab	6
VORWORT DER HERAUSGEBER	8
WIE ES BEGANN	10
ELEKTRA – EIN AKTUELLER MYTHOS	12
MYTHEN UND MÄRCHEN Griechische Heldensagen – Das griechische Theater – Der Atriden-Stammbaum	14
MYTHEN UND TRAUMDEUTUNG Mythologie im Lichte psychoanalytischer Forschung – Die Entdeckung des Unbewußten und das Theater	22
ELEKTRA – DIE OPER	26
HUGO VON HOFMANNSTHAL	28
RICHARD STRAUSS	30
ELEKTRA AUF DER BÜHNE Hofmannsthals szenische Anweisungen	32
ELEKTRA – DER FILM Die Elektra-Inszenierung von Götz Friedrich	36
DAS ERGEBNIS Farbige Szenenfotos (erläutert auf den Seiten 228/229)	39
ELEKTRA UND GÖTZ FRIEDRICH Gespräch zwischen Herausgeber und Regisseur	84
BEI DEN DREHARBEITEN ZUM FILM „ELEKTRA" Eine Reportage in Foto-Impressionen	102
KARL BÖHMS VERMÄCHTNIS	162
ELEKTRA IN UNSEREM JAHRHUNDERT Der Elektra-Stoff in verschiedenen Dramatisierungen: Aischylos · Sophokles · Euripides; O'Neill · Giraudoux · Sartre · Hauptmann · Hofmannsthal/Götz Friedrich	183
DAS BILDTEXTBUCH Opernlibretto des Elektra-Films	198
„DAS ERGEBNIS" – FOTOBESCHREIBUNG	228
NACHWORT DES VERLEGERS	230
PETER DUSEK – HELMUT KOLLER Über die Herausgeber dieses Buches	232
WHO IS WHO? Die wichtigsten Namen, kurz kommentiert	234
LITERATURHINWEISE	238
FOTONACHWEIS · FILMMATERIAL	240

MITWIRKENDE

Die Besetzung der Film-Oper

ELEKTRA:	Leonie Rysanek
CHRYSOTHEMIS:	Catarina Ligendza
KLYTÄMNESTRA:	Astrid Varnay
ÄGISTH:	Hans Beirer
OREST:	Dietrich Fischer-Dieskau
PFLEGER:	Josef Greindl
ALTER DIENER:	Kurt Böhme
JUNGER DIENER:	Christopher Doig
AUFSEHERIN:	Colette Lorand
1. MAGD; 2. MAGD:	Kaja Borris; Axelle Gall
3. MAGD; 4. MAGD:	Rohangiz Yachmi; Milkana Nikolova
5. MAGD:	Marjorie Vance
SCHLEPPTRÄGERIN:	Olga Varla
VERTRAUTE:	Carmen Reppel
AGAMEMNON:	Rolf Boysen
Regie:	Götz Friedrich
Dirigent:	Karl Böhm
Orchester:	Wiener Philharmoniker

Zum Aufnahmestab gehörten:

HERSTELLUNGSLEITUNG:	Horant H. Hohlfeld
PRODUKTIONSLEITUNG:	Rainer Mockert
AUFNAHMELEITUNG:	Jürgen Meier; Felicia Stachow
FILMGESCHÄFTSFÜHRUNG:	Ingunn Sievers, Jutta Mairich
PRODUKTIONS-SEKRETARIAT:	Elvira Florina Böhm
BESETZUNG:	Eva Wagner-Pasquier
KAMERA:	Rudolf Blahaček
KAMERA-ASSISTENZ:	Nikolaus Starkmeth
AUSSTATTUNG:	Josef Svoboda
BAUTEN:	Gerd Janda
KOSTÜME:	Pet Halmen
MASKE:	Fredy Arnold; Dagmar Friedrich; Ruth Phillip; Katharina Vonwiller; Brigitta Wehrandt
MATERIAL-ASSISTENZ:	Thomas Gitt
CHOREOGRAPHIE:	Eleonor Fazan
MUSIKALISCHE AUFNAHMELEITUNG:	Christopher Raeburn
MUSIKALISCHE ASSISTENZ:	Ralph Hossfeld
KORREPETITOR:	Konrad Leitner
TONMEISTER / EINSPIELUNG:	Gernot R. Westhäuser
TON / FILMAUFNAHMEN:	Peter Kellerhals
SYNCHRON-ÜBERWACHUNG:	Rolf Feichtinger
SCHNITT:	Inga Sauer; Ute Albrecht; Cornelia Berger
SCRIPT:	Gretl Zeilinger
GARDEROBE:	Oswald Saurer; Frauke Schernau; Regina Amon; Gertrude Dosedle
STANDFOTOS:	Helmut Koller

GIESST WASSER AUS, GIESST WASSER AUS, GIESST ALLES WASSER DER SINTFLUT AUS, IHR KOMMT DOCH NIE ZU ENDE . . .

Maurice Maeterlinck

VORWORT DER HERAUSGEBER

Elektra – eine der aufregendsten Opern in der Fassung von Richard Strauss und Hugo von Hofmannsthal.
Elektra – die letzte Arbeit des größten Strauss- und Mozartdirigenten seit Jahrzehnten, Karl Böhm.
Elektra – ein spektakulärer Film von UNITEL in der Regie des Generalintendanten der Deutschen Oper Berlin, Götz Friedrich.
Elektra – das einzigartige Rollendebüt einer der erfolgreichsten Sängerinnen der Gegenwart, Leonie Rysanek.
Elektra – ein Frauenschicksal an der Schwelle des Abendlandes – aktuell bis heute.

Wer zu einem solchen singulären künstlerischen Ereignis ein Buch gestalten will, muß mehr bieten als Fotos, mögen sie auch noch so faszinierend sein – wie jene Auswahl, die in diesem Band von Helmut Koller zusammengestellt wurde.

Das Buch zum Film – das ist in diesem Fall etwas Neues. Das Opern-TV-Handbuch ist die ideale Ergänzung für denjenigen, der sich eine Videokassette dieser Sensations-Verfilmung zulegen will. Es ist aber auch die optimale Einführung in das Werk und in die Stoffgeschichte.

Dieser Bildband zeigt Karl Böhm bei seinen letzten öffentlichen Auftritten im Sophiensaal in Wien. Als „Stellvertreter von Richard Strauss auf Erden" brachte der 87jährige die reichen Erfahrungen seines 75 Jahre umfassenden Dirigentenlebens in die für den Film erarbeiteten Elektra-Tonaufnahmen ein – und das Wissen um das Werk aus der persönlichen Freundschaft zum Komponisten.

Das Opern-TV-Handbuch enthält den gesamten Text der Oper. Es bringt ein ausführliches Gespräch mit Götz Friedrich, dokumentiert die Entstehung der Oper ebenso wie es einen Gesamteindruck der Filmversion vermittelt.

Und wer mehr über Elektra wissen möchte, der findet eine umfangreiche Dokumentation: Elektra in den verschiedenen Bearbeitungen der Antike bei Aischylos, Sophokles und Euripides. Elektra als Thema der Mythenforschung – von Bachofen bis Rhode –, als Thema der Traumdeutung und Archetypus-Forschung bei Sigmund Freud und C.G. Jung.

Aber auch noch nach Hofmannsthal hat Elektra Dichter provoziert: Eugene O'Neill, Jean Giraudoux, Gerhart Hauptmann und Jean Paul Sartre. Sie alle haben bewiesen, wie aktuell der Mythos der Elektra ist – jener Elektra, die ihre Mutter morden will, um den erschlagenen Vater zu rächen, und wie sehr die Haßausbrüche und die Verzweiflung jener griechischen Königstochter unter die Haut gehen, die auf der elterlichen Burg Mykene das Schicksal einer Nachkriegsgeneration durchlebt, die auf die Befreier, auf die Rächer wartet und dabei nicht merkt, daß sie den Anschluß an die neue Zeit verpaßt hat: Der Film Elektra – das ist gerade heute ein aktueller Mythos, festgehalten mit den technischen Möglichkeiten der 80er Jahre des 20. Jahrhunderts. Interpretiert von einem Regisseur, dessen Leben europäische Geschichte unserer Generation ist, der seine Schulzeit überwiegend in einem angeblich tausendjährigen Reich absolvierte und mit den Erzählungen der Antike seine moralische Widerstandskraft gegen die Unmenschlichkeit stärkte.

So ist mit dieser letzten Arbeit von Karl Böhm nicht nur das künstlerische Vermächtnis eines großen Musikers für die Nachwelt bewahrt, sondern der Film zeigt auch zu den vielen Elektra-Versionen eine ganz neue Interpretationsmöglichkeit. Eine, die an unser eigenes Schicksal rührt.

Elektra – ein aktueller Mythos. Wer die vielleicht kühnste Wiedergabe dieses Stoffes im 20. Jahrhundert finden will, muß sich diesen Film anschauen – und er sollte mit Hilfe dieses Buches nicht nur besser informiert, sondern auch betroffen im Sinne des altgriechischen „Erkenne dich selbst" sein. Denn Elektra ist eine Mahnung auch für die Menschen des Computerzeitalters.

PETER DUSEK   HELMUT KOLLER

WIE ES BEGANN

„Orest! Orest!" – Der letzte flehende Ruf nach dem Bruder ist verhallt. Noch einmal droht aus dem riesigen Orchester das Agamemnon-Motiv. Abrupt endet die Oper mit zwei schnellen, dramatischen Schlägen. Karl Böhm legt den Taktstock aufs Pult. 120 Musiker schweigen, nachdem sie die Musik fast zwei Stunden lang wie einen Gewittersturm toben ließen. Richard Strauss ist in seiner „Elektra" bis zur äußersten Grenze gegangen. Doch die 5 000 Zuschauer im Amphitheater des Herodes Atticus jubeln. So war es am 2. September 1977 in Athen. Die antiken Mauern des Freilufttheaters, das vor 2 000 Jahren gebaut worden war, hatten das Ensemble zu einem unvergeßlichen Theaterabend inspiriert.

Weit über hundert Mal hatte Karl Böhm diese expressionistischste aller Partituren schon dirigiert. Aber nun konnte er nicht mehr. Auf seine geliebte „Salome" hatte er schon früher verzichten müssen, da die Anstrengungen seine Kräfte überstiegen. Doch die Münchner UNITEL hatte zuvor das Ereignis unter der Regie von Götz Friedrich auf Zelluloid gebannt. Der Wunsch des großen Altmeisters und Strauß-Experten Karl Böhm stand an diesem Abend nun endgültig fest: er wollte auch diese große musikalische Zwillingsschwester der „Salome", die „Elektra" im Film festgehalten wissen.

Die UNITEL trat mit diesem Plan wieder an Götz Friedrich, den Experten für antike Stoffe, heran. Doch dieser zögerte – er hatte bis dahin davor zurückgeschreckt, Elektra auf einer Opernbühne zu inszenieren – obwohl der Felsenstein-Schüler sich seit seinem 22. Lebensjahr mit Haut und Haar dem Musiktheater verschrieben hatte! Wie sollte es einem Regisseur gelingen, das literarische Werk von Hugo von Hofmannsthal

*Karl Böhm dirigierte in Athen seine letzte „Elektra"
vor Publikum; von links nach rechts:
Grace Hoffmann, Ursula Schröder-Feinen,
Leonie Rysanek.
(Nach der denkwürdigen Freilichtaufführung 1977
im Athener Amphitheater)*

nicht in den ungeheuren Klangfluten der Strauss-Musik untergehen zu lassen? Doch schließlich nahm er die Herausforderung an, mit Hilfe der technischen Möglichkeiten des Filmes an diese Aufgabe heranzugehen.

Aber nicht nur in Karl Böhm mag unter der historischen Kulisse des Herodes Atticus zu Füßen der Akropolis ein Wunsch entstanden sein. Wie oft hatte sich Leonie Rysanek als Chrysothemis den Umklammerungen der furiosen Elektra entzogen und wie oft den ekstatischen Todestanz ihrer „Schwester" miterleben müssen! Leonie Rysanek hat nicht zuletzt wegen der Ratschläge ihres „musikalischen Vaters" Karl Böhm bis dahin darauf verzichtet, auf das ganz schwere Stimmfach umzusteigen. Aber nun hatte Böhm seine Meinung geändert: er wollte die Sängerin, die ihn in so vielen Strauss-Partien rund um den Erdball begleitet hat, als seine Traum-Elektra haben.

Von all dem wußten die 5 000 Zuschauer, die an jenem Sommerabend atemlos das Schicksal der Atridentochter verfolgten nichts. Sie saßen auf den Steinstufen des Amphitheaters, das Herodes Atticus einst so großzügig der Stadt Athen geschenkt hatte. Wieviel Schicksal hat sich seit damals hier schon ereignet! Wo man jetzt am klaren Sternenhimmel die Figur des Wagenlenkers ausmachen kann, bedeckte das Odeon früher ein Dach aus Zedernholz.

Die korinthischen Säulen in der Fassade hinter der Bühne sind abgebrannt. Die Türken hatten das Odeon zur Bastei verwandelt, eine Gedächtnistafel erinnert daran. Wie unbegreiflich lange selbst vor diesen Zeiten jedoch lebte jenes Königsgeschlecht in Mykene, diese sagenhaften Atriden, die nach dem Gesetz der Blutrache so unbarmherzig wüteten!

Elektra, – die Königstochter von Mykene, die beim Muttermord lachen kann, die Rachsüchtige, die Ausgestoßene – wer war Elektra wirklich? Wo finden wir ihre Spuren in der Vergangenheit; wie ist sie zu diesem zerstörten Wesen geworden, das uns heute auf diesen Fotos in dem Bildband hier erschreckt?

ELEKTRA – EIN AKTUELLER MYTHOS

An einem heißen Sommertag auf der griechischen Halbinsel Peloponnes: aus einem überlangen Bus mit Air-condition drängen erschöpfte Touristen. Die Sightseeing-Tour dauert schon den halben Tag. Jetzt ist ein Höhepunkt der Rundfahrt durch die Überreste des antiken Griechenland angesagt: die Burgruinen von Mykene. Der Himmel ist weißlich-flimmernd versengt, der kahle Burghügel wird von wenigen verfallenen Mauerresten gekrönt. Der Weg hinauf ist schattenlos, man kommt beinahe um vor Hitze – die staubige Landschaft, die stehende Luft, dazu die alten Gemäuer: sie wirken noch wie zusätzliche Wärmespeicher...

Der Führer erzählt in einem Kauderwelsch aus Englisch und Deutsch von den Qualen des Tantalus und dem grauenhaften Fluch, der auf Atreus lastet, nachdem er seinen Bruder dessen eigene Kinder zum Mahl servieren ließ. Der geplagte Tourist versucht sich im Schatten des berühmten Löwentors von solch erschreckenden Erzählungen zu erholen, er hört nur mehr sehr ungenau zu, wenn von Agamemnon und Klytämnestra, von Elektra und Orest die Rede ist – endlich kehrt man in den kühlen Bus zurück.

So oder ähnlich haben schon viele jenen Ort kennengelernt, der nach der antiken Überlieferung der Originalschauplatz eines der berühmtesten Menschheitsdramen, dichterisch verfaßt von Aischylos und Sophokles bis zu Sartre, gewesen ist. Und der auch in der Oper von Strauss-Hofmannsthal gemeint ist: Elektra, die vor den Toren jenes Palastes kauerte, in dem einst ihr Vater Agamemnon erschlagen wurde, müßte eigentlich an einer jener Stellen auf Orest gewartet haben, wo heutzutage tausende Touristen vorbeiströmen.

Die Fahrt geht weiter. Draußen ziehen Oleanderbüsche vorbei, Schafherden weiden friedlich; angenehm müde und entspannt lehnt man sich zurück... im Kopf schwirren die Akkorde: „Agamemnon!"... Sklavinnen schleppen Wasserkrüge aus der Brunnenkammer, sie mühen sich über die engen, steilen Stufen. Elektra kauert in der Grabkammer Agamemnons vor dem runden Altar und wartet auf sein Erscheinen. Der Mord ist ungerächt. Klytämnestra, die Mörderin wankt die Stufen vom Palast des Agamemnon herab, hinter ihr Sklaven, die Opfertiere schleppen. Alpträume plagen sie. Das Blut der geschlachteten Tiere wird sie vom Dämon befreien. Hilfeflehend wendet sie sich an ihre Tochter... Mit einem Ruck bleibt der Autobus stehen. Mit Mühe findet man in die Wirklichkeit zurück. Die starken Mauern der Burg von Mykene und das mächtige Löwentor, die Brunnenkammern und Kuppelgräber haben sich mit den Erlebnissen der Elektra-Oper vermengt. Aber das ist nicht die richtige Spur. Hofmannsthal hat sich in einer sehr persönlichen Bearbeitung des Sophokles-Stückes nicht an diesen Originalschauplatz gehalten. Wahrscheinlich hat er die Ruinen von Mykene nie gesehen, ihm ist es nicht um diese Aktualität gegangen.

Die Klytämnestra Hoffmannsthals hat nichts mehr zu tun mit dieser stolzen, herrischen Klytämnestra, wie sie bei Aischylos auftritt – unbeugsam und siegesbewußt. Und das knappe Schlußwort der Sophokles-Elektra hat nichts mehr gemein mit dem Todestaumel der Hofmannsthal-Elektra: dort ist sie noch eine heroische Siegerin, hier eine Gefangene ihrer eigenen Psyche. Der Mythos von Atreus, der seinem Bruder die eigenen Söhne zum Mahl vorsetzte, worauf in jeder nachfolgenden Generation Schuld auf dieses Geschlecht geladen wurde – diese Schreckensvision der griechischen Mythologie wurde lange Zeit von ihrem Erlösungsende her aufgerollt. Gluck und Goethe: zwei Namen für viele andere, die mit Oper und Schauspiel „Iphigenie auf Tauris" die Befreiung von Schuld, das Lösen des Fluches, der über den Atriden lastet, beschrieben haben.

Doch in unserem Jahrhundert – nach zwei Weltkriegen, bedroht von neuen entsetzlichen Visionen und konfrontiert mit Terror und Gegenterror – ist der Glaube an die erreichbare klassische Harmonie geschwunden. Haß und Rachsucht, das Ringen um die Macht mit allen Mitteln, die Verbindung von Sexualität und Patriarchat – das alles prägt unsere Gegenwart. Und so ist es nur symptomatisch, daß Elektra, die Unheilvolle aus dem Stamm der Atriden, in den Vordergrund getreten ist. Und die Filmversion der 80er Jahre verstärkt noch jene Züge, die schon Hofmannsthal auf die Bühne brachte: die Elektra in der Inszenierung von Götz Friedrich ist eine Gefangene, ein Sinnbild einer Nachkriegsgeneration, die auf die Befreier und Rächer wartet und dabei zugrunde geht; die gar nicht merkt, daß sich die Befreier selbst sofort auf die Seite der Mächtigen schlagen, daß sie nur neue Schuld auf sich laden.

Und schließlich ist die Elektra der 80er Jahre auch auf ihre Weise ein Beispiel für jenen Fragenkomplex, der immer aktueller wird: das Verhältnis der Geschlechter. In der Oper von Strauss-Hofmannsthal wird es ganz aus der Sicht des Verhältnisses zwischen Frauen selbst aufgerollt: Elektra, die Vaterfixierte; Klytämnestra, die Wissende, die von ihrem schlechten Gewissen gejagt wird; Chrysothemis, die Angepaßte, die nur davon träumt, ein „normales" Mutterschicksal meistern zu dürfen...

Elektra, die mythische Prinzessin aus Mykene, deren Name mit der Wortwurzel von Elektron = Bernstein zu tun hat, sie elektrisiert auch uns. Nur: so wie sich die Funken beim Reiben von dunkelgelben Bernsteinstücken heutzutage zu lebensgefährlichen Hochspannungsleitungen entwickelt haben, so ist diese Figur erst jetzt eine Herausforderung. Es liegt an uns, diese Provokation anzunehmen.

Elektra – ein Frauenschicksal der Antike, das uns heute noch bewegt (Film-Elektra: Leonie Rysanek).

MYTHEN UND MÄRCHEN

Alle Kulturkreise haben ihre eigenen Mythen und Märchen. Sie gehören in das weite Feld der mündlichen Überlieferung. Schriftlichkeit ist ihr Feind. Und mit der Aufzeichnung der Sagen und Heldenepen beginnt meist auch das Ende der fahrenden Troubadoure, der Märchenerzähler und Priester mit der Lyra in der Hand. Denn zum Wesen dieser Art von Überlieferung gehört die freie Gestaltung, die Aktualisierung und die Phantasie. Und das gedruckte Buch ist starr. So ist es kein Zufall, daß mit der Ausbildung der Hochkulturen, mit dem Fortschritt der Zivilisation, der Niedergang der mythischen Bewältigung der Vergangenheit zu beobachten ist. Nur Germanisten und Sinologen, Keltisten und Ägyptologen tragen sie noch in Büchern zusammen, all die Erzählungen über den Ursprung der Menschen, über die Midgardschlange und über Gilgamesch, über Quetzalcoatl und Ahura Mazda; und diese Überreste aus einer Vorzeit, in der Religion und Kunst zumeist noch eins waren, in der Allgemeinbildung durch mündliche Überlieferung vermittelt wurde, sind heute für die meisten Menschen belächelte Relikte einer längst vergangene Vorzeit.

Nur die griechischen Heldensagen haben der Entwicklung standgehalten. Elektra und Ödipus, Herakles und Antigone, Sisyphos und Helena – sie sind Figuren, die uns Menschen noch im Schlußdrittel des 20. Jahrhunderts vertraut sind. Denn sie wurden immer wieder zum Leben erweckt – durch Essays und durch Dramen, durch Opern und Operetten, durch Parabeln, durch philosophische Traktate und durch – mitunter – gewagte Inszenierungen jener Werke der griechischen Klassiker, die sie bis heute so zeitlos und unmittelbar verständlich auf die Bühne gebracht haben. Denn wenn

Das Löwentor von Mykene – vielbestaunte Überreste einer mythischen Vorzeit: ist einst Elektra davor gekauert?

uns – trotz aller Fragwürdigkeit der vieldiskutierten abendländischen Bildung – die Figuren der Griechen so bekannt vorkommen, dann ist dies einzig und allein auf den Umstand zurückzuführen, daß es gleichzeitig mit der Ausformung der ersten Demokratie in Europa, mit der Polis in Athen, zu einer Blütezeit der Dichtkunst gekommen ist. Denn auch für die Zeitgenossen von Aischylos, Sophokles und Euripides waren die mündlichen Überlieferungen der Mythen und Balladen nicht mehr genau zu greifen. Ja wir wissen heute nicht einmal genau, ob die beiden großen Werke der griechischen Tradition, Homers Ilias und Odyssee, wirklich auf einen einzigen Dichter zurückgehen. Der blinde „Seher" Homer ist zumindest in ständiger Umdichtung weitergegeben worden. Und diese Ilias, die vom Fall Trojas berichtet, sie stellt uns jene Figuren vor, die in der Tragödie der Elektra die Hauptakteure bilden. Immerhin liegen zwischen der Entstehung der Ilias und diesen Dramen Jahrhunderte. Und wie vage unsere Kenntnis der griechischen Vorzeit ist, kann man allein schon von der Tatsache ablesen, daß wir nicht einmal das genaue Geburtsdatum von Aischylos wissen, der als erster das Schicksal der Nachkommen des Atreus für die griechischen Theater geformt hat. Jedenfalls soll dieser Aischylos gegen die Perser in der alles entscheidenden Schlacht bei Salamis als reifer Mann mitgekämpft haben. Der Knabe Sophokles soll damals den Siegesreigen angeführt haben und gleichzeitig soll Euripides zur Welt gekommen sein. Allein diese parabelhafte Ausschmückung zeigt, wie sehr griechisches Denken damals noch von der Kraft der Bilder, von der Sinnhaftigkeit der Symbole geprägt war. Und wenn wir heute die klassischen Dramen aufführen, dann nur deshalb, weil in diesen Stücken soviel zeitlos Menschliches enthalten ist, daß auch der Mensch im Atomzeitalter vor den Exzessen der Emotionalität und Leidenschaft zurückschreckt, die in das Zeitkolorit der griechischen Polis eingebettet sind.

Das griechische Theater

Unterwegs durch den Südpeloponnes – auf der Suche nach Elektra – gelangen wir nach Epidauros, einem der berühmtesten Wallfahrtsorte des Altertums. Hier hatte Asklepios mit seinem Wahrzeichen der Schlange, der Gott der Heilkunst, seinen Sitz. Aber hier, im antiken Theater von Epidauros, kann man auch am schönsten die Dramen der drei großen griechischen Klassiker bewundern. Jeden Sommer werden die alten Tragiker – Aischylos, Sophokles, Euripides – aufgeführt. 14 000 Zuschauer können in herrlicher Akustik jeden auch nur auf dem Kreis der „Orchestra" geflüsterten Ton verfolgen. Trotzdem werden sie sich nur sehr schwer vorstellen können, wie etwa die Aufführung der Aischylos-Orestie im fünften vorchristlichen Jahrhundert ausgesehen hat: Geschnitzte Masken mit schmerzlich zusammengezogenen Brauen und aus den Höhlen hervorquellenden Augen vergrößerten und verzerrten das Gesicht jedes Darstellers.

Auch die Frauenrollen wurden von Männern gespielt – in wallenden, weitärmeligen Kostümen. Die Schauspieler waren durch Kothurne etwas erhöht. Die Gesten waren ausschweifend, exzessiv: Zerkratzen der Wangen, Zerschlagen der Brüste, Ausraufen der Haare; zwischen den Worten kamen Laute des Entsetzens, des Ekels, Schluchzen und Stöhnen, Jammern und Lallen aus den Maskenmündern. Ein liedhafter Vortrag – der Chor als zentrales Ereignis: das Drama als Teil einer politisch-kultischen Handlung, dazu archaische Instrumente. Der Verfremdungseffekt war damals zweifellos ebenso stark wie die Einbindung des Theaters in ein moralisch-ekstatisches, religiöses Fest, eine heilige Handlung: Trance und Tanz, Vermittlung von Situationen, die alle Ängste der Menschen und alle Tabus berühren. In dieser Hinsicht war das griechische Theater ein Vorgriff auf das im 20. Jahrhundert mögliche Ausloten des Unbewußten zur Therapie von Neurosen und Ängsten, das Aussprechen des Unaussprechbaren – mit Hilfe der Wissenschaft, der Medien und auch der neuen Kunstformen des Musiktheaters heute. Insofern ist die Hofmannsthal-Strauss-Version der Elektra

Griechische Dramen werden heute noch gespielt. Geändert hat sich jedoch der Aufführungsstil. In unserer Zeit wird eine gewisse Annäherung an bestimmte Merkmale der altgriechischen Bühne angestrebt. (München: Karl Orff, „Antigonä", Oper nach Sophokles)

eine zeitgemäße Umsetzung eines Themas, das an die Grundfragen des Menschen rührt. Vielleicht ist der Theaterbesucher unseres Jahrhunderts nicht mehr so bereit, seine Ängste auszuleben. Mit den griechischen Klassikern tut er sich schwer. Es genügt für uns nicht mehr, bloß die Worte aus der Vergangenheit wiederzugeben; dazwischen liegen doch zweieinhalb Jahrtausende Geschichte. Wer die Atriden-Tetralogie des Aischylos liest, wird sich in geheimnisvollen Anspielungen auf längst Vergangenes, seherischen Voraussagen auf bestimmte Ereignisse zurechtfinden müssen. Nike und Zeus, die Moira und Apollo, Hermes und Artemis werden in den begleitenden Gesängen des Chores angerufen. Mit unverhohlenem Entsetzen wird von einem „Knabenmahl" gesprochen, Atreus und Thyestes geistern durch die Erzählungen. Was eigentlich wirklich geschehen ist, bleibt im Verborgenen.

Die Bildungsbürger der griechischen Polis kannten die Gestalten der griechischen Mythologie, deren Götter und Heroen; die Traditionen und Bräuche waren Volksgut. Das Atridenschicksal schien lebendige Vergangenheit, die gigantische Burg von Mykene war noch nicht vergessen: unsichtbar von fast allen Seiten, eingezwängt zwischen zwei Bergen beherrschte die Burg die ganze Gegend. Auf dem höchsten Punkt der Burg, auf die umgebenden Berge im Westen und Süden, auf die Ebene und das Meer blickend, mag Klytämnestra auf das Feuersignal aus der Ferne gewartet haben, zum Zeichen dafür, daß Troja gefallen ist. So beginnt Aischylos seine Orestie. Zwei tiefe Schluchten umgeben den Burgberg, der mit hohen und abschreckenden Mauern befestigt war, verstärkt mit Wehrtürmen; die imposante Türschwelle mit den berühmten Löwenskulpturen als Symbole der Macht und des Ruhmes von Mykene. Die Bewohner Mykenes kannten die Geschichte des Ortes aus der mündlichen Überlieferung und den Mythen, so wie Homer und die anderen Dichter sie besungen hatten, der Eindruck von Macht und Reichtum war ihnen noch vor Augen.

Der Atridenstammbaum

Wer sind sie, die Atriden, deren Schicksal die Menschen nun schon seit drei Jahrtausenden beschäftigt, in Erzählungen, Abbildungen und Skulpturen von Generation zu Generation weitergegeben? Blenden wir zurück in die griechische Sagenwelt, in die Erzählungen über ihre Götter und Heroen – in jenen Abschnitt, der am Beginn der Schriftkultur steht und der im Mittelmeerraum tatsächlich nach Mykene deutet. Beginnen wir also die Familiengeschichte der Atriden, wie sie sich in den verschiedensten Überlieferungen darstellt, nachzuerzählen:

Am Anfang steht der Göttervater ZEUS, er ist ja auch der Vater der Menschen und regiert mit Blitz und Donner von Olymp herab.

Sein Sohn TANTALOS war einer der reichsten Könige Kleinasiens. Er war von den Göttern wegen seiner hohen Abstammung sehr geehrt und durfte an ihrer Tafel speisen. Das übergroße Glück machte ihn maßlos, und so setzte der frevelhafte König den Göttern seinen eigenen Sohn Pelops zum Mahle vor. Zur Strafe mußte er in der Unterwelt im Wasser unter einem Obstbaum stehen ohne essen und trinken zu dürfen. Nach ihm sind die Tantalos- bzw. Tantalusqualen benannt. Die Hybris der Tantaliden hat später auch seine Nachkommen oft ins Unglück gestürzt.

PELOPS, der von seinem Vater den Göttern zum Mahl vorgesetzte Jüngling, wurde von ihnen wieder zum Leben erweckt und mit einer elfenbeinernen Schulter ausgestattet. Seine Schönheit entzückte den Meeresgott Poseidon. Er entführte ihn in einem goldenen Wagen zum Olymp, ernannte ihn zu seinem Mundschenk und wählte ihn zum Bettgenossen. Mit solch einem Gönner hinter sich, machte sich Pelops auf den Weg über das Ägäische Meer und unterwarf sich nach und nach die ganze Insel, die er Peloponnes, „die Insel des Pelops" nannte. Doch machte er sich auf seinem Siegeszug – ähnlich wie sein Vater – neuerlich schuldig. Um die Königreiche Pisa und Elis zu erhalten, warb er um Hippodameia. Diese war nur zu gewinnen, wenn der Freier ihren Vater Oinomaos im Wagenrennen besiegte. Ein fast hoffnungsloses Vorhaben: über den Toren des Palastes hingen bereits die Häupter und Glieder von dreizehn besiegten Prinzen. Pelops erbat sich von seinem Liebhaber Poseidon einen Wagen mit goldenen Schwingen und einem Gespann unsterblicher geflügelter Pferde. Er bestach Myrtilos, den Wagenlenker des königlichen Rivalen, der ein Sohn des Hermes war und die umworbene Hippodameia liebte, durch ein Versprechen. Statt eiserner Nägel gab er darauf Wachs in die Naben der Wagenräder, und Oinomaos stürzte und wurde zu Tode geschleift. Als jedoch Myrtilos das Versprechen, nämlich sein Recht auf die erste Hochzeitsnacht mit der geliebten Hippodameia, einlösen wollte, wurde er von Pelops ins Meer gestürzt. Sterbend verfluchte er das ganze Geschlecht des Pelops. Seitdem lastete ein unentrinnbarer Fluch auf dem Königshaus der Pelopiden, der sich in der nächsten Generation bereits voll auswirken sollte. Hermes setzte das Bild des Myrtilos unter die Sterne – als das Sternbild des Wagenlenkers.

Die Söhne des Pelops und der Hippodameia waren ATREUS und THYESTES. Hermes wollte den Tod seines Sohnes Myrtilos rächen und entfachte zwischen den beiden Söhnen des Pelops einen mörderischen Bruderstreit um die Vorherrschaft in Mykene. Er ließ Atreus ein gehörntes Lamm mit goldenem Fell erscheinen. Die Gier nach dem Besitz dieses „Goldenen Vlieses", dem Symbol der Königsherrschaft, verführte die Brüder zu einer Kette von Untaten, die in der Ermordung der zwei Söhne des Thyestes gipfelte. Atreus hackte den Ermordeten ein Glied nach dem anderen ab und setzte ausgewählte Stücke ihres Fleisches, in einem Kessel gekocht, seinem Bruder zum Versöhnungsmahl als Willkommensgruß vor! Als Thyestes die schreckliche Wahrheit erkannte, erbrach er sich und verfluchte die Atriden. In dieser Folge von Rache und Vergeltung war es nahezu selbstverständlich, daß schließlich Atreus von Thyestes und dessen Sohn Ägisth erschlagen wurde.

Mit diesem ÄGISTH taucht der erste Akteur auf, der uns in der Strauss-Hofmannsthal-Oper begegnet. Die Geschichte seiner Geburt ist geheimnisvoll. Thyestes befragte das Delphische Orakel, wie er Rache an Atreus verüben könne. Auf dessen Rat vergewaltigte er seine eigene Tochter, die ihn aber nicht erkannte. Sie gebar Ägisth und setzte ihn auf einem Berg aus, wo Ziegenhirten ihn retteten und ihn einer Ziege zum Säugen übergaben – daher sein Name Ägisth oder „Ziegenstärke". Nach vielen neuen schicksalshaften Verwicklungen und Intrigen zwischen Atreus und Thyestes kam es schließlich zur Ermordung des Atreus und der Übernahme der Herrschaft in Mykene durch Thyestes und dann durch Ägisth.

MENELAOS war der König von Sparta, weil er mit seinem Bruder Agamemnon nach der Ermor-

Ägisth – er ist der neue Herrscher nach dem Mord an Agamemnon. (Hans Beirer)

dung des Vaters Atreus nach Sparta geflohen war und dort Helena, die Tochter des Zeus mit der Leda (Leda und der Schwan!) geheiratet hatte. Diese Helena, die als schönste Frau des Altertums galt, wurde durch den Trojaner Paris geraubt und so zur Ursache des Trojanischen Krieges. An diesem Trojanischen Krieg nahm auch Menelaos' Bruder Agamemnon teil.

AGAMEMNON hatte ebenso wie sein Bruder Menelaos in Sparta geheiratet. Und zwar eine Halbschwester Helenas: Klytämnestra, frühere Gattin eines von ihm getöteten Gegners. Agamemnon kehrte mit ihr und seinem Bruder Menelaos nach Mykene zurück und vertrieb Ägisth. Wir kennen Agamemnon gut aus der Ilias des Homer. Als angesehener Oberbefehlshaber der griechischen Truppen leitete er den Feldzug gegen Troja. Sein königliches Selbstbewußtsein ist so groß, daß er sogar, eines Mädchens wegen, den Zorn des Heroen Achilles entfachte, so daß dieser nicht kämpfen wollte und die Griechen beinahe den Krieg verloren hätten.

Nun ist aber Troja gefallen, der siegreiche König, der sein halbes Heer verlor, kehrt zurück, begleitet von Kassandra, seinem Beuteweib. Er wird erwartet von seiner Frau Klytämnestra. Klytämnestra hatte wenig Grund, Agamamnon zu lieben. Er hatte ihren früheren Gemahl und das neugeborene Kind an ihrer Brust getötet und sie gezwungen, ihn zu heiraten. Dann zog er in einen endlosen Krieg. Infolge eines Zwists der Götter blieb vor Beginn der Kämpfe der Wind für die Überfahrt der Flotte nach Kleinasien aus. Um die Götter gnädig zu stimmen, opferte Agamemnon in Aulis seine und Klytämnestras Tochter Iphigenie (Racine, Gluck: Iphigenie in Aulis). Die Göttin Artemis aber begnügte sich mit der Bereitschaft zum Opfer des eigenen Kindes und entrückte die Jungfrau ins Taurierland, wo sie sie zu ihrer Priesterin machte (Iphigenie auf Tauris).

Von jener günstigen Schicksalswendung wußte die verzweifelte Mutter Klytämnestra jedoch nichts. Sie beschloß, Agamemnon nach seiner Heimkehr von Troja, über 10 Jahre nach dieser Opferung, mit Hilfe des Ägisth zu töten. Sie führte den von der Reise ermüdeten Gatten zum Badehaus. Als Agamemnon sich gewaschen hatte, und aus der Wanne stieg, warf Klytämnestra ein Netz über ihn, und Ägisth konnte den Wehrlosen erstechen. Sie hieb sein Haupt mit einer Axt ab. Im Palast entbrannte eine wilde

Agamemnon – der Vater von Elektra, Chrysothemis und Iphigenie, der nach der Rückkehr aus dem Trojanischen Krieg ermordet wird (Rolf Boysen).

Klytämnestra – die von Schuld und Furcht gepeinigte Mutter Elektras (Astrid Varnay).

Orest – der Bruder, der den Mord am Vater durch Muttermord rächt (Dietrich Fischer-Dieskau).

Schlacht zwischen Agamemnons Leibwache und den Männern des Ägisth, der bei den Auseinandersetzungen als Sieger hervorging, und danach als Regent und Klytämnestras gefügiger Geliebter in Mykene blieb.

KLYTÄMNESTRA ist als königliche Erbin Spartas und Tochter der Leda ihrem Mann Agamemnon in Auftreten und Selbstbewußtsein nicht unterlegen. Ihre Geburt deutet sogar auf göttliche Abstammung hin. In der am meisten verbreiteten Sage hat ihre Mutter, Leda, den Göttervater Zeus empfangen, der bei ihr in der Gestalt eines Schwanes erschien. Die Frucht dieser Vereinigung war ein Ei, dem Helena und die Zwillinge Kastor und Polydeukes entsprangen. Leda wurde als „Nemesis" unter die Götter aufgenommen. Kompliziert wurde die Schwanenhochzeit dadurch, daß Leda noch in der gleichen Nacht das Lager mit ihrem Gemahl Tyndareos teilte. So kam es, daß manche in ihm den Vater der Zwillinge (Kastor und Polydeukes) sahen, während andere diesen Erfolg Zeus zuschrieben, wobei sie außer Helena auch noch Klytämnestra dazu rechneten. – Jedenfalls fühlte sie sich stark genug, Agamemnon über einen Purpurteppich in den Tod zu führen. Sie zeigte auch nach der Tat keine Reue und Furcht, sondern bekannte sich freimütig dazu. Sie erklärte den 13. Tag jedes Monats zu einem Fest und feierte ihn mit Tanz und Opfern von Schafen an ihre Schutzgötter. (Vielleicht hat hier die abergläubische Furcht vor der Zahl 13 eine ihrer Wurzeln.)

Klytämnestra hatte mit Agamemnon den Sohn OREST und drei Töchter: Elektra, Iphigenie und Chrysothemis. Der junge Orest entging dem Blutbad nach dem Anschlag des Ägisth und fand, wie es heißt, mit Hilfe seiner Schwester Elektra, Unterschlupf bei Verbündeten des Hauses Atreus, wo er auch den Spielgefährten Pylades gewann. Klytämnestra regierte mit Ägisth sieben Jahre lang. Sie war die wirkliche Herrscherin, obwohl Ägisth in Agamemnons Wagen fuhr, auf seinem Thron saß und in seinem Bett schlief und dessen Reichtümer verschwendete. Er fürchtete die Kinder des Agamemnon und hatte auf die Ermordung des Orest (als dem Träger der Blutrache) eine hohe Belohnung ausgesetzt. Elektra durfte keine fürstlichen Bewerber heiraten, damit sie keinen Sohn gebären könne, der die Blutrache der Familie übernehmen könnte.

Mit den Nachkommen des königlichen Paares von Mykene, Agamemnon und Klytämnestra, beginnt die abendländische Tradition. Von dieser Station des Atridenschicksals an gehören die wichtigsten Kapitel zum Grundrepertoire abendländischer Kultur: Goethe und Gluck, um nur zwei Namen zu nennen – und lange vor ihnen etwa Sophokles und Euripides – haben das Schicksal Orests bis zum Muttermord oder bis hin zur Erlösung vom Atridenfluch und den Rachegeistern (Erinnyen) in allen erdenklichen Details beschrieben. Zwei Jahrtausende lang hat man den Kampf zwischen privater Blutrache und staatlicher Ordnung, Schuld und Sühne in den Mittelpunkt gestellt. Die Reinigung des Orest im delphischen Tempel durch Apollo, seine Freisprechung durch Athene auf dem Aeropag war der von den Klassikern vorgegebene versöhnliche Ausklang der Tragödie. Unser Jahrhundert brachte neue Facetten in den Stoff. Denn nach den versöhnlichen Worten der Goetheschen Iphigenie mußte noch vieles geschehen, bis wir zu jener Elektra kommen, die auf der Filmleinwand anno 1982 in einem Meer von Blut und Regen zusammenbricht.

Chrysothemis – die Schwester, die dem Atridenschicksal entfliehen will (Catarina Ligendza).

MYTHEN UND TRAUMDEUTUNG

Zu allen Zeiten hat man versucht, die rational greifbaren Handlungselemente der griechischen Mythologie aufs neue zu aktualisieren. Ödipus, der ohne zu wissen seinen Vater tötet und später genau so ahnungslos seine Mutter heiratet, um schließlich bei der Suche nach dem Mörder ihres ersten Mannes sich selbst als Täter zu entdecken, dieser Ödipus war eine Figur der abendländischen Tradition. Ebenso seine Tochter Antigone, die sich dem Verbot des Königs Kreon auf Kolonos widersetzte, ihren gefallenen Bruder Polyneikes zu bestatten, und sich deshalb einmauern ließ („Nicht mit zu hassen, – mit zu lieben bin ich da"). Desgleichen gehört Medea, die von Jason mit dem Goldenen Vlies verlassene Kindesmörderin zu dieser Schar europäischer Sagenfiguren, die zum Zwecke der Erschütterung und der Warnung in den verschiedensten Bühnenfassungen zum Leben erweckt wurden. Oder eine der beliebtesten Gestalten der Kunst des Abendlandes: Ariadne, Tochter jenes Minos, der sich für das Ungeheuer Minotauros ein Labyrinth erbauen ließ, damit das Doppelwesen mit dem Haupte und den Schultern eines Stieres für alle Zeit vor den Menschen unsichtbar bleibe. Die Athener mußten alle neun Jahre sieben Jünglinge und sieben Jungfrauen als Tribut nach Kreta entsenden, wo sie in das Labyrinth getrieben und von Minotauros verzehrt wurden. Theseus gelang es mit Hilfe eines Fadens, den er von Ariadne aus Liebe erhalten hatte, den Minotauros zu töten und aus dem Labyrinth herauszufinden. Er entkam mit Ariadne auf die Insel Naxos (doch das Verhältnis der beiden zerbrach bald).
Die mannigfaltigsten Mythenerzählungen wurden mit allen Varianten aus den Quellen zusammengetragen. Die Archäologen verschafften uns Statuen, Tempel und Zeichnungen, die Philologen und Religionswissenschaftler suchten die alten Glaubensweisen in moderne Begriffe zu übersetzen. Die Anthropologen versuchten, dieselben Muster von Riten aus den verschiedensten Erzählungen herauszufinden. Es gibt häufig wiederkehrende Handlungselemente, wie z.B. die Tötung des Königs durch den Liebhaber der Königin, der dann die Witwe heiratet. In unserer vereinfachten Tantaliden-Erzählung kommt sie in leicht abgewandelter Form vor. Die Königswürde auf dem Peloponnes wurde matrilinear übertragen: die Regierungszeit des Königs dauerte bis zur Sommersonnenwende, dann tötete ihn sein Stellvertreter und nahm seinen Platz ein. Zwischen dem heiligen König und dem Stellvertreter herrschten Haß und sexuelle Eifersucht. Oinomaos hatte sich von diesem Dilemma Abhilfe verschafft. Er setzte zwar zur Sommersonnenwende einen Stellvertreter ein, der aber seinen Platz nur 24 Stunden einnahm und an der Seite der Königin im Sonnenwagen fuhr. Am Ende dieses Tages wurde der Ersatzkönig bei einem „Wagenunfall" getötet und der König kam aus seiner Gruft heraus, um wieder die Regierung zu übernehmen. Bis Pelops schließlich zur Siegesfahrt mit dem Wagen des Poseidon kam. So hatte man zum Beispiel die Geschichte von Hippodomeia-Oinomaos und Pelops erklärt. Das Verhalten Agamemnon - Klytämnestra - Ägisth paßt auch in diesen Handlungstypus hinein. Man bemühte sich, die Ereignisse auf kultische Bräuche zurückzuführen. Doch erst in der zweiten Hälfte des vorigen Jahrhunderts setzte jene Sicht der griechischen Sagenstoffe ein, die das abendländische Bildungstheater aus seiner klassischen Distanziertheit herauskatapultierte: Gleichzeitig zu den Ausgrabungen eines Heinrich Schliemann in Troja und Mykene – die einen historischen Kern etwa der Ilias und der Orestie wahrscheinlich machten – entdeckten Männer wie Sigmund Freud die Rolle der Träume bei der Bewältigung des sogenannten Unbewußten. Und spätestens mit der Erkenntnis der seelischen Archetypen durch den Freud-Schüler und Weiterentwicklung der Psychoanalyse C.G. Jung wurde klar, was da an ungeheuren Details in den alten Mythen steckte: von Kindesmord und Inzest, von Menschenfresserei und Blutrache, von

Die Mägde: Sie schleppen für Klytämnestra ein Opfertier herbei.

dionysischen Orgien, von Leichenfledderei und Sodomie – das alles schlummert in uns, mehr oder weniger verdrängt in der Traumwelt und in der Kunst; in der Kriminalistik und in der psychoanalytischen Therapie stoßen wir auf diese Spuren der Seele, die einst in der Form der Mythen zum Vorschein kamen. Viele symbolische Bilder aus den Mythen fanden tiefenpsychologische Erklärungsmöglichkeiten: das Delphische Orakel als „Botschaft des Unbewußten", das Tier als Symbol der Trieb- und Instinktnatur der Menschen. Es wimmelt nur so von Göttern, die in Tiergestalt ihre Geliebten erobern; so Zeus in Gestalt eines Schwans die Leda. Es spricht daraus die Sehnsucht des Menschen, seinen Instinkten folgen zu können. Der Heldenmythos ist in allen Religionen verbreitet und weist Ähnlichkeiten in allen Kulturkreisen auf: die wunderbare und armselige Geburt des Helden, »die frühen Anzeichen seiner übermenschlichen Stärke, seinen siegreichen Kampf mit den Mächten des Bösen, seine Anfälligkeit für die Sünde des Stolzes (Hybris) und seinen Sturz durch Verrat oder durch ein „heldenhaftes" Opfer, das mit seinem Tod endet... In vielen dieser Erzählungen wird die anfängliche Schwäche des Helden ausgeglichen durch das Auftreten von starken „Schutz"-Gestalten, die ihm bei der Lösung der übermenschlichen Aufgaben helfen. Diese göttergleichen Gestalten sind in Wirklichkeit symbolische Vertreter der gesamten Psyche, der größeren, umfänglicheren Identität, die die Kraft liefert, welche dem persönlichen Ego fehlt. Ihre besondere Rolle läßt vermuten, daß die wesentliche Funktion des Heldenmythos die Entwicklung der individuellen Ich-Bewußtheit ist – das Wissen um die eigenen Stärken und Schwächen –, um den einzelnen auf die mühsamen Aufgaben vorzubereiten, die ihm das Leben stellt... Lange Zeit sind diese Helfer unbesieglich... aber schließlich erkranken sie am Mißbrauch ihrer Macht...« (Jung).

Die Helden unserer jüngsten Vergangenheit haben sich mit ähnlichen Symbolen, Riten und „Schutzgöttern" aufgebaut. Die Hybris des Tantalos ist archetypisch für Macht und Reichtum. Die Formen und Erlebnisse des Krieges zeigen immer wiederkehrende Grundereignisse.

Die Menschen waren immer bemüht, sich von ihren Zwängen zu befreien. Die orgiastischen Riten des Dionysos-Kultes wurden vom Orpheus-Kult abgelöst. Das Christentum hielt sich mehr an die Askese. Umso größer ist die Funktion des Theaters, auch der Oper: durch Bewußtmachen unbewußter Vorgänge zum Abbau von psychischen Spannungen und Deformationen beizutragen, aber ebenso die Sphäre des Unaussprechbaren, die Sphäre des Emotionalen und der Körpersprache zum Klingen zu bringen. Und auch aus dieser Sicht läßt sich eine Oper wie Elektra von Strauss-Hofmannsthal als höchst aktuelle Umsetzung einer alten mythologischen Parabel definieren, die mit den Mitteln des Films erst so richtig in die Welt der Assoziationen und Träume, der Erinnerungen und des Unbewußten gehoben werden kann.

Und noch ein Letztes macht die Elektra-Handlung zu einem hochaktuellen Mythos des 20. Jahrhunderts. Denn mehr als sich Hofmannsthal bewußt gewesen sein mag: ein Thema unserer Zeit, das ständig an Brisanz gewinnt, könnte mit dem Überbegriff „das Verhältnis zwischen Mann und Frau" umschrieben werden. Und das Schicksal Elektras reicht tief hinein in die Grundproblematik von männerbündischen Machtstrukturen und dem Mutterrecht. – Sigmund Freud hat mit seinen Einsichten in die Vorgänge des Unbewußten seine Zeitgenossen schockiert. Und bis heute wird er in der Wissenschaft und nicht nur dort mitunter heftig angegriffen. Dennoch: seine Erkenntnis von psychisch bedingten Erkrankungen, seine Ausführungen über frühkindliche Sexualität sowie seine Heilmethoden – all das ist heute im großen und ganzen anerkannt. Ebenso wie sein Einfluß auf Künstler und Philosophen unbestritten sein müßte.

Werke wie O'Neills „Trauer muß Elektra tragen" könnte man als angewandte Freud-Dramatik überschreiben. Aber auch die latenten Spannungen zwischen Eltern und Kindern, die auf gewisse sexuelle Verdrängungen zurückgehen, gelten heute als geradezu umgangssprachliche Selbstverständlichkeit: der Ödipus-Komplex – die mehr oder weniger unbewußte Zuneigung des Sohnes zur Mutter, die durch das Inzestverbot verdrängt wird –, diese Facette des Seelenlebens ist heute zur stehenden Redewendung geworden. Und Elektra, die Vaterfixierte, die Verstoßene, Elektra die Aussteigerin – sie ist nicht nur das geradezu klassische Gegenstück zu Ödipus. Sie ist auch eine, die in der heutigen Emanzipationsdebatte als Verfechterin des Patriarchats gelten würde. Als Verbündete der Männerwelt, die zwischen ihrer „angepaßten" Schwester Chrysothemis und ihrer „wissenden" aber schuldbewußten Mutter Klytämnestra steht – eine Frau in selbstgewählter Isolation, die sich ihrer Möglichkeiten als Frau weder bewußt ist, noch erkennt, wie schuldig auch die Männerwelt ist, deren Rache sie ausführen will. Als Hofmannsthal seine Elektra-Fassung niederschrieb, schloß er an das Grundgerüst von Sophokles an. Elektra wartet in verhärmten Zustand vor dem Tor des Palastes des Agamemnon, in dem nun Klytämnestra und Ägisth herrschen. Sie wartet bis der Bruder Orest kommt, der die Mutter und den Mörder ihres Vaters mit dem gleichen Beil erschlägt, mit dem schon Agamemnon getötet wurde. Und Elektra stirbt in einem Freudentaumel über diesen neuerlichen Doppelmord.

Sicherlich hat Hofmannsthal nicht nur Freud und Breuer, Sophokles und Goethe gelesen. Ganz gewiß beschäftigte er sich auch mit Forschungen, die die griechische Mythologie als Widerspiegelung des Kampfes zwischen partriarchalischer Gesellschaft und vorangehendem Mutterrecht deuteten. Der Schweizer Rechtshistoriker und Altertumsforscher Johann Jakob Bachofen veröffentlichte 1861 seine romantische Deutung der antiken Mythologie „Das Mutterrecht". In Klytämnestra ist dieses Recht mit besonderer Wucht vertreten, stammt sie doch von Leda-Nemesis selbst ab, die die Mutter in abstrakter Allgemeinheit verkörpert. Wenn Orest und Elektra als Rächer des Vaters auftreten, verletzten sie das ältere Recht der Mutter und die Erde selbst, und die Gestalten der Erinnyen erheben sich zur Rache dieser Untat.

Aber schon kündigt sich eine neue Zeit an; denn Apollo selbst hat im Orakel von Delphi die Tötung Klytämnestras anbefohlen – und Orest wird schließlich in einem Musterprozeß freigesprochen. Aischylos hat diese Theorie in seiner Orestie vorgegeben. Doch auch Bachofen gegenüber ist die Forschung heute ähnlich skeptisch wie gegenüber Schliemanns eindeutigen Zurechnungen (er glaubte in Mykene das Grab des Agamemnon gefunden zu haben und in Troja die sechste Grabungsschicht als die Überreste der homerischen Zeit identifizieren zu können). Das Mutterrecht ging dem

Leda und der Schwan – Leda gilt in der griechischen Sagenwelt als Mutter der Klytämnestra.

Patriarchat wohl nie wirklich voraus. Es war immer nur in Nischen und in geheimen Mysterien (Eleusis) vorhanden, die emotionale Alternative einer matriarchalischen Gesellschaft wurde offenbar immer nur im Kultischen zugelassen. Wo Macht anzutreffen war, hatten Männer die Schlüsselpositionen inne. Und so ist das Spannungsverhältnis von Elektra zu Chrysothemis („Kinder will ich haben und wär's ein Bauer, dem sie mich geben") und zu ihrer Mutter („Ich habe keine guten Nächte") ein höchstaktuelles: wie verhalten sich Frauen in einer Männergesellschaft? Diese Frage wurde von Hofmannsthal in einer so unmittelbaren Art und Weise szenisch umgesetzt, daß Richard Strauss zu seiner vielleicht genialsten Tonschöpfung angeregt wurde. Und auch hier gilt: neben der „Salome" – nach einem Text von Oscar Wilde – hat es in diesem Jahrhundert auf dem Musiktheater nur mehr den „Wozzeck" von Alban Berg und dessen (unvollendete) „Lulu" nach Frank Wedekinds „Die Büchse der Pandora" gegeben, die ähnlich existenziell herausfordern wie „Elektra" von Strauss und Hofmannsthal. Es ist sicher kein Zufall, daß alle diese Werke in die „Abgründe der menschlichen Seele" blicken lassen und alle das Verhältnis zwischen Mann und Frau aktualisieren. Die sagenhafte Überlieferung von Atreus und seinen Söhnen und der Tragödie der Klytämnestra, diese unbegreiflich berührende wie schockierende Parabel aus der griechischen Vorzeit – sie ist tatsächlich ein aktueller Mythos.

ELEKTRA – DIE OPER

Wieviel ist von all diesen Erkenntnissen, die sich um die Jahrhundertwende um ein neues Bild der Antike bemüht haben, in die Feder Hofmannsthals geschlüpft, als er die Elektra niederschrieb? Dies, und wieviel davon Strauss dann in die Musik eingebracht hat, man kann es nicht auseinanderdividieren. Aber eines ist klar: kaum zwei andere Künstler haben die kulturellen Strömungen ihrer Zeit so eingesogen wie Hugo von Hofmannsthal und Richard Strauss. Und wenn man die Begegnung von Klytämnestra und Elektra erlebt, so wie sie Hofmannsthal und Strauss dargestellt haben, so hat diese Selbstäußerung der von Alpträumen zerstörten Mörderin nichts mehr zu tun mit der Szene, wie sie sich etwa bei Sophokles – der Vorlage – noch abspielt. Dort ist sie mehr eine – wohl heftige – Diskussion darum, auf welcher Seite nun das größere Recht liege.

Die Handlung der Strauss-Hofmannsthal-Elektra hält sich an die Gesetze der griechischen Klassiker: ein Raum, eine Zeiteinheit – eine kompakte Bühnenhandlung. Die Vorgeschichte oder Ereignisse von Nebenschauplätzen werden nur durch Erzählungen in die Handlung eingebracht (Mägde-Szene zu Beginn, Monolog der Elektra, Auftritt des jungen und alten Dieners bei der Meldung vom angeblichen Tod des Orest). Und die Haupt-Story der Oper ist rasch wiedergegeben:

Der Mord, den Klytämnestra an ihrem Gatten Agamemnon gemeinsam mit Ägisth verübt hat, lastet wie ein Fluch auf dem Palast von Mykene. Elektra, die Tochter Agamemnons und Klytämnestras, lebt mit den Hunden im Hof, schlechter als die Mägde, die sie mit ihrem Haß verfolgen. Nur eine von ihnen ahnt etwas von der Größe dieser Frau („Ich will vor ihr mich niederwerfen und die Füße ihr küssen...") und wird prompt von den übrigen Mägden und der Aufseherin geschlagen. Elektra wartet auf Orest. In halbwahnsinnigem Zustand glaubt sie jeden Tag um jene Stunde, zu der der Vater erschlagen wurde, die Vision des toten Agamemnon zu sehen („wie ein Schatten dort im Mauerwinkel zeig dich deinem Kind..."). Elektra wartet auf Orest, den sie als Kind vor ihrer Mutter und ihrem neuen Günstling Ägisth in Sicherheit bringen konnte: Orest soll die Tat rächen. Elektra hat das Beil aufbewahrt, mit dem Agamemnon im Bade erschlagen wurde. Die einzige Person, die zwischen dem Königspalast und der körperlich wie seelisch heruntergekommenen Elektra ständigen Kontakt aufrechterhält, ist die Schwester Chrysothemis. Sie erzählt von einem bösen Traum, den Klytämnestra geträumt hat und versucht die Schwester von ihrer selbstzerstörerischen Rachsucht und ihrer freiwilligen Verbannung aus dem Palast abzubringen.

Doch die Bitten von Chrysothemis sind vergeblich. Elektra will sich gerade heute ihrer Mutter in den Weg stellen. Sie ahnt, daß es das schlechte Gewissen um den Mord am Vater und die Angst vor der Rückkehr des Bruders ist, der Klytämnestra belastet.

Großer Aufruhr im Palast. Opfer werden geschlachtet, um die Angstträume der Königin zu verscheuchen. Klytämnestra findet Elektra zunächst sehr ruhig und besonnen. Ihre Frage nach Opfern, nach Geheimnissen, die Linderung verschaffen, wird seltsam zweideutig beantwortet. Doch plötzlich bricht Elektras ganzer Haß hervor: Klytämnestra selbst wird das „Opfertier" sein, das von Orest zur Strecke gebracht wird („Dann träumst du nicht mehr..."). Mitten hinein in die Freudenvision über den bevorstehenden Tod der Mutter wird Klytämnestra von Neuigkeiten aus dem Kreis ihrer Dienerinnen überrascht, die sie nach einer Schrecksekunde zu höhnischem Gelächter veranlassen. Elektra bleibt irritiert und verunsichert zurück.

Da kehrt Chrysothemis aus dem Palast zurück: Orest ist tot – er wurde von seinen eigenen Pferden zu Tode geschleift. Die Männer, die dies melden, sind im Palast.

Elektra will die Nachricht zunächst nicht zur Kenntnis nehmen. Doch dann überkommt sie Schmerz und Entschlossenheit zugleich: „Wir beide müssen's tun!" ruft sie ihrer verstörten Schwester zu. Diese flieht entsetzt und wehrt

*Elektra-Inszenierung 1931
an der Wiener Staatsoper: noch getreu den
Original-Regieanweisungen von
Hugo von Hofmannsthal (vgl. Seiten 33 bis 35:
Elektra auf der Bühne).*

sich gegen die Überredungskünste Elektras („Von jetzt an will ich deine Schwester sein..."). Elektra verflucht Chrysothemis und beginnt allein nach dem Beil zu graben. Da fällt ein Schatten auf sie. Ein Fremder steht im Tor („was willst du, fremder Mensch?"). – Nach einem kurzen Zwiegespräch gibt sich der Fremde zu erkennen: „Die Hunde auf dem Hofe erkennen mich, und meine Schwester nicht." Elektra ist wie vom Blitz getroffen. Sekundenlang steht sie starr und ist nicht fähig, ihre Freude zu artikulieren. Dann immer mehr: Elektra erlebt den schönsten Augenblick ihres Lebens, ihr Warten hat sich erfüllt. Ganz neue zarte Töne entringen sich ihr. Wie ein letzter Hauch von Lebensglück und Zärtlichkeit mutet die Begegnung zwischen Elektra und Orest an. Dann taucht der Pfleger des Orest auf: „Seid ihr von Sinnen, ... wo ein Laut euch verraten kann?" Orest geht zitternd und bangen Mutes in den Palast. Wenige Augenblicke später ertönt ein schrecklicher Todesschrei: Klytämnestra wird von Orest erschlagen.

Die Mägde – geführt von Chrysothemis – laufen aus dem Palast: „Es muß etwas geschehen sein"; da taucht Ägisth mit seinem Gefolge auf. Er war auf dem Feld, als die Kunde vom Ende Orests überbracht wurde und ist jetzt erst eingetroffen. Er läßt sich von Elektra in der Dunkelheit mit der Fackel leuchten und wundert sich über die ekstatischen Tanzschritte, in denen sich Elektra wiegt. In der Tür erscheinen die Männer, die „das von Orest" ihm melden wollen. Sie packen ihn, hetzen ihm nach, erschlagen ihn: „Hört mich niemand?" ist sein letzter verzweifelter Schrei. „Agamemnon hört dich" ruft Elektra in höchster Verzückung. Chrysothemis läuft aus dem Palast „Es ist der Bruder drin im Haus – es ist Orest, der es getan hat". Elektra beginnt einen letzten Freudentanz in höchster Verzückung. Im Triumph der totalen Rache stimmt sie mit Chrysothemis einen Jubelgesang an. Dann stürzt sie mit einem Schlag zusammen. Chrysothemis beugt sich verzweifelt über die tote Schwester: „Orest, Orest", mit diesem Entsetzensschrei versucht sie den Bruder zu Hilfe zu rufen; doch aus dem Palast kommt keine Antwort. Orest ist bereits auf der Flucht vor den Erinnyen ...

HUGO VON HOFMANNSTHAL

Es war eine Zeit des Umbruchs, in der sich der Textdichter der Oper „Elektra", Hugo von Hofmannsthal, mit dem Atridenstoff zu beschäftigen begann. Der erst neunzehnjährige Wiener Jus- und Philologie-Student versuchte sich schon 1883 als Bearbeiter von Dramen des Euripides und schrieb zum Beispiel ein Fragment mit dem Titel „Leda und der Schwan". Hugo von Hofmannsthal blieb Zeit seines Lebens ein Zerrissener zwischen der empfindungsvollen Musikalität seiner Lyrik, die auch für viele seiner späteren Arbeiten mit Richard Strauss stilprägend werden sollte (Ariadne auf Naxos, Die Frau ohne Schatten, Der Rosenkavalier) und den neuen Strömungen der Jahrhundertwende. Für die Entstehung des Elektra-Dramas war die Beschäftigung mit der pathetischen und nihilistischen Gedankenwelt eines Friedrich Nietzsche wohl ebenso ausschlaggebend wie die Lektüre der Werke von Erwin Rohde, einem Freund Nietzsches, dessen „Geburt der Tragödie" er verteidigte und der sich mit den Zusammenhängen zwischen Trance und Kult, Tanz und religiöser Ekstase beschäftigt hatte.

Hofmannsthal sagt selbst in einem Bericht von der Entstehung seiner Elektra: »Mein Ausgangspunkt war der Elektra-Charakter, dessen erinnere ich mich ganz genau. Ich las die Sophokleische einmal im Garten und im Wald, im Herbst 1901. Die Zeile aus der „Iphigenie" fiel mir ein, wo es heißt: „Elektra mit ihrer Feuerzunge", und im Spazierengehen phantasierte ich über die Figur Elektra, nicht ohne gewisse Lust am Gegensatz zu der „verteufelt humanen" Atmosphäre der Iphigenie. Auch die Verwandtschaft mit Hamlet ging mir durch den Kopf... Lust, das Stück hinzuschreiben, bekam ich plötzlich auf das Zureden des Theaterdirektors Reinhardt, dem ich gesagt hatte, er solle antike Stücke spielen, und der seine Unlust mit dem „gipsernen" Charakter der vorhandenen Übersetzungen und Bearbeitungen entschuldigte«.

Diese Worte Hofmannsthals entsprechen der Mythologie-Interpretation Rohdes. Auch er möchte die „dunkle Seelenreligion" gegen die „helle olympische Götterwelt" Goethes abheben. In dem 1890–94 erschienen Werk „Psyche, Seelenkult und Unsterblichkeitsglau-

ben der Griechen" berichtet er über den Totenkult in Mykene, wo die trauernden Hinterbliebenen direkt mit ihren Toten in sinnlicher Verbindung bleiben. Wie sehr erinnern solche Zustände an den Monolog der Elektra am Grab ihres Vaters, der für sie noch zu leben scheint! Und die Darstellung der religiösen Ekstase, in der die Seele des Menschen – angeregt durch Musik und Tanz – mit dem Gott Dionysos sich vereinigt, zeigt Parallelen zu dem Todestanz der Elektra. Der Zustand Elektras, ihr Todesverlangen, sind der mystischen Weltsicht nach Rohdes Überlieferung nicht unähnlich. Hofmannsthal schreibt in einem Essay über Oscar Wilde die Worte des Dschellaledin Rumi: „Wer die Gewalt des Reigens kennt, fürchtet nicht den Tod. Denn er weiß, daß Liebe tötet". Hat er dieses Wort bei der Lektüre des Rohde-Werkes gefunden? Hier heißt es:

„Wer die Kraft des Reigens kennt, wohnt in Gott; denn er weiß wie Liebe tötet. Allah hu!"
Und Elektras letzte Worte in der Oper lauten: „Ai! Liebe tötet!, aber keiner fährt dahin und hat die Liebe nicht gekannt!"
Diesen Gedanken der Selbstaufgabe der Individualität bis zur Todesbereitschaft hat Hofmannsthal in allen seinen Werken immer wieder gestaltet. Noch schöner und klarer in Ariadne, jener Tochter des Minos, die von Theseus verlassen auf Naxos den Tod erwartet und sich statt dessen mit dem Gott Dionysos vereinigt. – Hofmannsthals und Strauss' Zusammenarbeit hatte sich schon längst bewährt. Nach dem Erfolg der Elektra hatte der Rosenkavalier Furore gemacht; als sie an „Ariadne auf Naxos" arbeiteten, schrieb Hofmannsthal seinem Komponisten:

»So steht hier aufs neue Ariadne gegen Zerbinetta, wie schon einmal Elektra gegen Chrysothemis stand. Chrysothemis wollte leben, weiter nichts; und sie wußte, daß wer leben will, vergessen muß. Elektra vergißt nicht . . . Für Elektra blieb nichts als der Tod; hier aber ist das Thema weitergeführt. Auch Ariadne wähnt, sich an den Tod dahinzugeben; da „sinkt ihr Kahn und sinkt zu neuen Meeren". Dies ist Verwandlung, das Wunder aller Wunder, das eigentliche Geheimnis der Liebe. Die unmeßbaren Tiefen der eigenen Natur, das Band von uns zu einem Unnennbaren, Ewigdauernden hin, das unseren Kinderzeiten, ja den Zeiten des Ungeborenen in uns nahe war, können sich von innen her zu einer bleibenden, peinlichen Starrnis verschließen; kurz vor dem Tode, ahnen wir, würden sie sich auftun: etwas von der Art, das sich kaum sagen läßt, kündigt sich in den Minuten an, die dem Tod der Elektra vorangehen . . .«.

RICHARD STRAUSS

Nun aber zurück zum Entstehen der Oper „Elektra": 1903 – also noch nicht dreißigjährig – war Hofmannsthal mitten in der Arbeit an Elektra. Schon im Oktober 1903 kam es zur Aufführung des Schauspiels bei Max Reinhardts Kleinem Theater in Berlin. Und der Erfolg der Hofmannsthal-Elektra war so groß, daß ein Komponist auf das Stück aufmerksam wurde, der damals gerade mit der Vertonung der Oscar-Wilde-Salome beschäftigt war; Richard Strauss, der Sohn des bayerischen Hofopernkapellmeisters, mütterlicherseits von der Bierbrauerfamilie Pschorr abstammend, erkannte sofort, daß er hier ein neues Opernlibretto kennengelernt hatte. Zu diesem Zeitpunkt hatte es schon einen erfolglosen Annäherungsversuch Hofmannsthals an Strauss gegeben: der junge Wiener Lyriker und Essayist hatte im Jahr 1900 einen Balettentwurf mit dem Titel „Der Triumph der Zeit" an den um zehn Jahre älteren Musikerkollegen geschickt. Doch Strauss hatte das Sujet verworfen. Jetzt – beim zweiten Kontakt – stand die Fertigstellung der Salome-Partitur zwischen der spontanen Entscheidung von Richard Strauss, Hofmannsthals Elektra – mit geringfügigen dramaturgischen Veränderungen – zu vertonen. Ja, der Sensationserfolg der Salome schien zunächst sogar das ganze Projekt zu gefährden, denn am 11. März 1906 schrieb Richard Strauss an Hugo von Hofmannsthal: »Ich habe nach wie vor die größte Lust auf Elektra und habe mir dieselbe auch schon bereits ganz schön zum Hausgebrauch zusammengestrichen. Die Frage, die ich mir noch nicht endgültig beantwortet habe, ist nur, ob ich unmittelbar nach Salome die Kraft habe, einen in vielem derselben so ähnlichen Stoff in voller Frische zu bearbeiten, oder ob ich nicht besser tue, an Elektra erst in einigen Jahren heranzutreten, wenn ich dem Salomestil selbst viel ferner gerückt bin.«

In der Antwort nahm Hofmannsthal das vorweg, was Strauss später aus der Elektra tatsächlich herausbrachte: ein im Klang und in der Chromatik, in der rhythmischen Wucht und in der Kühnheit der Schwarz-Weiß-Kontraste der Salome völlig unähnliches Tongemälde. Hofmannsthal schreibt aus Wien am 27. April 1906 an Richard Strauss: »Nun muß ich schon sagen, daß ich, wie die Dinge mir nun zu liegen scheinen, allerdings sehr froh wäre, wenn Sie es möglich fänden, zunächst an der Elektra festzuhalten, deren Ähnlichkeiten mit dem Salome-Stoff mir bei näherem Überlegen doch auf ein Nichts zusammenzuschrumpfen scheinen. Es sind zwei Einakter, jeder hat einen Frauennamen, beide spielen im Altertum und beide wurden in Berlin von der Eysoldt kreiert: ich glaube, darauf läuft die ganze Ähnlichkeit hinaus. Denn die Farbenmischung scheint mir in beiden Stoffen eine so wesentlich verschiedene zu sein: bei der Salome soviel Purpur und Violett gleichsam, in einer schwülen Luft, bei der Elektra dagegen eine Gemenge aus Nacht und Licht, schwarz und hell. Auch scheint mir die auf Sieg und Reinigung hiauslaufende, aufwärtsstürmende Motivenfolge, die sich auf Orest und seine Tat bezieht – und die ich mir in der Musik ungleich gewaltiger vorstellen kann als in der Dichtung –, in Salome nicht nur ihresgleichen sondern nichts irgendwie ähnliches sich gegenüber zu haben.«

Hofmannsthal sollte mit seiner Prophezeihung recht behalten: Richard Strauss hat ein einziges Mal die Modernität und Expressivität der Salome-Partitur übertroffen. Nur bei Elektra ist er noch weiter gegangen. Und ähnlich wie Wagners Tristan gilt die Partitur der Elektra als Vor-

stoß in jenes Gebiet der Atonalität eines Arnold Schönberg – ohne allerdings jene Opernbesucher ganz zu verschrecken, die den Boden der traditionellen Harmonielehre nicht völlig zu verlassen bereit sind. Eine harmonische Eingebung von Richard Strauss, ein tonal nicht faßbarer Akkord, in dem der Sept eines Dominant-Sekundakkords eine Quint untergebaut wird, ist als „Elektra-Akkord" in die Musikgeschichte eingegangen. Und ähnlich ist die Verbindung von Dreiklängen, die Bestandteil der berühmten Zwölftonreihe sind, richtungsweisend (vor allem die große Szene zwischen Elektra und Klytämnestra wird von solch freien Klangteppichen untermalt). Dennoch finden sich in der Elektra-Partitur neben der architektonischen Wucht des Elektra-Motivs – mit dem die Oper über den Zuhörer hereinbricht – geradezu melodiengeschwängerte Passagen, die zu den ergreifendsten Musikpassagen gehören, die Strauss je verfaßt hat: etwa die große Erkennungsszene zwischen Elektra und Orest („Ich glaube, ich war schön") oder die Ausbrüche von Chrysothemis („Nein, ich bin ein Weib und will ein Weiberschicksal"); der Monolog der Elektra mit dem drohenden Agamemnon-Motiv, die psychologisierenden, klangzersetzenden Dissonanzen bei der Klytämnestra-Szene, die hektische Ekstase der Selbstvernichtung.

Der Erfolg der Oper war nicht so breit wie der der Salome. „Diese Musik stinkt", schrieb ein entsetzter Kritiker. Strauss aber war seiner Sache ganz sicher: „Was wollen denn d'Leut", meinte er, „wenn auf der Bühne eine Mutter erschlag'n wird, kann ich im Orchester doch kein Violinkonzert spiel'n". Doch dreißig Jahre später, als sich die Oper endgültig durchgesetzt hatte und Strauss seine Elektra unter Böhm in Dresden hörte, soll er erstaunt geäußert haben, daß er selber gar nicht mehr begreifen könne, wie er diese Partitur habe schreiben können....
Beide – Hofmannsthal und Strauss – waren an das Thema unter den Vorzeichen ihrer Zeit herangegangen. Gerade war die antike Mythologie nach dem Muster der Winckelmannschen Römerkopie und der Goetheschen Humanität von den Bühnen verschwunden. Die Ausgrabungen Schliemanns hatten das Atridenschicksal wieder ins Blickfeld gerückt. Die Tiefenpsychologie hatte dem Thema neue Möglichkeiten gegeben. Was den Menschen der Jahrhundertwende vielleicht noch zu hart und drohend war, die starke Betonung des Inhumanen, ist für uns nach den Erfahrungen von zwei Weltkriegen leider wieder sehr aktuell geworden.
Auf diesem Wege kommen wir der Elektra unseres Filmes immer näher.

ELEKTRA AUF DER BÜHNE

Diese archaische Handlung, die durch die gewaltige Tonsprache von Richard Strauss an die Grenzen des Aufnehmbaren gesteigert wurde, wurde von Hofmannsthal selbst mit Regieanweisungen versehen, die bei den meisten Inszenierungen dieses Werkes seit der Uraufführung am 25. Januar 1909 in Dresden mehr oder weniger berücksichtigt wurden. Elektra ist kein Werk der szenischen Experimente – dazu ist die Geschlossenheit der Szene, sind die Anforderungen an die weiblichen Hauptdarstellerinnen, die alle drei exzellente Singschauspielerinnen sein müssen und mit den gewaltigsten Orchestermassen der gesamten Opernliteratur zurandekommen müssen, viel zu groß. Immerhin hat Hofmannsthal seine szenischen Anweisungen ganz weg von der klassizistischen Rezeption des Orest-Stoffes etwa aus der Goethezeit geführt. Es ist eher eine Hinterhoflandschaft des späten neunzehnten Jahrhunderts, die laut den Originalregieanweisungen von Hofmannsthal angestrebt wird:

*Elektra-Inszenierung 1973 an der Hamburgischen Staatsoper:
Birgit Nilsson (Titelpartie) und Leonie Rysanek (Chrysothemis) begeistern in der Regie von August Everding unter der musikalischen Leitung von Karl Böhm – ebenso wie in New York, Paris oder Wien.*

„Die Bühne: Dem Bühnenbild fehlen vollständig jene Säulen, jene breiten Treppenstufen, alle jene antikisierenden Banalitäten, welche mehr geeignet sind zu ernüchtern als suggestiv zu wirken. Der Charakter des Bühnenbildes ist Enge, Unentfliehbarkeit, Abgeschlossenheit. Der Maler wird dem Richtigen eher nahekommen – andeutungsweise –, wenn er sich von der Stimmung, die der bevölkerte Hof eines Stadthauses an einem Sommerabend bietet, leiten läßt, als wenn er irgend das Bild jener konventionellen Tempel und Paläste in sich aufkommen läßt. Es ist der Hinterhof des Königspalastes, eingefaßt von Anbauten, welche Sklavenwohnungen und Arbeitsräume enthalten. Die Hinterwand des königlichen Hauses bietet jenen Anblick, welcher die großen Häuser im Orient so geheimnisvoll und unheimlich macht; sie hat sehr wenige und ganz unregelmäßige Fensteröffnungen von den verschiedensten Dimensionen. Das Haus hat eine Tür, die offensteht, aber verschließbar ist. Sie ist um einige Stufen über dem Erdboden erhaben. Links von dieser ist ein niedriges aber sehr breites Fenster. Nach unten links nochmals ein ziemlich großes Fenster, hier scheint im Hause ein Gang zu laufen, den man luftig wünscht. In den höheren Stockwerken sind nur hie und da ein paar verstreute Fensterluken, denen die Kraft des Malers jenes Lauernde, Versteckte des Orients geben wird. Links und rechts sind

niedrige Skalvenwohnungen an das Haupthaus angebaut. Rechts ein gedrückter häßlicher Bau mit vier ganz gleichen Türen, wie Zellen nebeneinander, jede mit einem braunen Vorhang geschlossen. An diesen kleinen Bau, der schief von rückwärts nach rechts vorn vorläuft, schließt sich in der Mitte der rechten Seitenwand ein offenes Tor, das in einen anstossenden Hof führt; von dem Tore bis in die rechte vordere Ecke läuft eine Mauer. Das Gebäude links hat mehrere sehr schmale Fenster, unregelmäßig, und eine einzige große, schwere Tür. Vor diesem Gebäude steht eine Zisterne. Über das niedrige Dach des Hauses rechts wächst von draußen her ein riesiger, schwerer, ge-

Probenfoto von der Berliner Erstaufführung der „Elektra", 1909: Marie Götze als Klytämnestra, Thila Plaichinger als Elektra, zusammen mit Richard Strauss.
Hugo von Hofmannsthals präzise Grundvorstellung vom Erscheinungsbild der handelnden Personen des Musikdramas erweist sich über die Jahrzehnte hinweg als gültig. Zwischen dieser Aufnahme und den Bildern aus dem Elektra-Film liegen 73 Jahre. Die Verwandtschaft zwischen damals und heute ist unverkennbar – im Typ und in der Maske der Sängerinnen genauso wie bei den zeitlos symbolischen Kostümen.

krümmter Feigenbaum, dessen Stamm man nicht sieht, dessen Masse unheimlich geformt im Abendlicht wie ein halbaufgerichtetes Tier auf dem flachen Dach auflagert. Hinter diesem Dach steht die sehr tiefe Sonne, und tiefe Flecken von Rot und Schwarz erfüllen von diesem Baum ausgeworfen die ganze Bühne.

Die Beleuchtung: Anfänglich so wie bei Beschreibung des Bühnenbildes angegeben, wobei der große Wipfel des Feigenbaumes rechts das Mittel ist, die Bühne mit Streifen von tiefem Schwarz und Flecken von Rot zu bedecken. Das Innere des Hauses liegt zunächst ganz im Dunkel, Tür und Fenster wirken als unheimliche schwarze Höhlen. Diese Beleuchtung ist am stärksten während des Monologes der Elektra, und auf der Mauer, auf der Erde scheinen grosse Flecken von Blut zu glühen. Während der Szene Chrysothemis-Elektra nimmt die Röte ab, der ganze Hof versinkt in Dämmerung. Der Zug, welcher der Klytämnestra im Inneren vorangeht, erfüllt zuerst das große Fenster, dann das zweite Fenster links von der Tür mit Wechsel von Fackellicht und schwarzen vorüberhuschenden Gestalten. Klytämnestra erscheint mit ihren zwei Vertrauten im breiten Fenster, ihr fahles Gesicht, ihr prunkendes Gewand grell beleuchtet – fast wie ein Wachsfigurenbild – von je einer Fackel links und rechts. Der Hof liegt im Dunkel. Klytämnestra tritt in die Tür, zwei Fackelträger hinter ihr in den dunklen Hof, auf Elektra fällt flackerndes Licht. Klytämnestra entläßt ihre Begleiterinnen, diese gehen ins Haus, die Fackelträger verschwinden gleichfalls, nur ein sehr schwaches flackerndes Licht fällt aus einem inneren Raum durch den Hausflur in den Hof. Die eine Vertraute kommt wieder, die Fackel hinter ihr, auf Klytämnestras Ruf mehrere Fackelträger, es wird für einen Augenblick ganz hell. Sie gehen ab, nun Dunkel im Hof, der Abendhimmel aber rechts, soweit er sichtbar ist, noch hell in den wechselnden Tönen. Es ist ein Element der Stimmung, daß es in diesem traurigen Hinterhof finster ist, während es draußen in der Welt noch hell ist. Der hellste Fleck ist das offene Tor rechts. In diesem offenen Tor erscheint die dunkle Gestalt des Orest. Alles spielt nun bei zunehmender Dunkelheit, die Dauer des Stückes ist genau die Dauer einer langsamen Dämmerung, bis die Vertraute erscheint, um Orest ins Haus zu rufen. Hinter ihr ist eine Sklavin mit einer Fackel; diese Fackel steckt sie in einen Ring links von der Haustür, wo sie steckenbleibt, bis Elektra sie ergreift, um dem Ägisth damit entgegenzugehen. Dann bleibt die Fackel in dem Ring, erleuchtet flackernd den Hof bis zum Schluß.

Die Kostüme: Die Kostüme schließen gleichfalls jedes falsche Antikisieren sowie auch jede ethnographische Tendenz aus. Elektra trägt ein verächtliches elendes Gewand, das zu kurz für sie ist. Ihre Beine sind nackt, ebenso ihre Arme. Die Gewänder der Sklavinnen bedürfen keiner Anweisung, als daß sie getragen erscheinen müssen, abgenützt: es handelt sich um keinen Opernchor. Die Aufseherin der Sklavinnen trägt blaue Glasperlen ins Haar gewunden und eine Art Stirnreif. Sie hat einen kurzen Stock in der Hand. Klytämnestra trägt ein prachtvolles grellrotes Gewand. Es sieht aus als wäre alles Blut ihres fahlen Gesichtes in dem Gewand. Sie hat den Hals, den Nacken, die Arme bedeckt mit Schmuck. Sie ist behängt mit Talismanen und Edelsteinen. Ihr Haar hat natürliche Farbe. Sie trägt einen mit Edelsteinen besetzten Stab. Ihre Schleppträgerin hat ein hellgelbes Gewand. Sie hat ein bräunliches Gesicht, das schwarze Haar straff zurückgenommen wie die Ägypterinnen, sie ist sehr groß und hat die biegsamen Bewegungen einer aufgerichteten Schlange. Die Vertraute, auf die sich Klytämnestra stützt, hat ein violettes oder dunkelgrünes Gewand und gefärbtes Haar mit Bildbändern durchflochten und ein geschminktes Gesicht. Es kommt sehr darauf an, daß der Maler diese drei Gestalten als Gruppe sieht und den furchtbaren Gegensatz zu der zerlumpten Elektra. Orest und der Greis, sein Pfleger, sind als wandernde Kaufleute gekleidet. Daß sie einem fremden Volke angehören, als Fremde wirken, muß deutlich sein. Ihr Kostüm muß sich, ohne zu sehr zu befremden, von den konventionellen, pseudo-antiken entfernen und darf an die Stimmung orientalischer Märchen anklingen, aber in finstern, wenn auch keineswegs toten Farben."

Soweit die sehr präzisen Vorstellungen des Textautors. Die wichtigsten Elemente daraus finden sich auch im Opernfilm Elektra wieder. Hinzu kommt jedoch die immense Ausdruckssteigerung, welche z.B. der Wegfall früherer Tabus heute möglich macht.

ELEKTRA – DER FILM

Mit der Regieanweisung von Hugo von Hofmannsthal hat der Elektra-Film, der im Sommer 1981 in einer ehemaligen Wiener Lokomotivfabrik entstand, nur mehr sehr bedingt zu tun. Götz Friedrich ließ von seinem Ausstatter, dem international gefragten tschechischen Bühnenbildner Josef Swoboda neben den Mauerresten eines alten Palastes mit griechischen Säulen eine riesige Quaderwand aus Aluminium bauen, die weder stilistisch in die griechische Vorzeit noch in die griechische Klassik und schon gar nicht in die Ringstraßenzeit paßt, in der Elektra von Hofmannsthal zu Papier gebracht wurde. Neben diesen beiden Welten: die verfallenen Ruinen mit einem regelrechten Labyrinth – die Schauplätze für die isolierte Tragödie Elektras und auch für die Begegnung mit dem Bruder – und der an einen modernen Büropalast erinnernde Monsterbau als die neue Burg, die sich Klytämnestra und Ägisth errichtet hatten, lagen niedrige, höhlenartige Behausungen der Mägde. Sie scheinen noch am ehesten den Originalausgrabungen jener Siedlungen zu entsprechen, die von den griechischen Sklaven oder den „halbfreien" Heloten bewohnt wurden. Um die Farbe des Rot und des Hell-Dunkel sowie die Düsternis zu erhalten, ließ es Götz Friedrich nicht beim Feigenbaum aus Hofmannsthals szenischer Vorschrift bewenden. Beginn und Ende der Oper waren von ganzen Kaskaden strömenden Wassers und Blutes geprägt. Wenn im ersten Bild die wäschewaschenden Mägde von der „hündisch im Winkel" kauernden Elektra berichten, dann läßt es Götz Friedrich in Strömen regnen – und zwar sintflutartig. Und wenn Elektra – „Endlich allein" – ihre allabendliche Vision des ermordeten Vaters beschwört, beginnt der Regen nachzulassen und in dampfenden Nebelschwaden steigen die Konturen Agamemnons vor den Augen der gepeinigten Tochter auf. Im Hintergrund ragt die mykenische Königsburg in ihrer ganzen Monumentalität. Die Akteure, allen voran die Sängerin der Titelpartie Leonie Rysanek, mußten oft stundenlang in klitschnassen Kleidern auf eine Minuten-Sequenz warten – es mußte ja auch noch Nebel erzeugt werden und zwar mit Hilfe von Trockeneis.

Wer je bei Filmaufnahmen dabei war und die Mühsal dieses Handwerks kennt, weiß, welche enormen zusätzlichen Belastungen all diese Effekte wie Wasser, Nebel und Blut bedeuten. Die halbe Fabrikshalle wurde mit Spritzdüsen versehen, aus denen vorgewärmtes Wasser sprühte; ein Kranwagen hob zeitweilig den Kameramann samt Assistenten in schwindelnde Höhen. Dazu sollte auch noch Blut aus dem Boden sickern: genau an jener Stelle, an der Elektra sich an die brutale „Schlachtung" ihres Vaters erinnert.

Es dauerte Stunden, bis die Lichteinstellung stimmte, bis die ersten Proben beginnen konnten. Endlich gibt Götz Friedrich das erlösende Kommando: „Wir drehen!" Die Tonaufnahme mit dem Playback beginnt durch die Halle zu dröhnen, der Synchron-Überwacher steht auf seinem Beobachtungsposten, der Kamerakran, die Scheinwerfer, die Nebelmaschine und die Sprühanlage treten in Aktion: alles ist mit vollster Konzentration auf Elektra gerichtet. Der Regen beginnt zu strömen. Aber nun ist das

Kamera-Auge durch den Wasserbeschlag getrübt. Der Nebel, mit einer Trockeneisanlage erzeugt, hat sich halb verflüchtigt. Der erste Drehversuch der Einstellung ist schon mißglückt, die Wiederholung wird vorbereitet. Das bedeutet: Trocknen der bereits durchnäßten Darstellerin, Erneuern der Schminke, der Perücke . . . Ein kleines emsiges Heer von Regieassistenten, Technikern, Bühnenarbeitern, Garderobe- und Schminkmeisterinnen arbeitet fieberhaft, um den neuen Drehstartschuß vorzubereiten. Man kann sich vorstellen, daß allein der Monolog der Elektra fast eine Woche Drehzeit in Anspruch nahm.

Ein weiteres Hilfsmittel des Films, das Götz Friedrich gebrauchte: er setzte immer wieder Reminiszenzen ein, läßt Elektra in ihrem Labyrinth geradezu mit dem Vater hausen, und wenn der Bruder auftaucht, glaubt sie zunächst den Schatten Agamemnons zu erkennen. Ein anderes Bild, das das Team zur Verzweiflung brachte, war der Auftritt Klytämnestras: der ganze Stahlpalast sollte in ein Meer flackernder Fackeln getaucht werden. Mit dem Aufnahmekran wurde der Kameramann, ein exzellenter Tscheche namens Rudolf Blaháček, der schon bei einigen Spielfilmen sein Können unter Beweis gestellt hatte, in die Höhe gehoben, um die riesige Halle ins Bild zu bekommen.

Götz Friedrich stellte an alle Mitarbeiter unbarmherzige Anforderungen. Es schien so, als wolle er seine Schauspieler zum letzten herausfordern. Vor allem für Leonie Rysanek war ein im Grunde übermenschlicher Arbeitseinsatz notwendig. Die Elektra ist eigentlich ohne Unterbrechung auf der Bühne. Das hieß für die Hauptdarstellerin fünf Wochen lang: „Abholung sieben Uhr früh", und „Drehschluß ca. 22 Uhr". Dazwischen gab es eine halbe Stunde Mittagspause. Das hieß außerdem: voller Stimmeinsatz bei den Aufnahmen, ungewisses Warten, wenn zum Beispiel die Fackeln der Statisten des Opferzuges zu grell flackerten; und dann, nach stundenlangen Verzögerungen gab es immer wieder Augenblicke, in denen es galt, höchste Darstellungskraft zu entwickeln, bei all den körperlichen Peinigungen durch tagelange Wassergüsse und umständliche Trockenprozeduren.

Als wäre es mit diesen Plagen noch nicht genug gewesen, zog sich „die Rysanek" auch noch einen Muskelriß zu, als sie eines Tages frühmorgens unaufgewärmt mit den Dreharbeiten begann. Der Arzt verordnete Gehgips und eine mehrwöchige Pause, was die Künstlerin ablehnte. Also wurde diesem Mißgeschick zum Trotz mit vollstem Einsatz weitergearbeitet. Leonie Rysanek wurde im Rollstuhl auf dem weiten Fabriksgelände „chauffiert" und konnte mit ungeheurer Selbstdisziplin das unbarmherzige Regiekonzept von Götz Friedrich verwirklichen. Einen Eindruck von all diesem Aufwand vermittelt die Bildreportage von den Dreharbeiten, Seiten 102 bis 161.

Es hat sich letzlich gelohnt: kaum jemand kann sich der starken Wirkung entziehen, wenn die Elektra bei strömenden Regen „wie ein verwundeter Raubvogel" aus ihrem Versteck hervoreilt. Astrid Varnay als das leibhaftige Abbild der pervertierten Gier. Neben der exzessiven Dramatik der Elektra bot sie eine ebenbürtige schauspielerische Großleistung. Der Auftritt der Königin wurde von Götz Friedrich zu einer Orgie der qualvollen Visionen einer unter ihrem Schuldbewußtsein fast erdrückten „Urmutter" gestaltet. Jungfrauen vollführen im Blut eines tatsächlich frisch geschlachteten Widders wollüstige Tänze, womit zweifellos ein Schuß Fellini in die Elektra-Verfilmung kam.

Die visuelle Nähe zum Satyricon-Regisseur wurde vom Kostümbildner Pet Halmen noch verstärkt. Er scheute nicht davor zurück, Klytämnestra in ihrem Gespräch mit Elektra zunächst als überladene antike Königin und dann als fast haarlose alte Frau darzustellen – nach Abnahme des Kopfschmuckes. Und auch die ins römische Sujet passenden Rüstungen von Agamemnon – Rolf Boysen – und Orest – Dietrich Fischer-Dieskau –, sie alle trugen bei zu der Fellini-Atmosphäre, die man in diesem Buch im Farbfototeil auf den Seiten 40 bis 83 nachblättern kann.

Catarina Ligendza – Chrysothemis – als einziger optischer „Sonnenstrahl". Elektra: bleich, verschmutzt, mit wirren, schwarzen Haaren – Chrysothemis: schön, blond, mit Bo-Derek-Zöpfen. Die Überredungsversuche Elektras gegenüber der jüngeren Schwester sind in puncto erotischer Direktheit für Traditionalisten sicher gewagt. Und auch Ägisth – Hans Beirer – steht ihr um nichts nach. Der „feige Meuchelmörder" wird bei seinem Auftritt von Lustknaben begleitet. Übrigens hatte sich auch Hans Beirer in Berlin Anfang Juli so schwer verletzt, daß man um sein Mitwirken bangen mußte. Aber der Tenor traf noch buchstäblich in letzter Minute ein.

Die Dreharbeiten dauern nun schon Wochen. Heute steht die Erkennungsszene Elektra-Orest auf dem Programm. Leonie Rysanek kauert verloren im Stroh des Labyrinths, von Erschöpfung gezeichnet. Aus dem Lautsprecher ertönt nun schon ein halbes Dutzend Mal: „Orest"... der erste Aufschrei nach dem Erkennen des Bruders... ein zärtlich bebendes Zwischenspiel des Orchesters folgt... das heiße Licht der Kamera ist auf Elektra gerichtet und damit die gespannten Augen des gesamten Teams... „Orest! Orest! Orest! O laß deine Augen mich sehen". Die äußerliche Verwüstung beginnt sich zu glätten, die seelische Zerstörung wird sichtbar. Elektra erinnert sich noch einmal an ihre unverletzte Jugend... „Ich glaube ich war schön"... fast ophelienhaft, zerrüttet und gebrochen kommen die zarten Gesten. Und plötzlich mitten im Wirrwar von Drähten, Lichtern, Menschen, Gerümpel und Hektik entsteht der große Augenblick des Miterlebens. Es gehören jetzt alle zusammen: Statisten, Requisiteure, Beleuchter, Garderobiere, Maskenbildner, Proben-Kibitze, Toningenieure, Mitarbeiter der Wien-Film, der UNITEL-Stab, Assistenten, Standfotografen, Regisseur und Kamerateam bilden eine riesige Familie. So muß es gewesen sein, als die Geburtsstunde der abendländischen Tragödie schlug.

Die Dreharbeiten gehen ihrem Ende zu. Der Produktionsleiter steht mahnend im Hintergrund, das neue Projekt Cenerentola ist auf dem Papier schon längst fertig, und drängt zur Verwirklichung. Mit den Erfahrungen der vergangenen Wochen schwant dem Team fürchterliches: steht doch für den Abschluß noch ein wahrhaftes Inferno im Drehbuch verzeichnet. Aber auch das geht vorbei: Der Tanz der Elektra – er hat nichts furienhaftes mehr, er gemahnt an einen Todesengel. Wenn Elektra tot zusammenbricht, öffnet der Himmel nochmals alle seine Schleusen. Das Blut, das sich über den ganzen neuen Palast des Ägisth ergossen hat, läßt sich dennoch nicht abwaschen, Chrysothemis streckt ihre klagenden Hände gegen zugewachsene Mauern. Dann ging tatsächlich ein Seufzer der Erleichterung über die Lippen aller Teilnehmer, – als Götz Friedrich „Die letzte Klappe – gestorben" rief.

DAS ERGEBNIS

Die folgenden Seiten 40 bis 83 zeigen – in der Reihenfolge des Handlungsablaufs – ausgewählte farbige Standfotos zum Elektra-Film. Alle Bilder werden, mit den Namen der Darsteller und mit Zitaten aus dem Gesangstext, im einzelnen auf den Seiten 228 und 229 beschrieben.

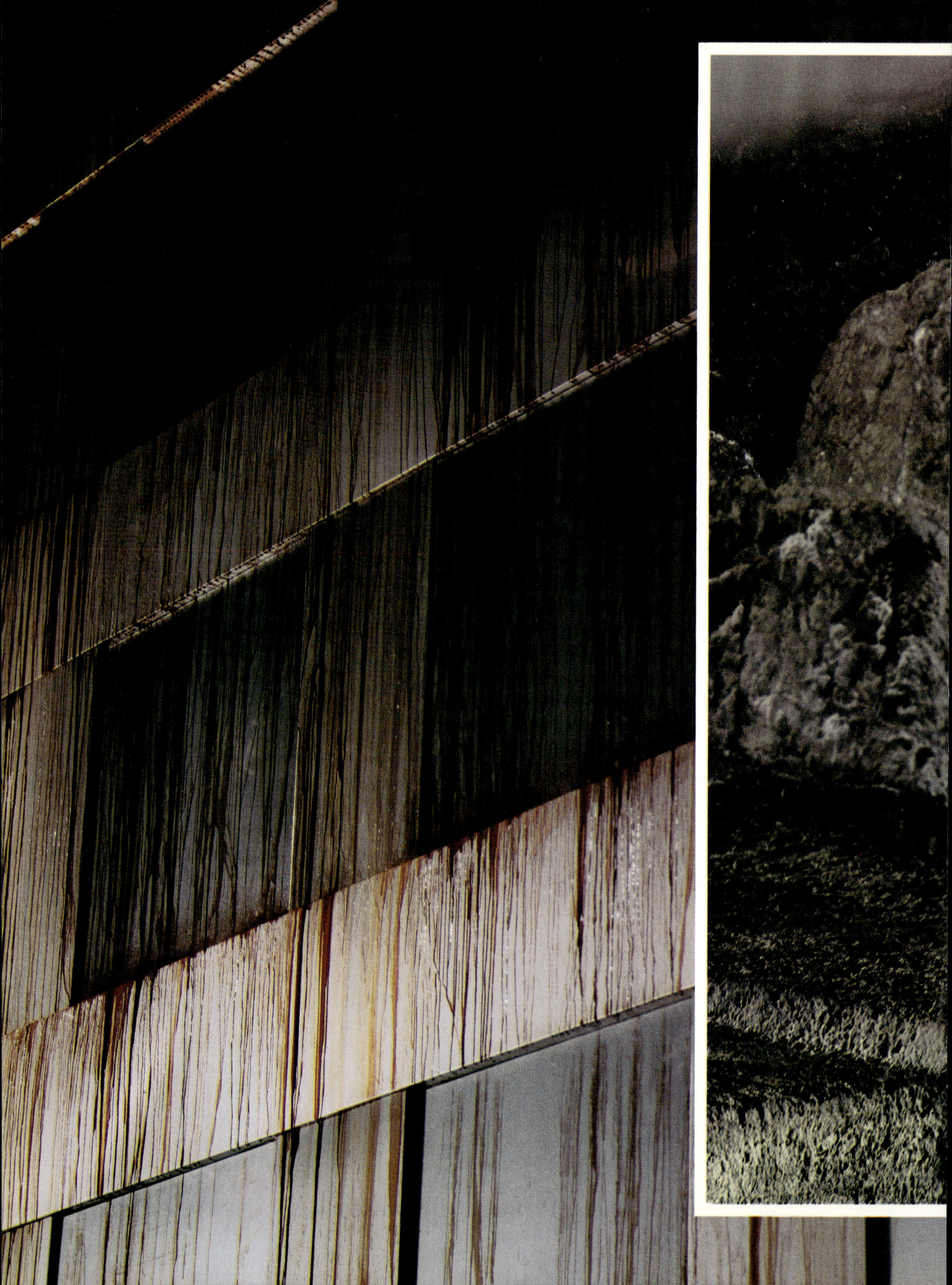

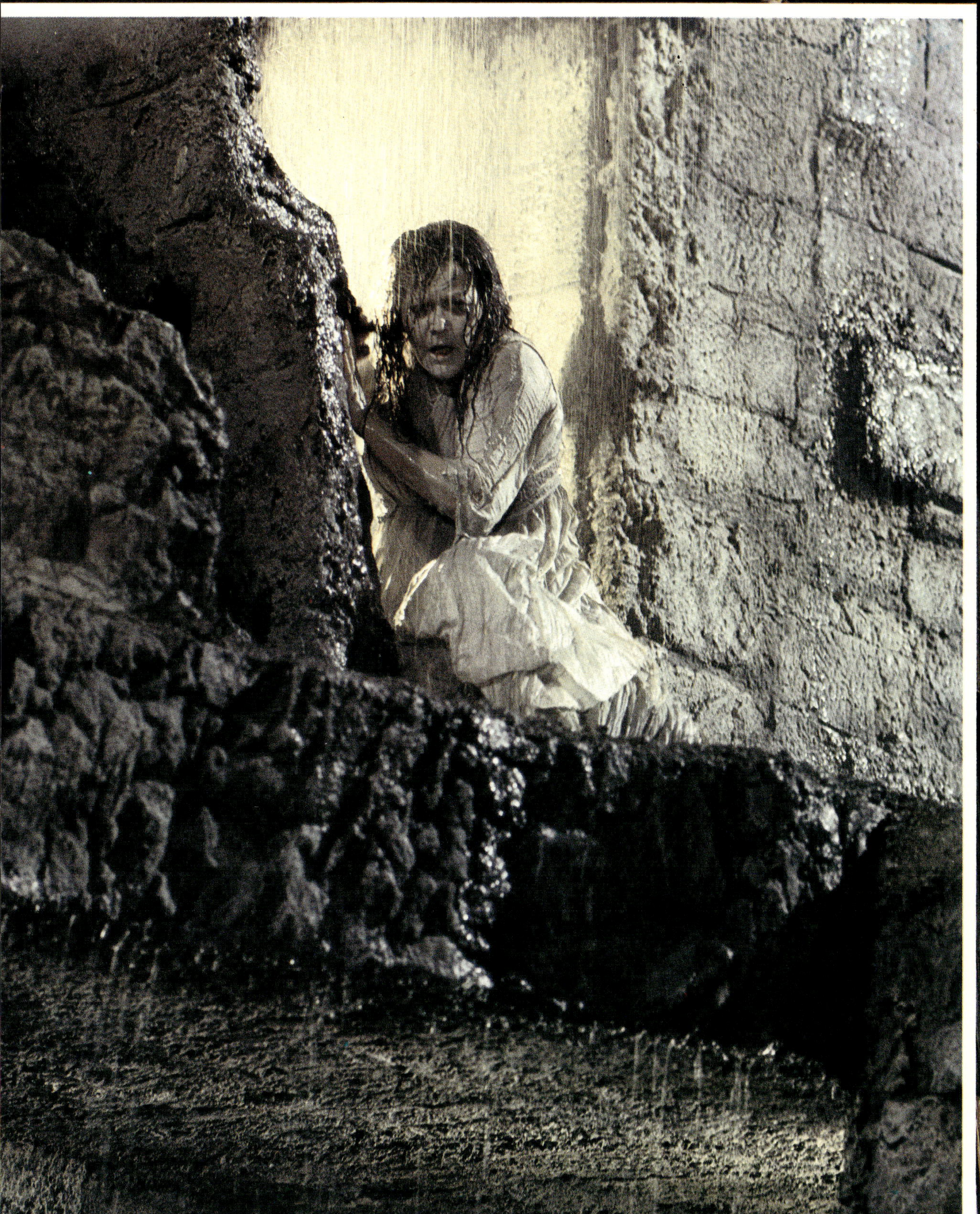

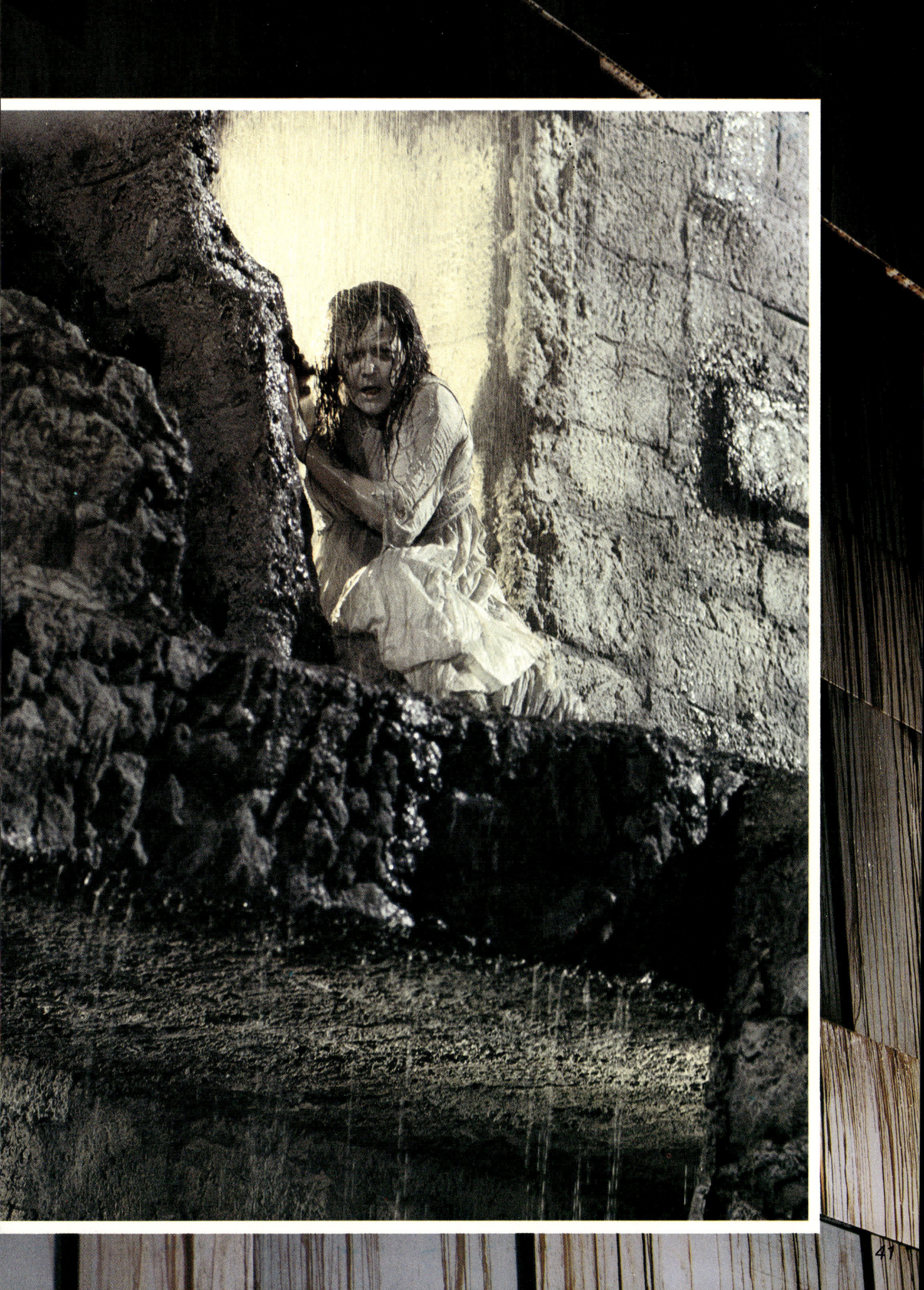

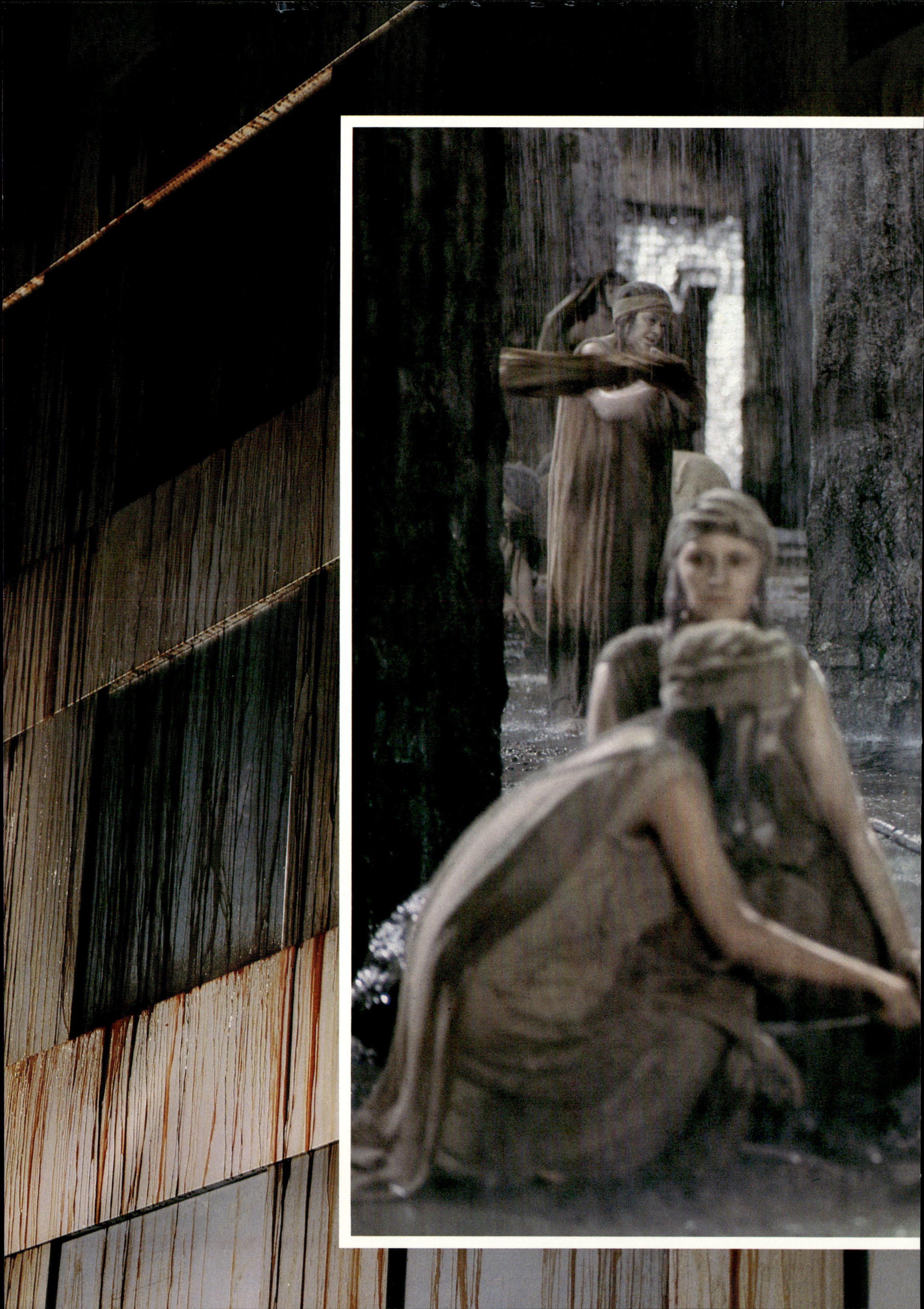

43

44

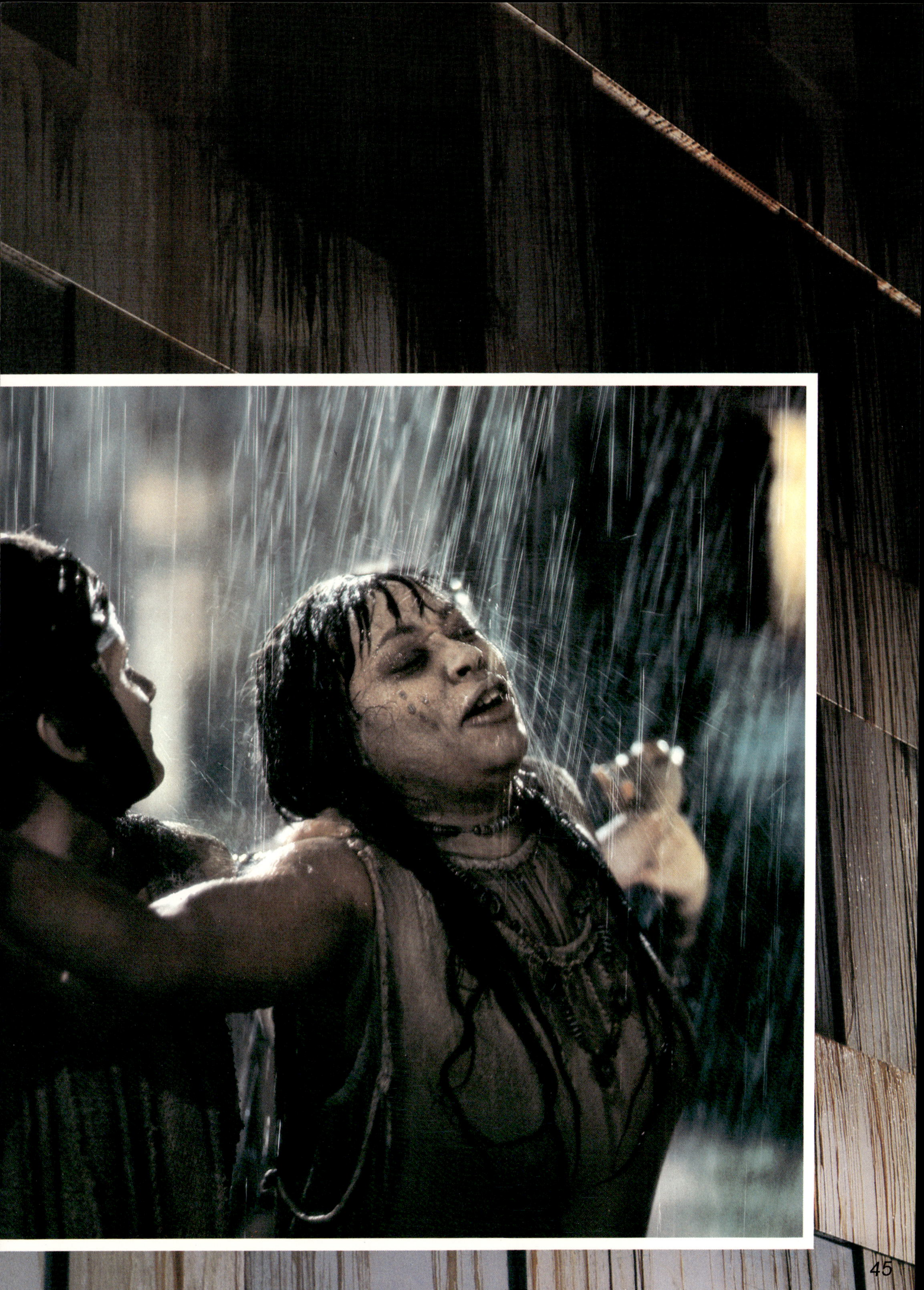

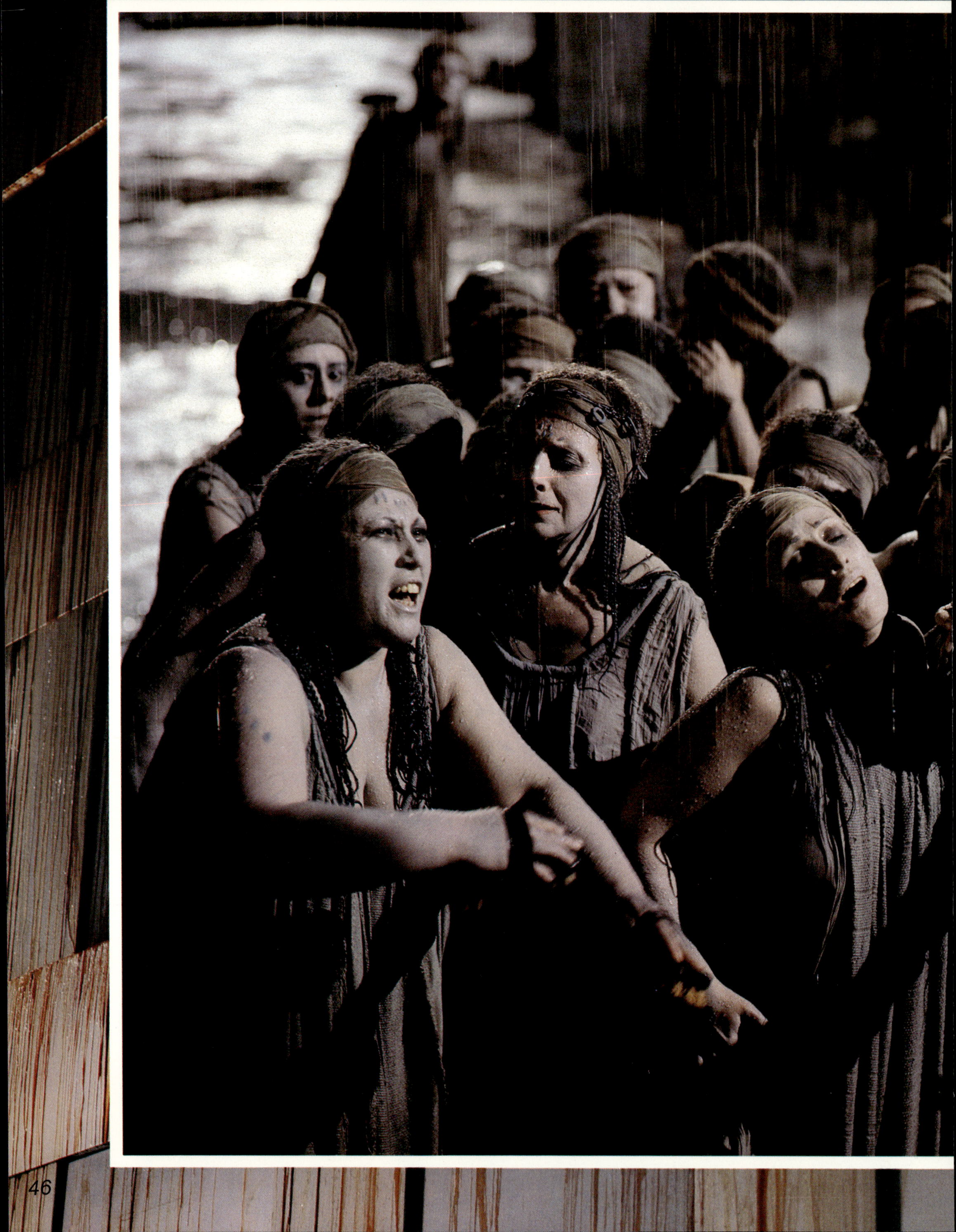

47

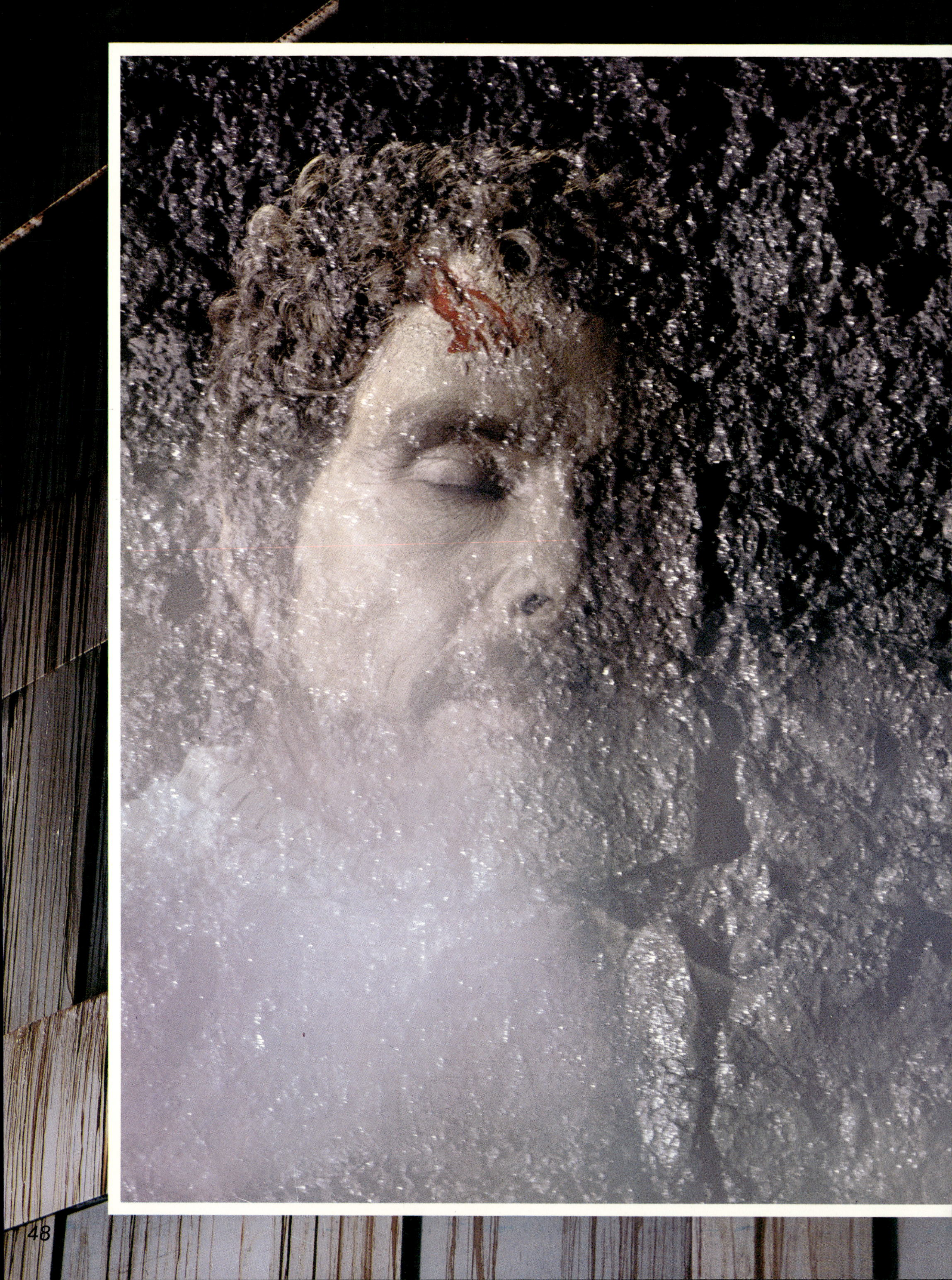

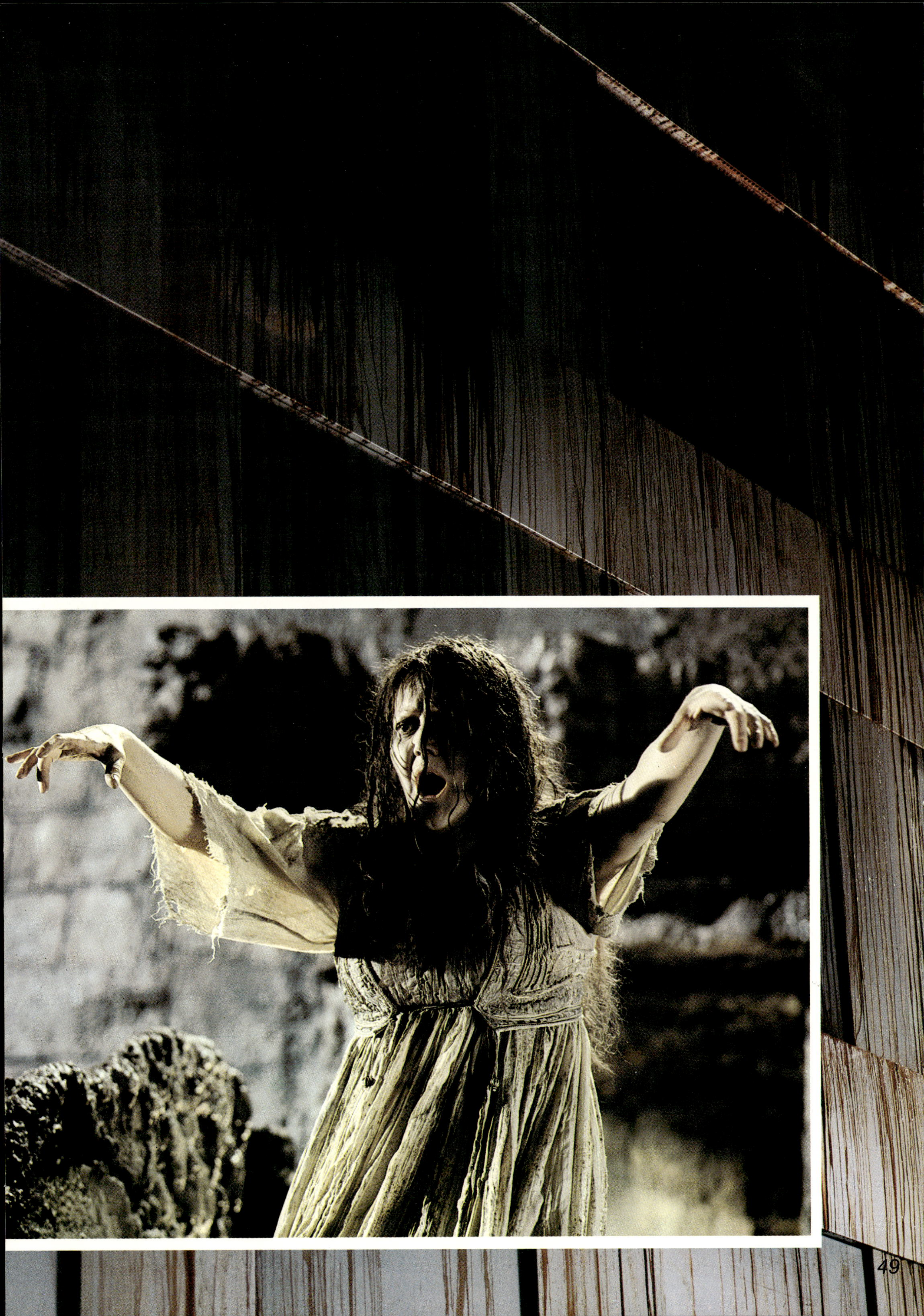

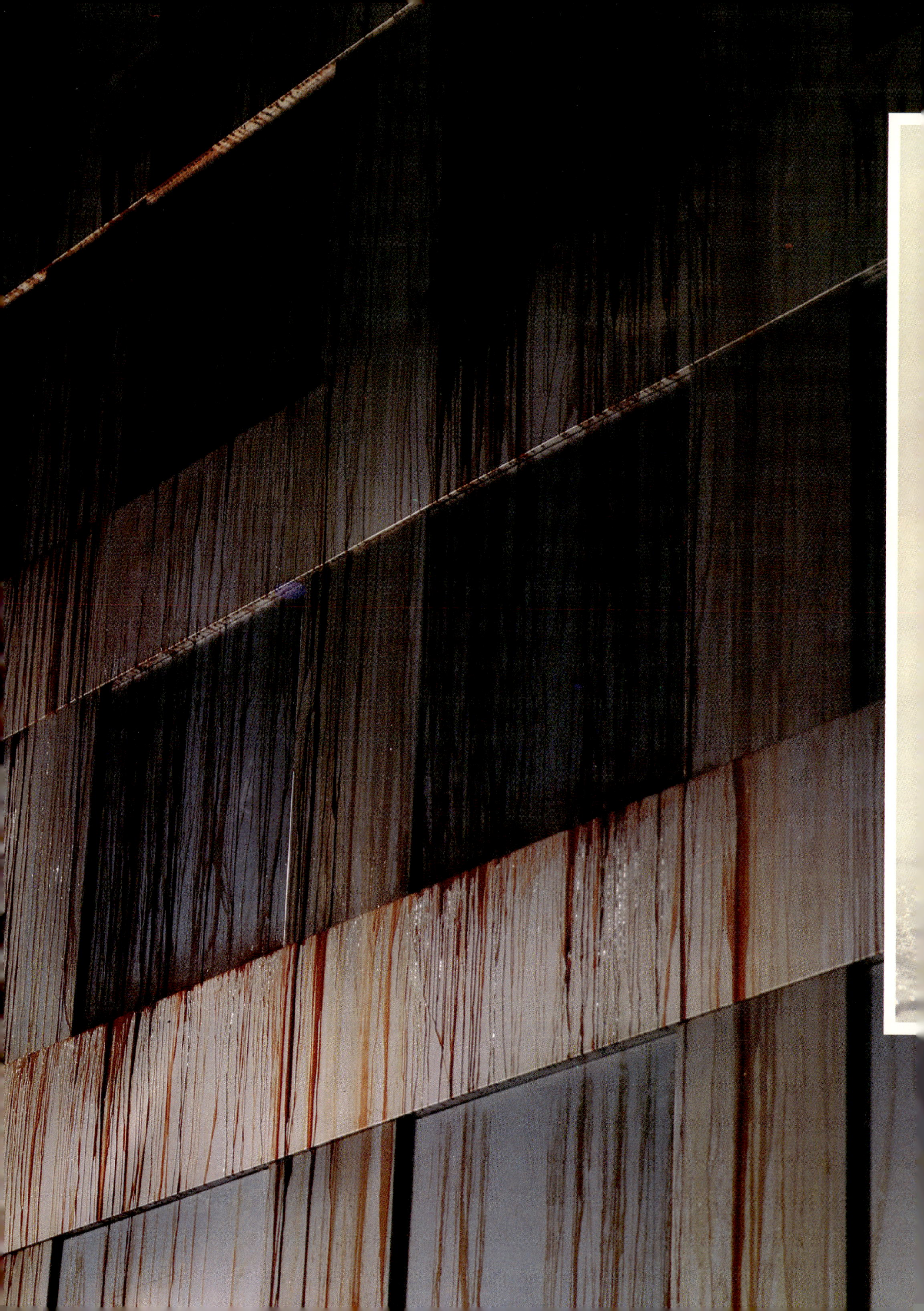

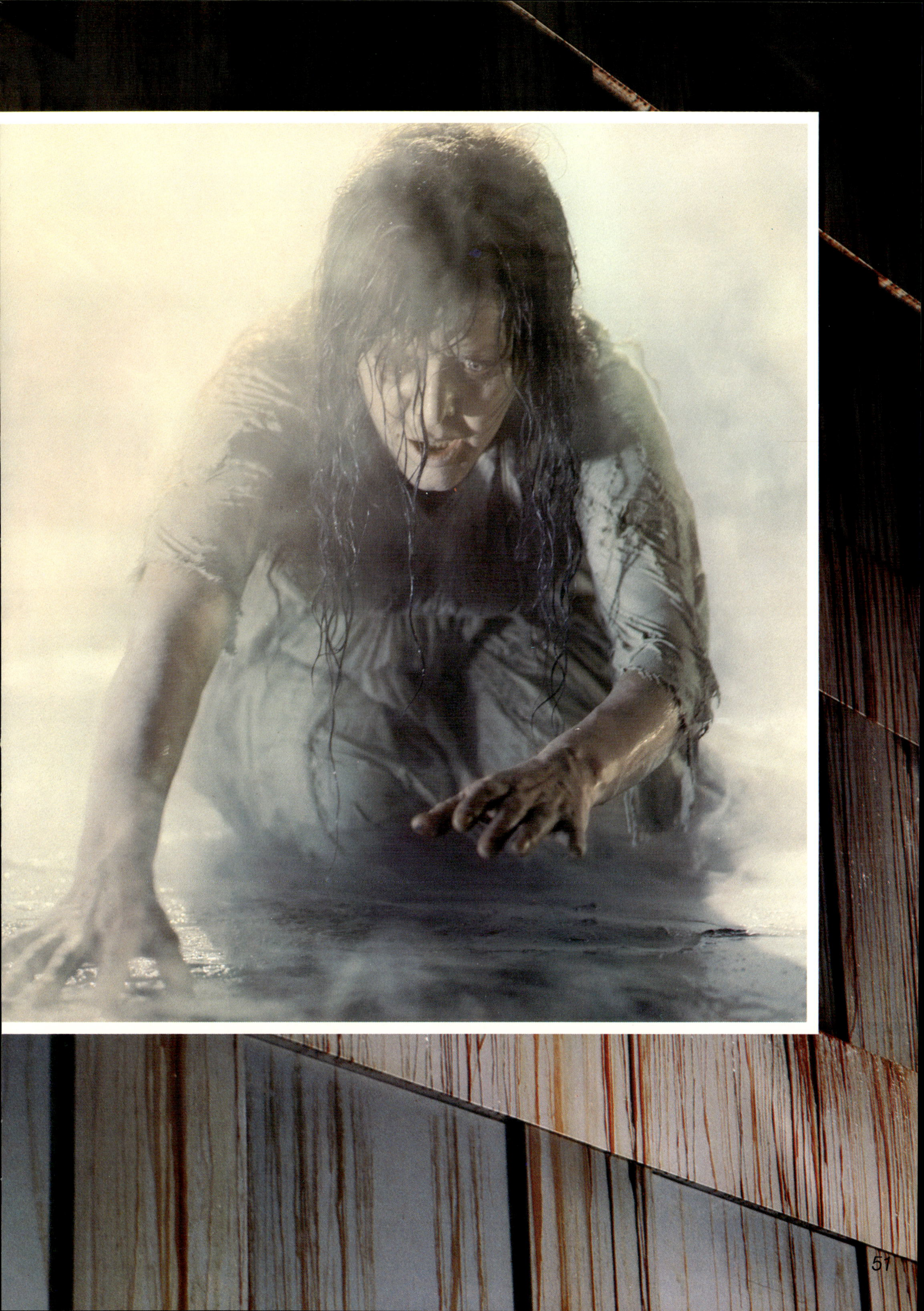

52

53

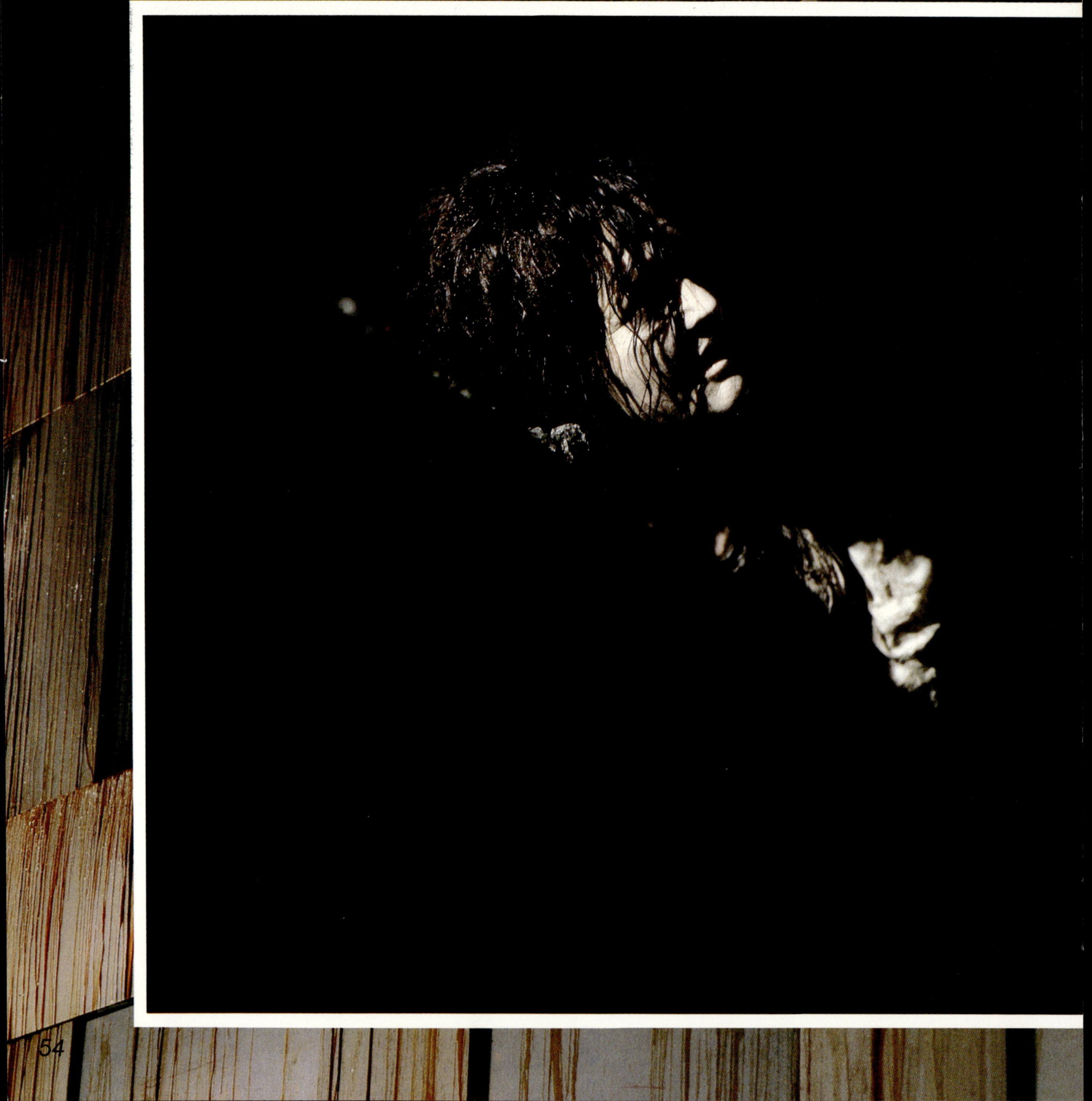

55

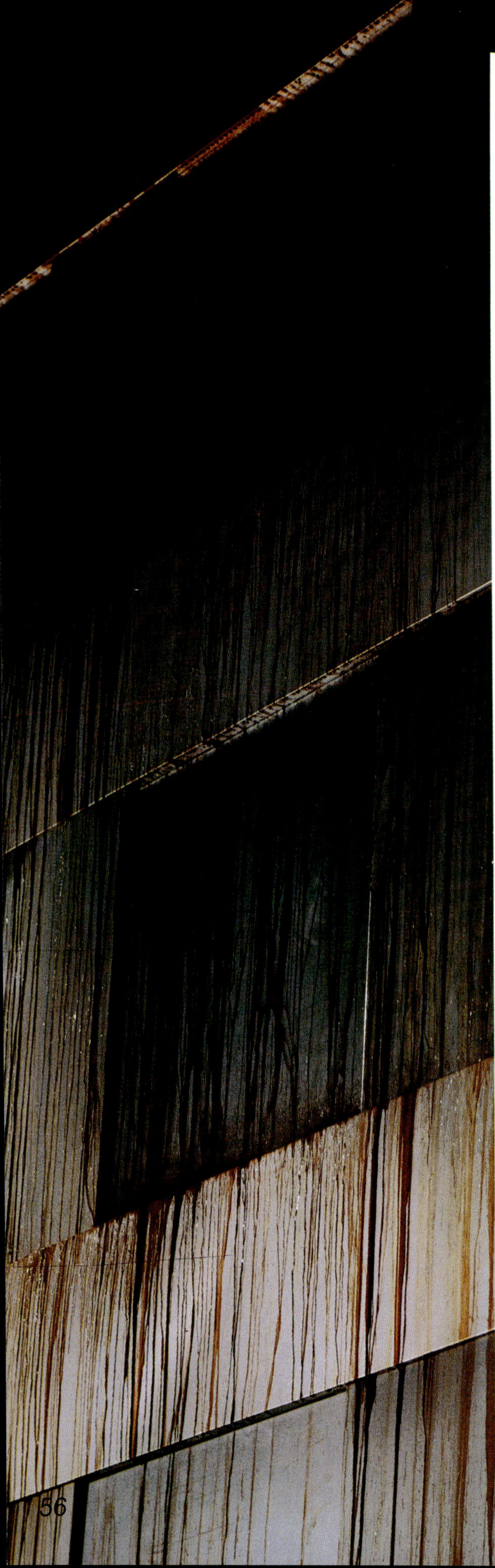
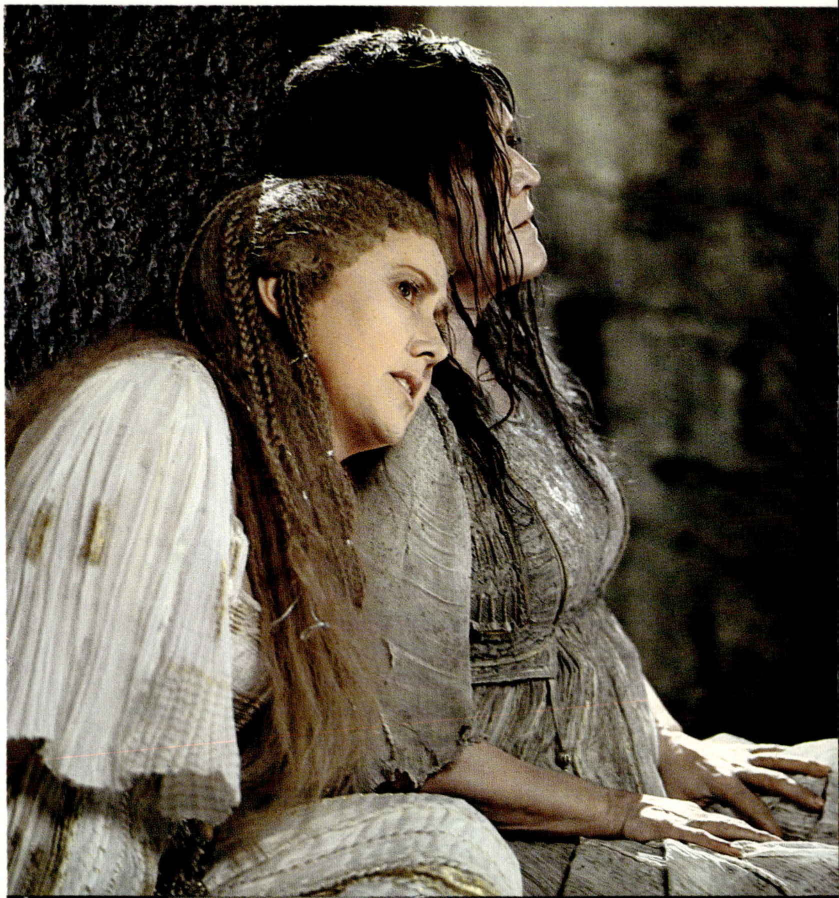
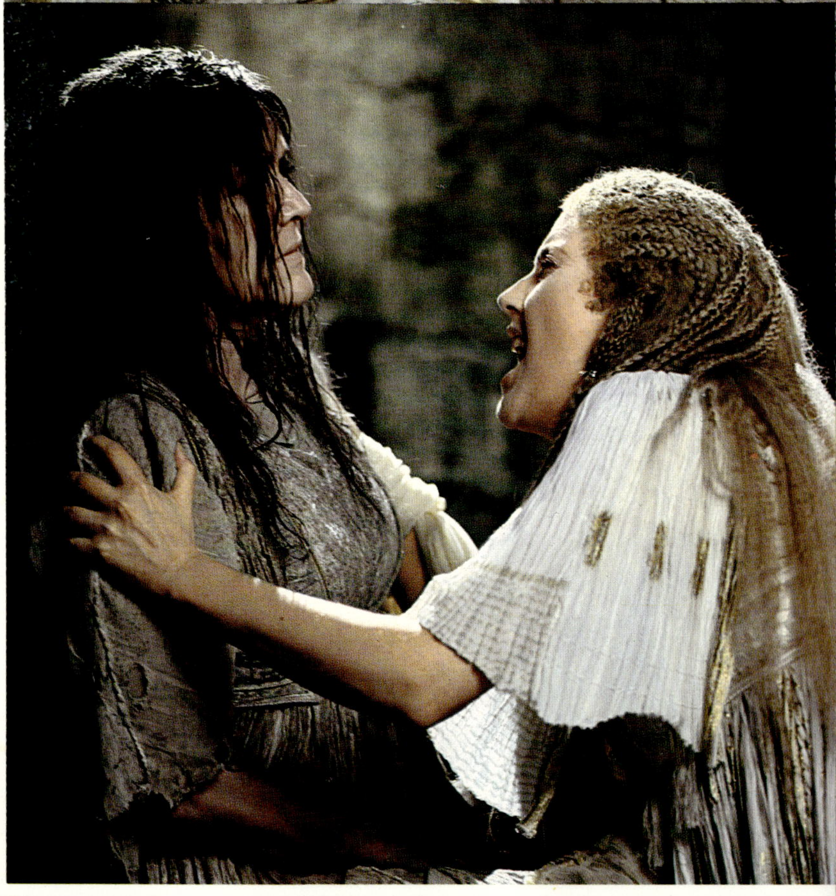

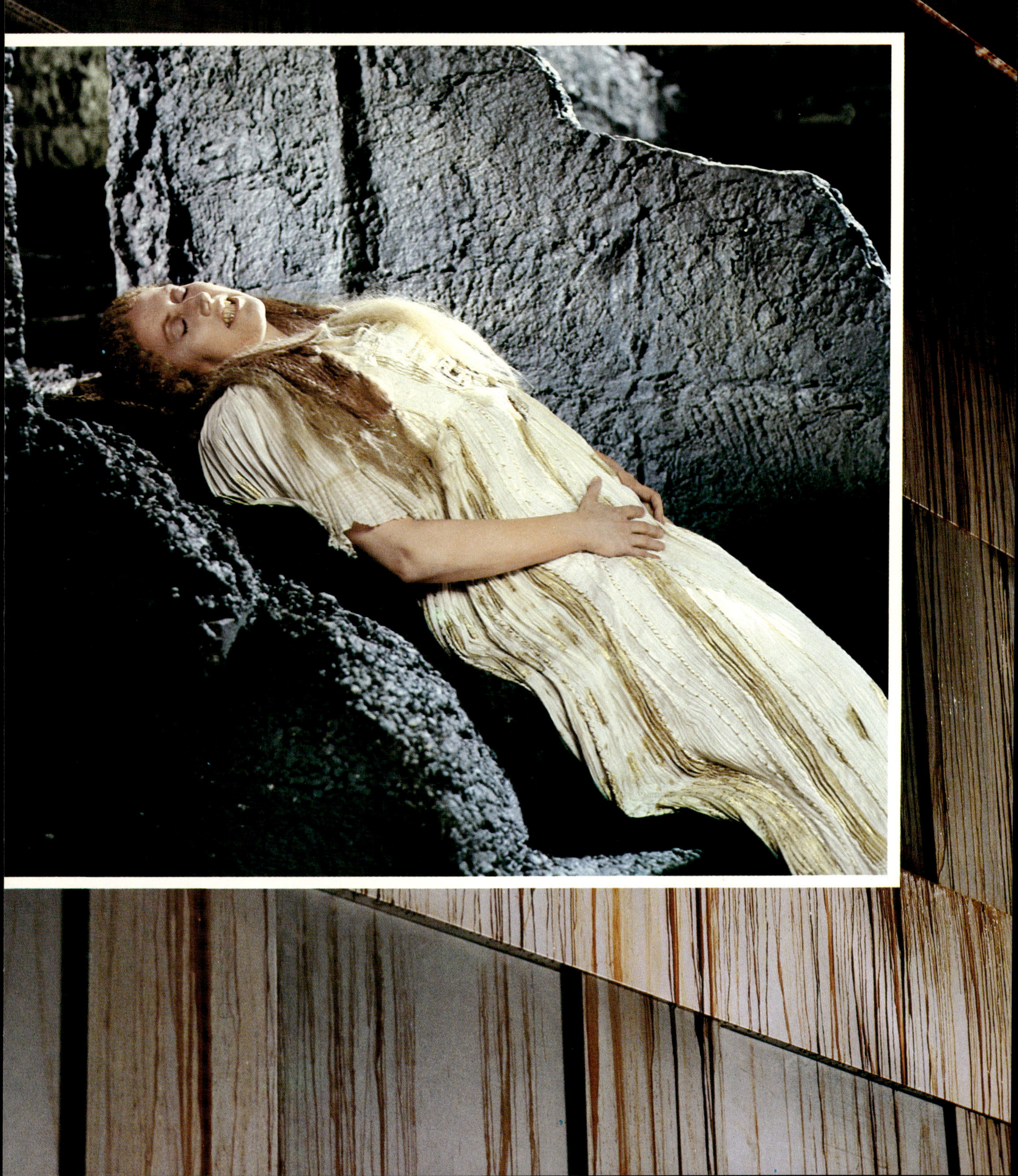

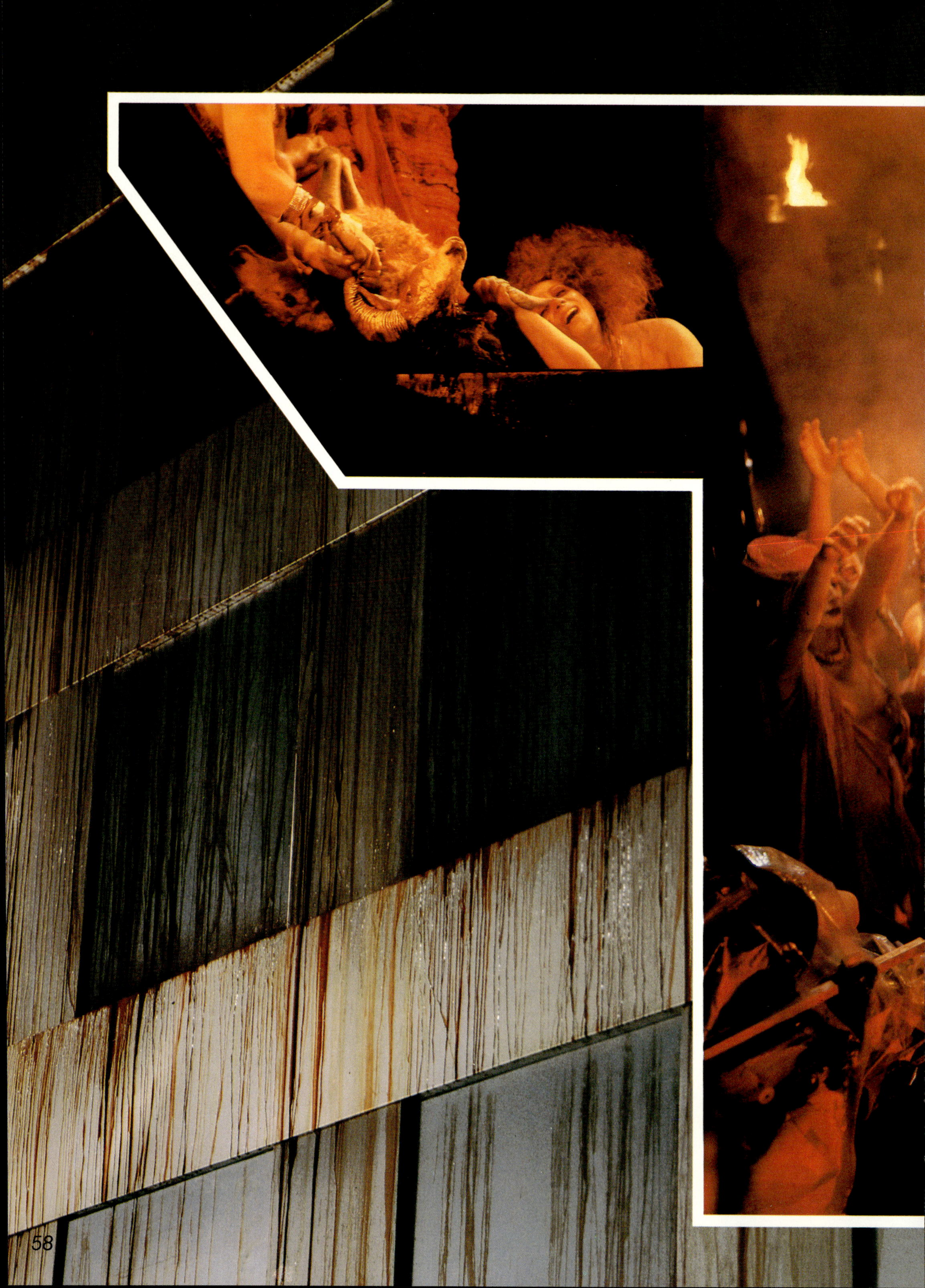

59

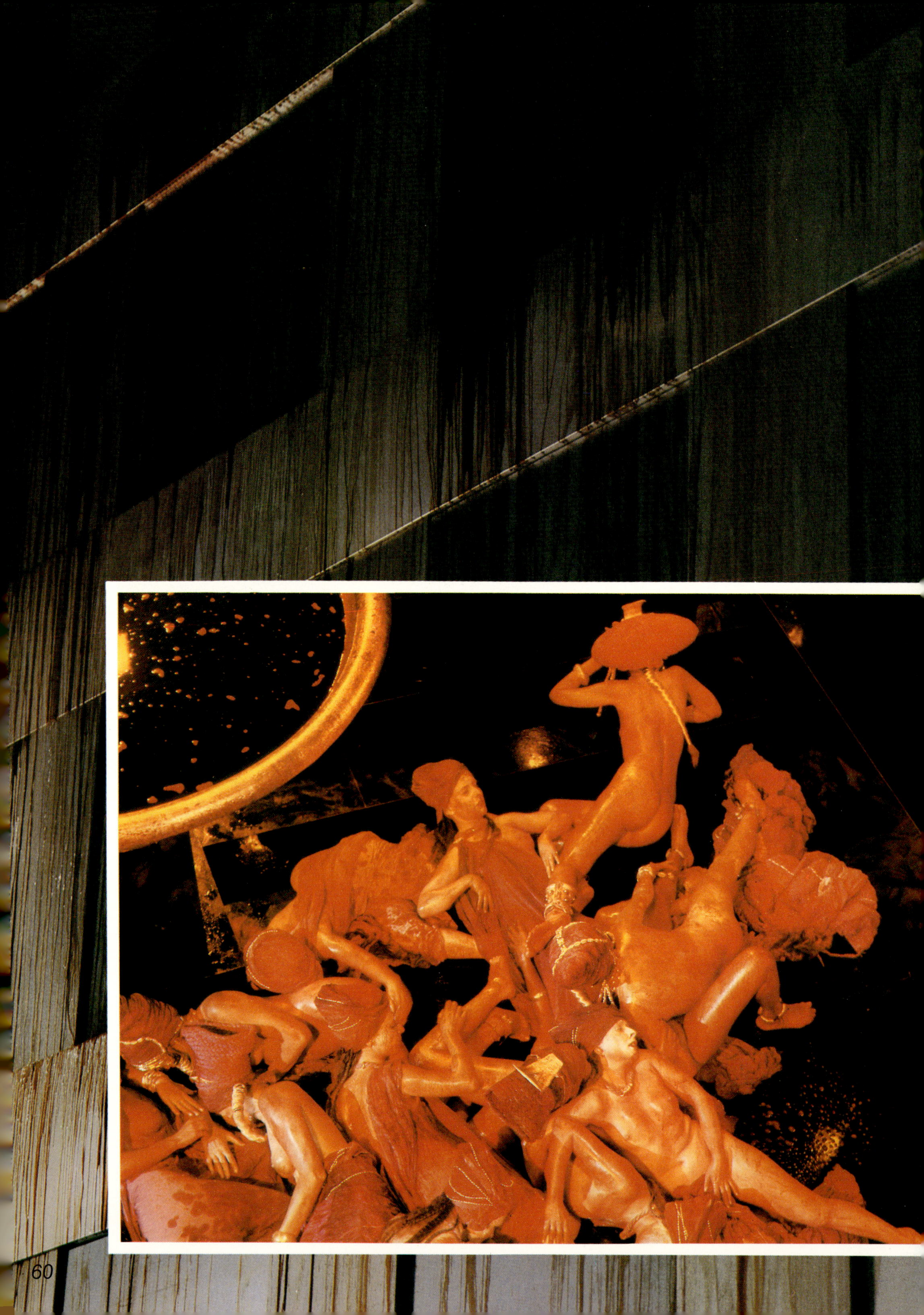

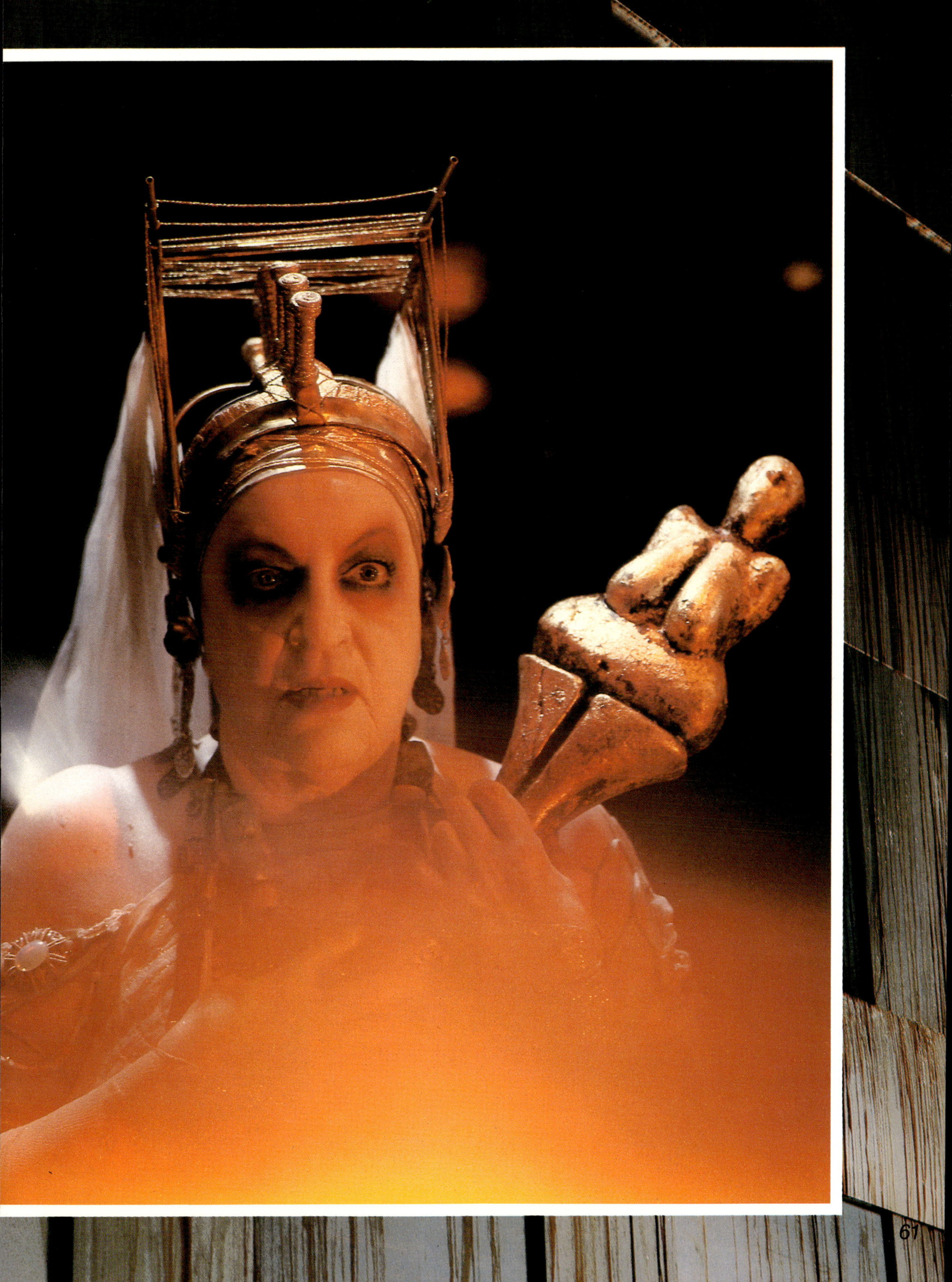

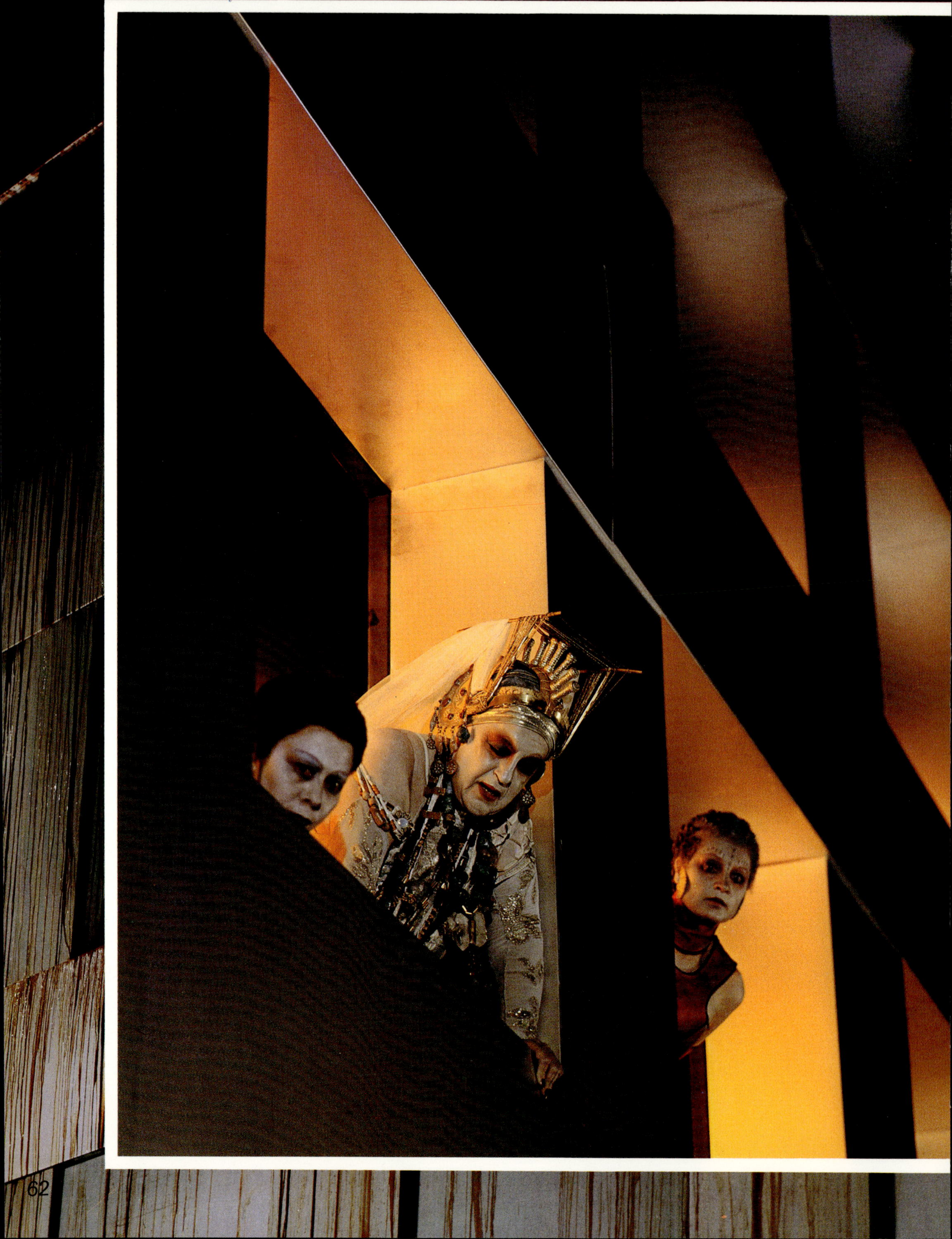

63

64

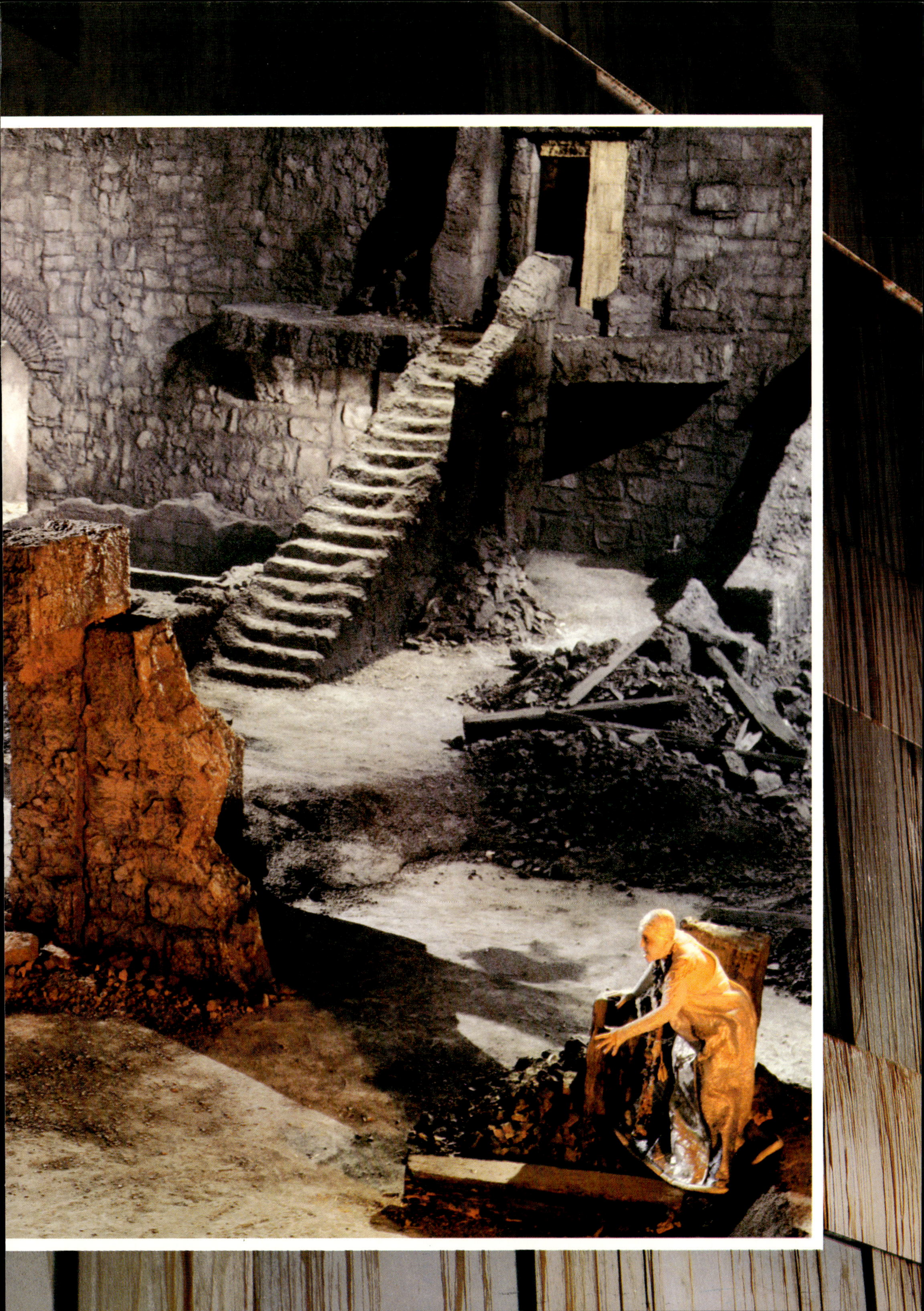

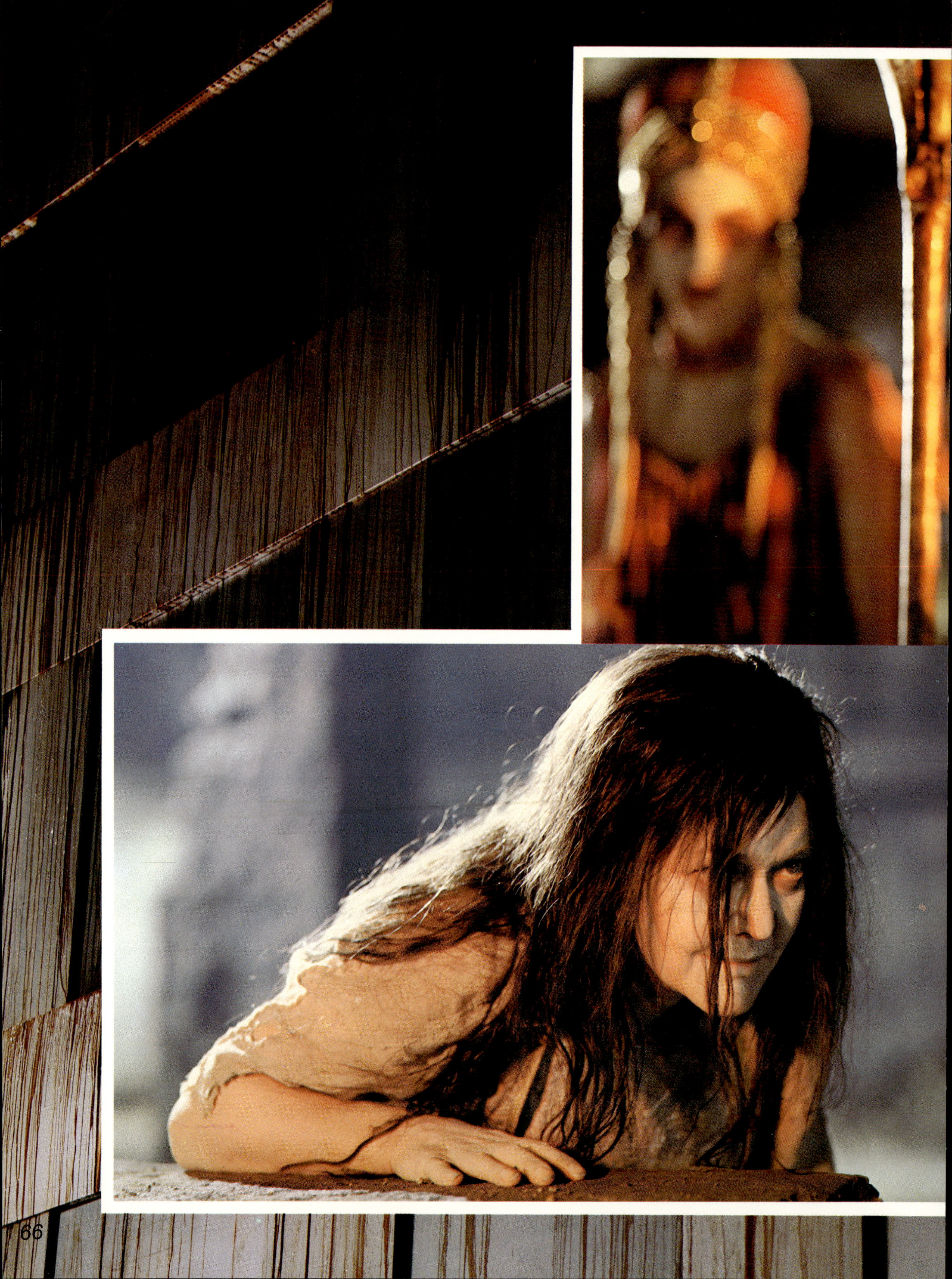

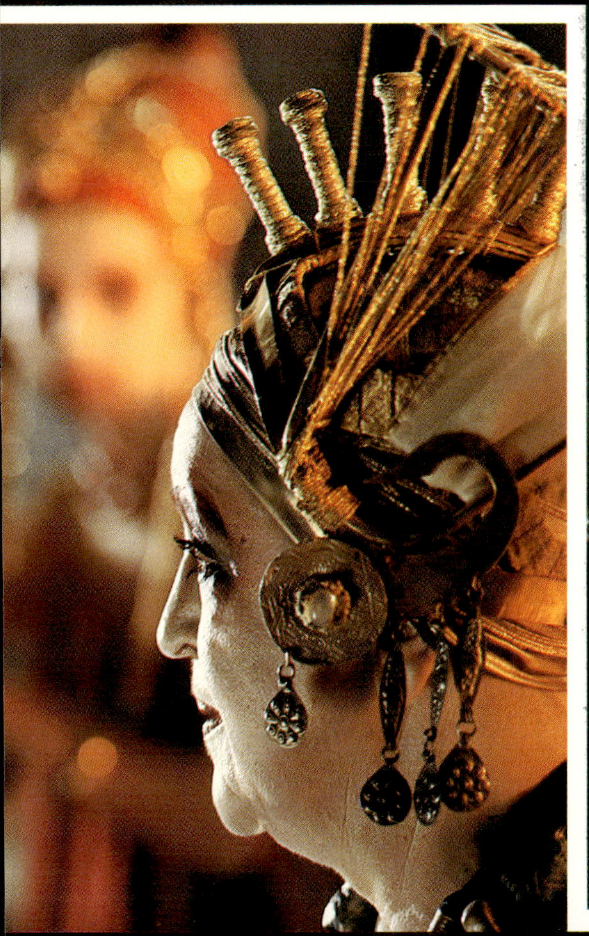

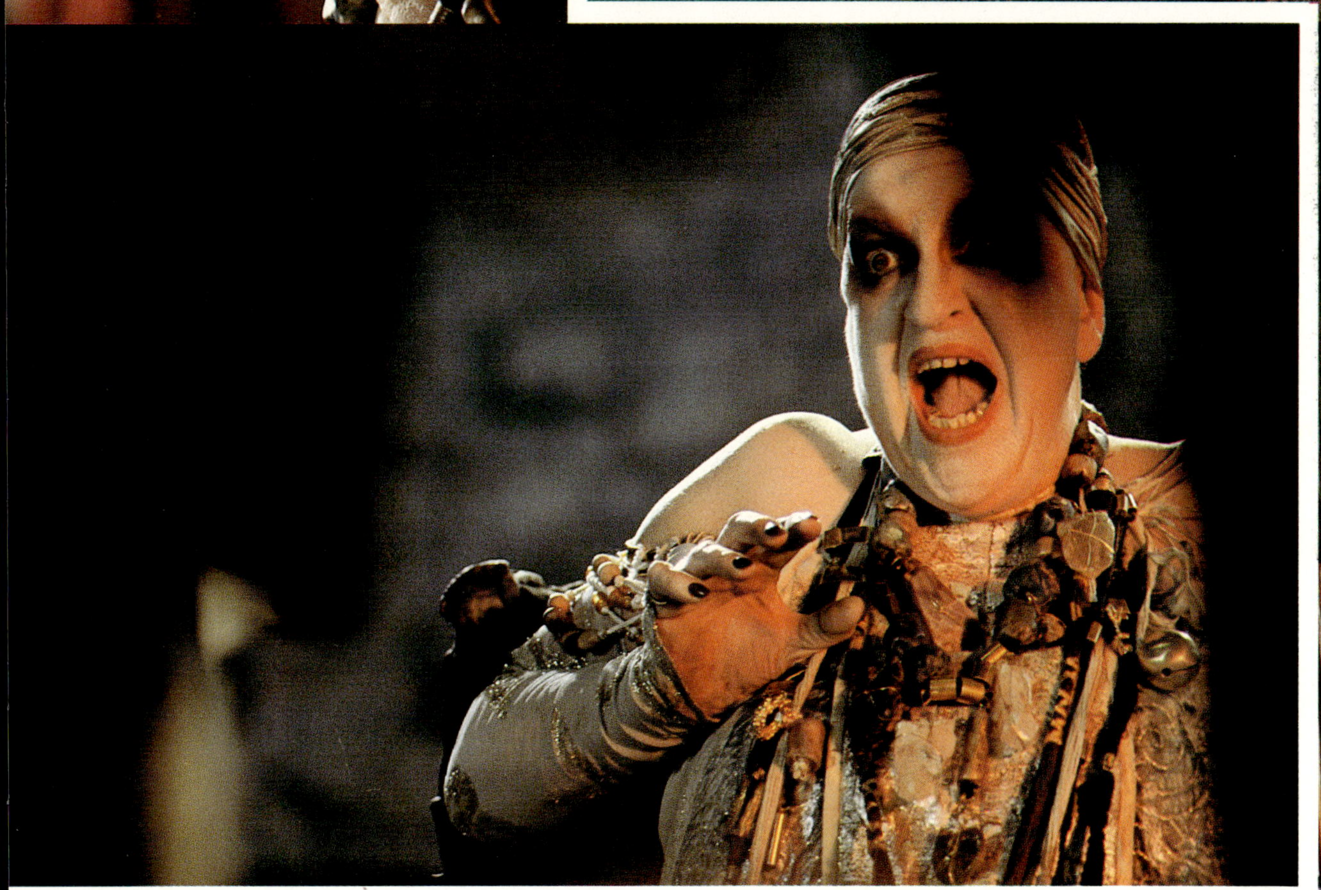

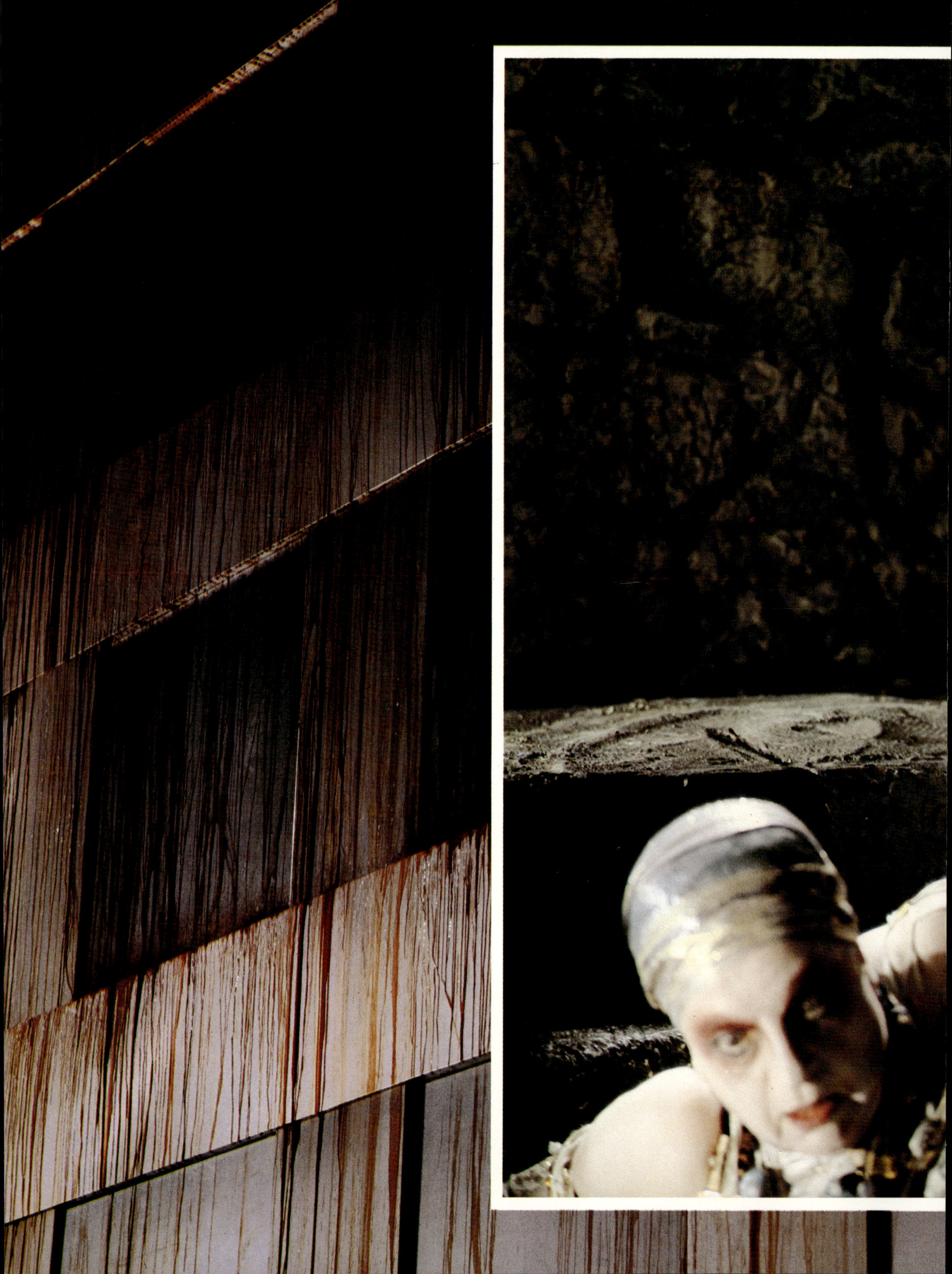

69

70

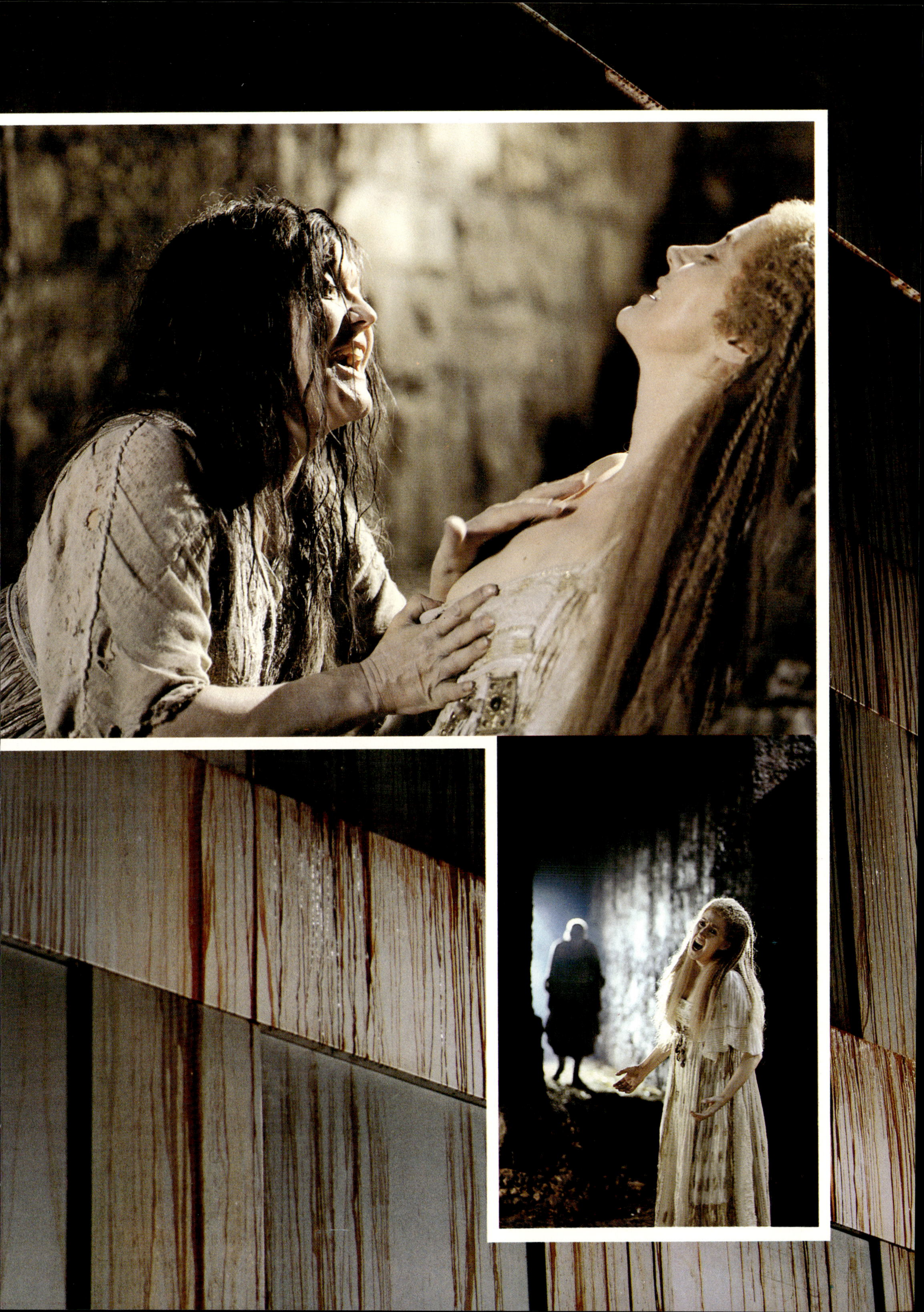

72

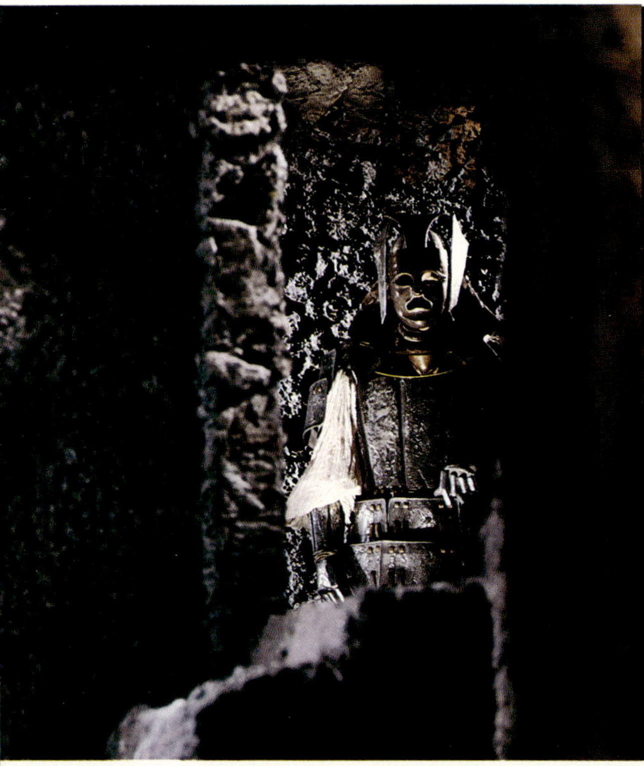
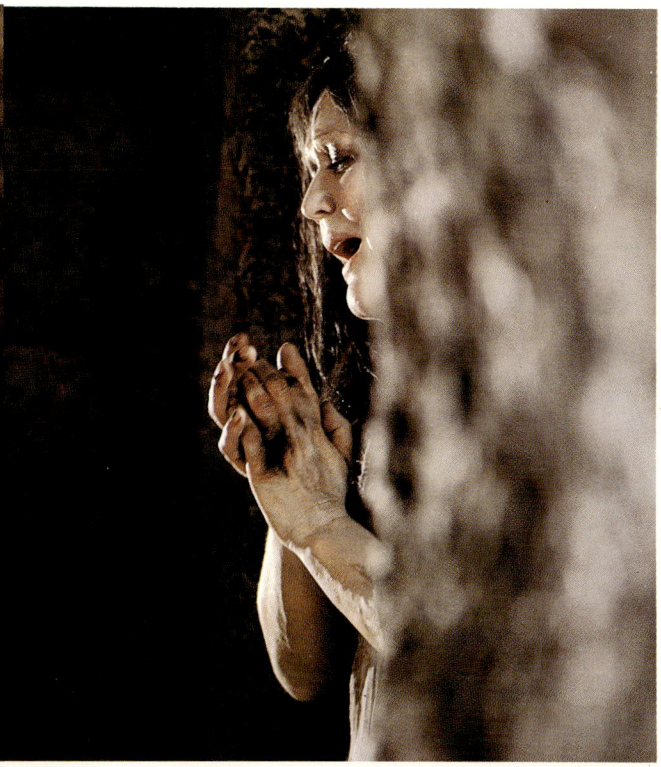
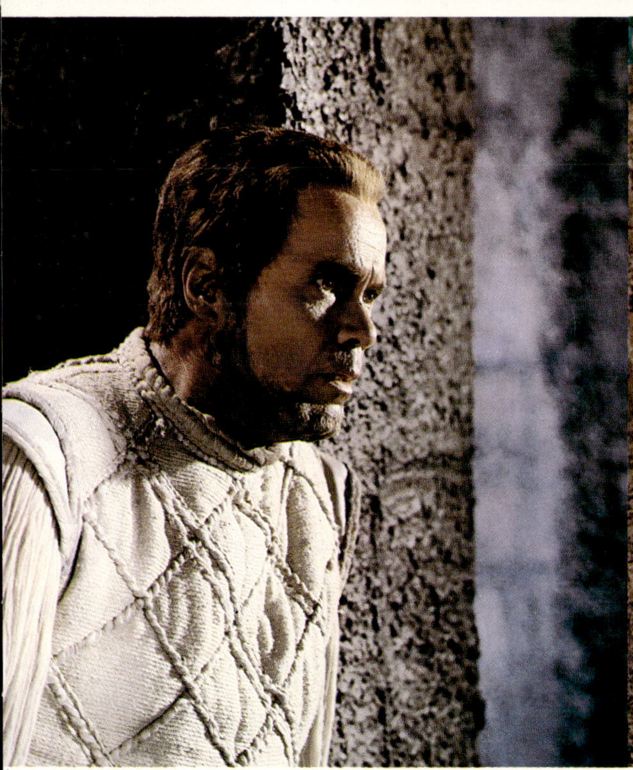
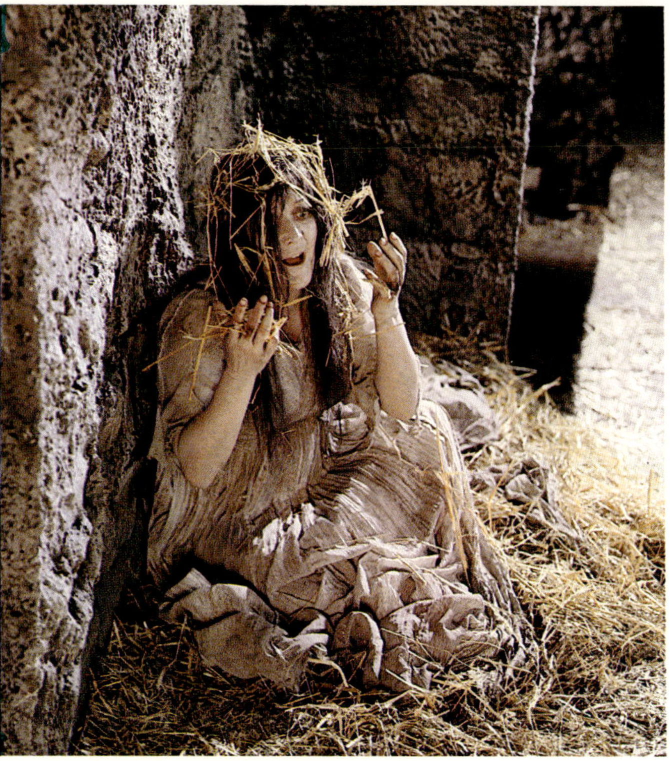

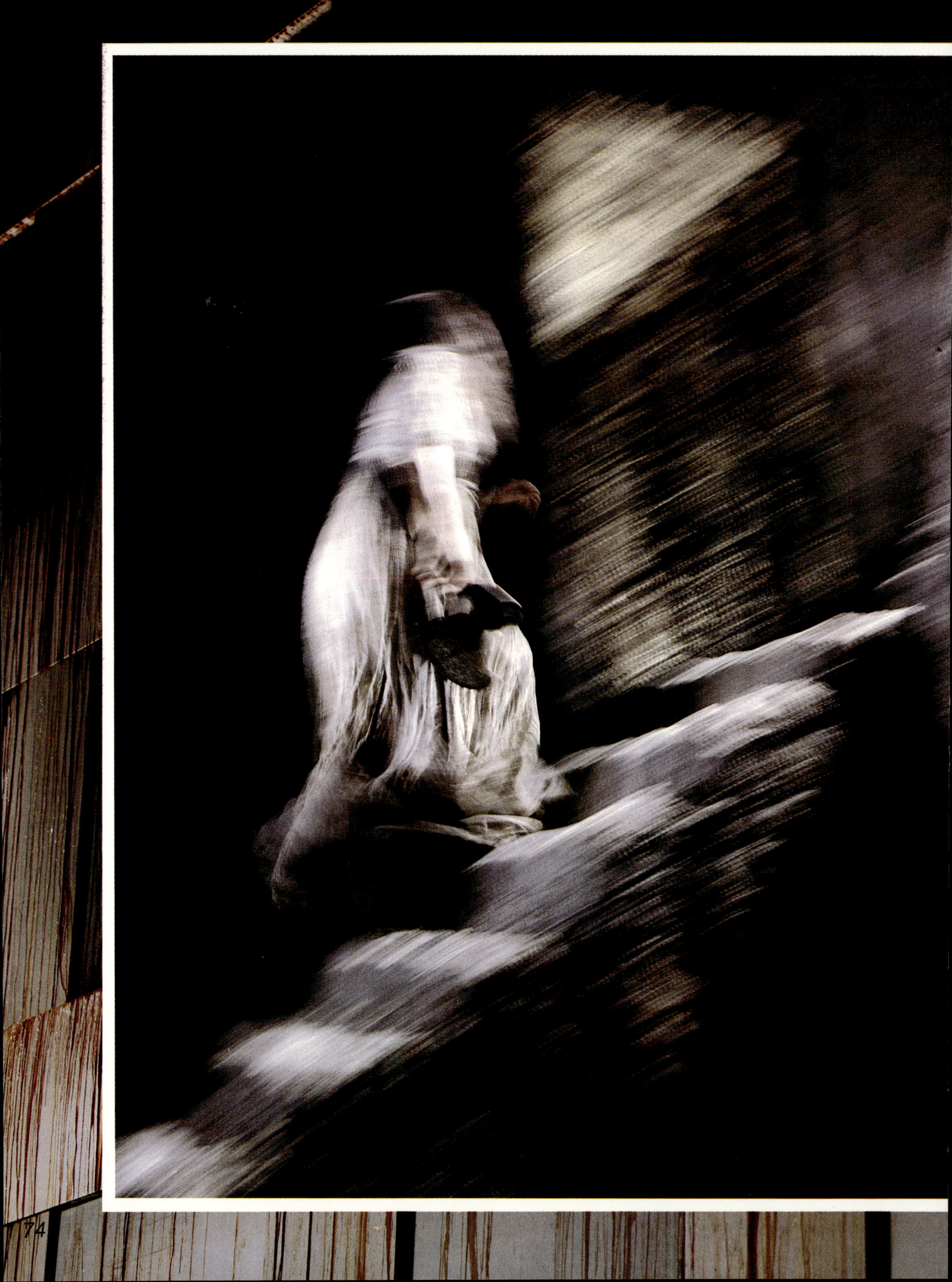

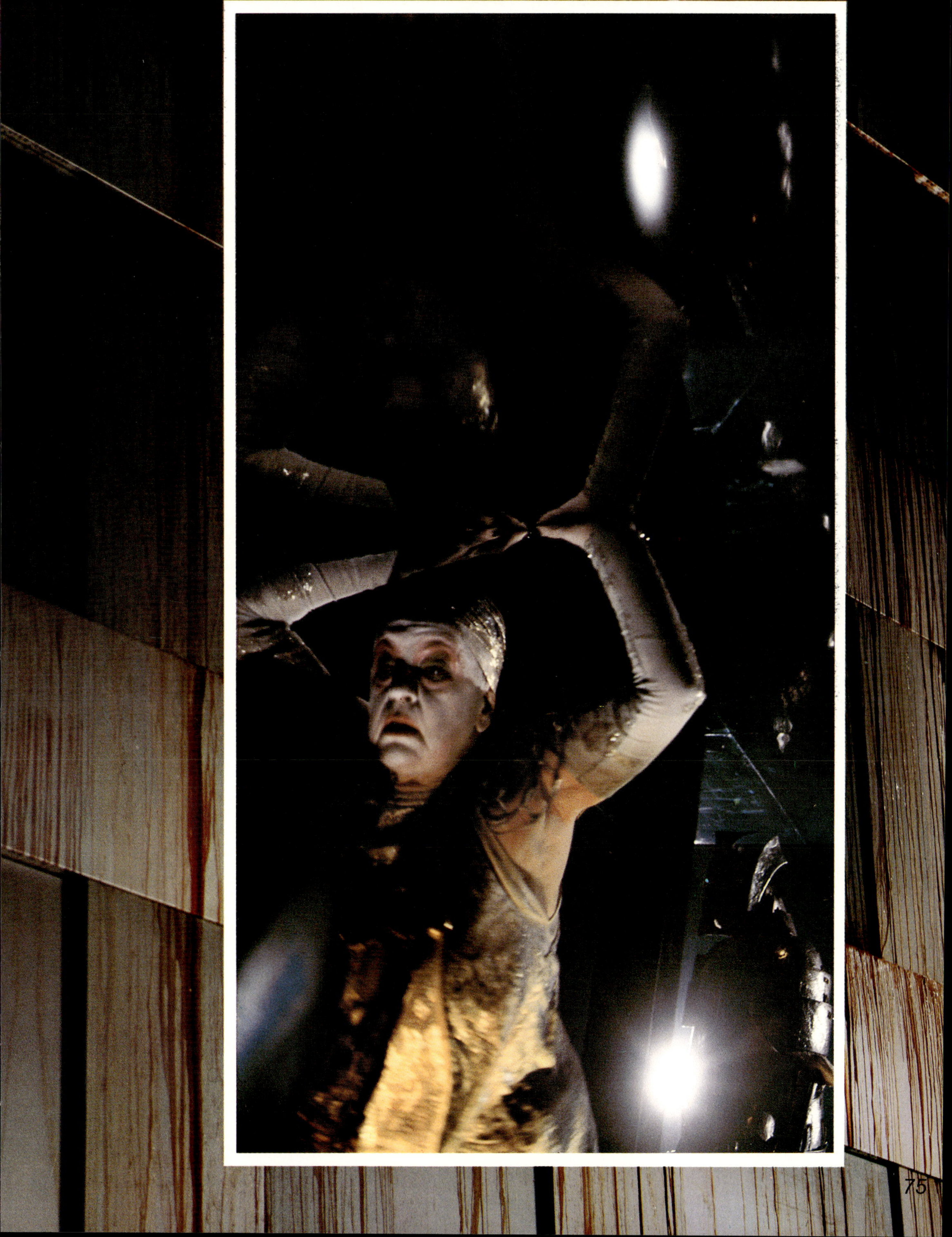

76

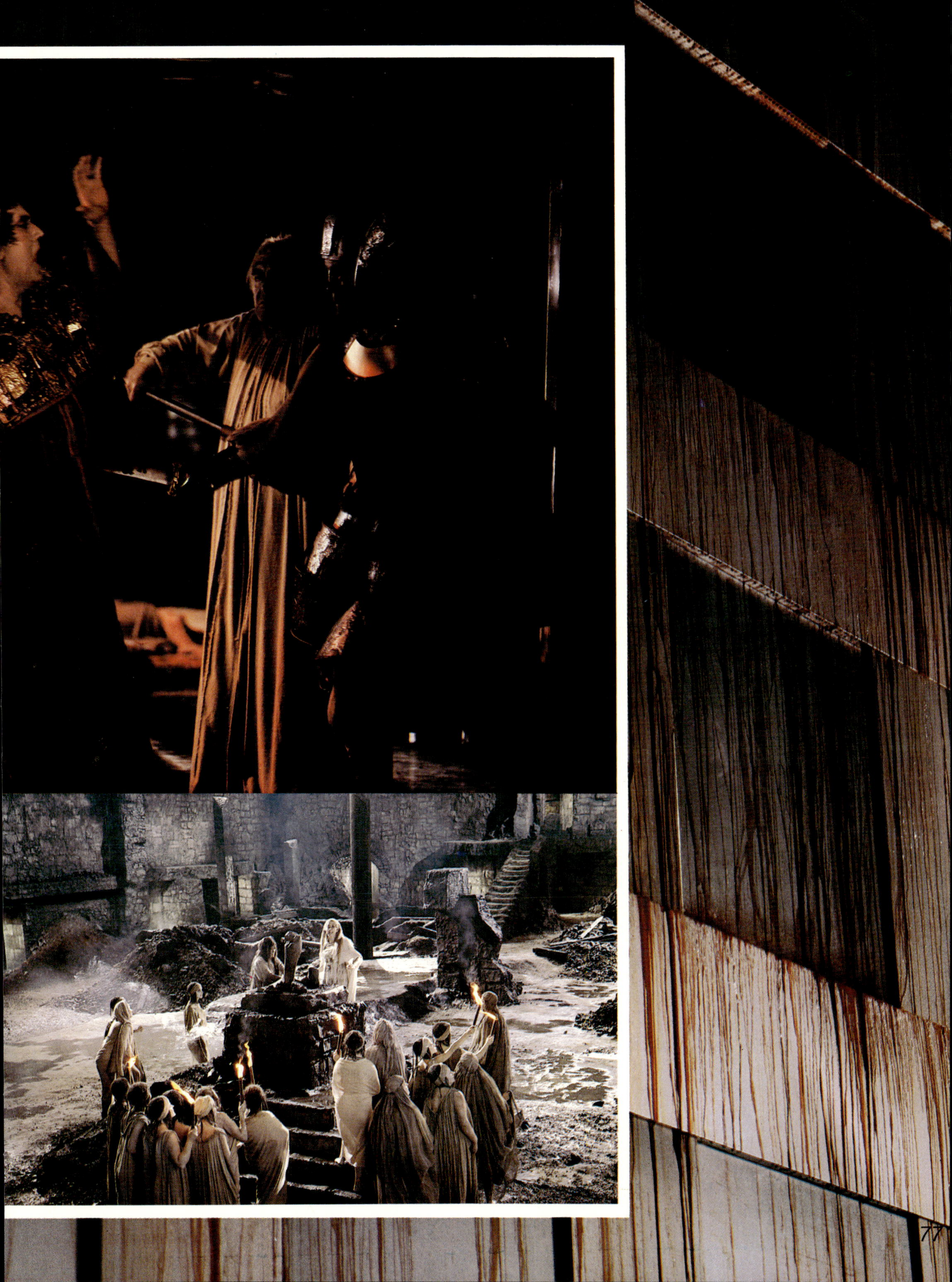

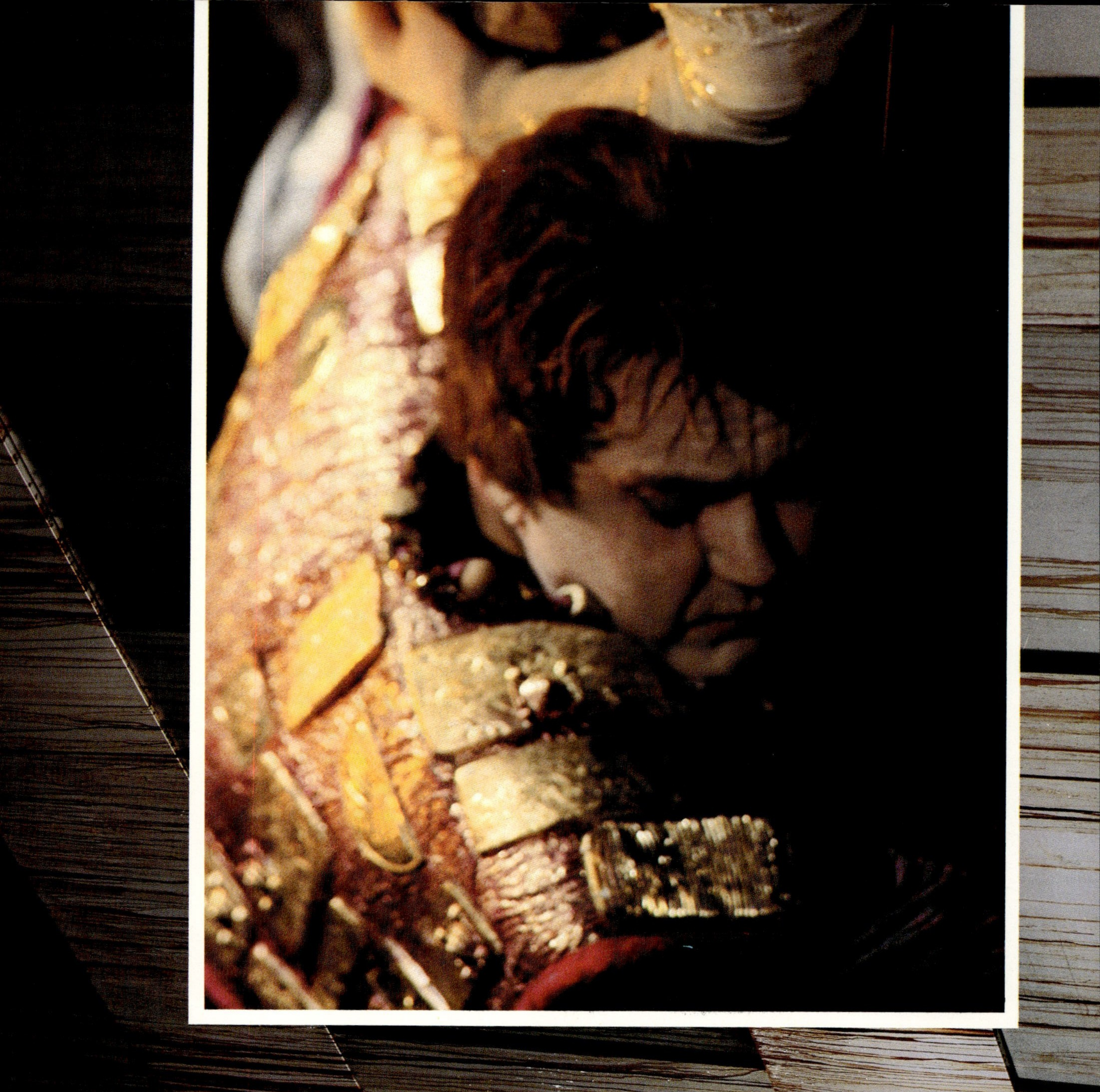

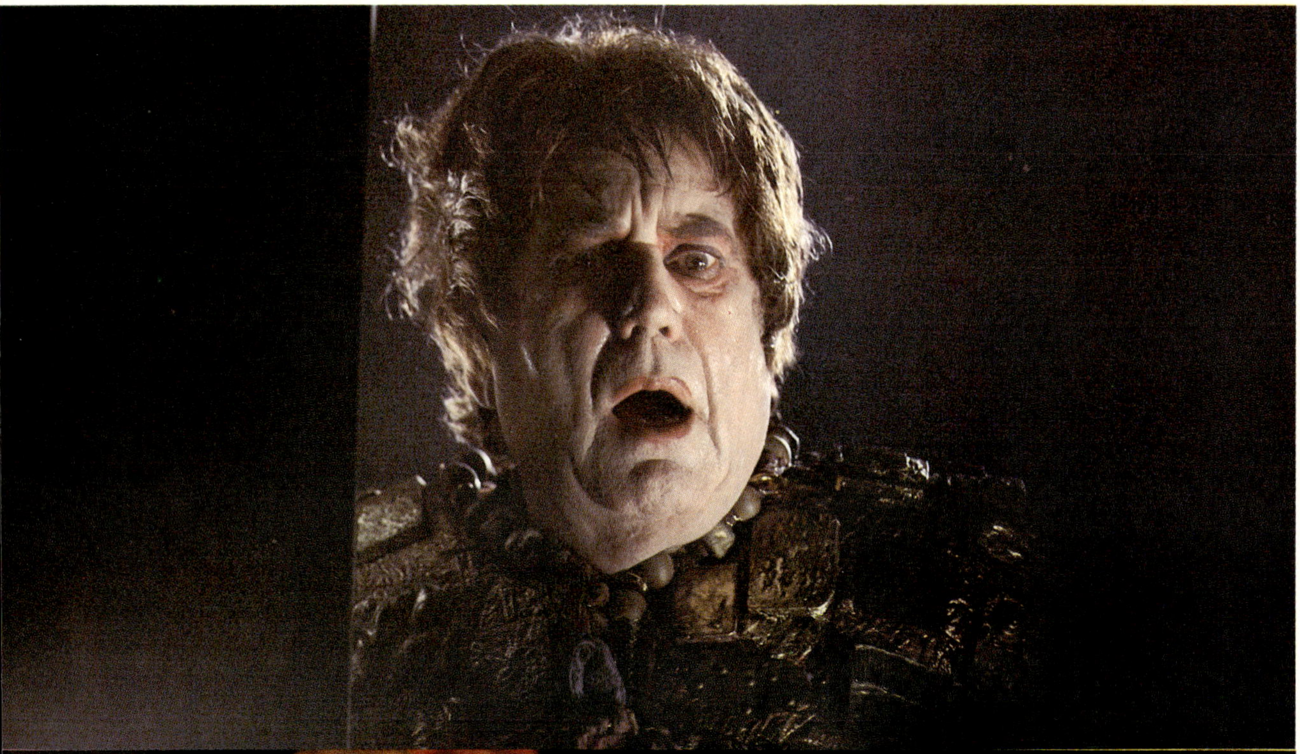

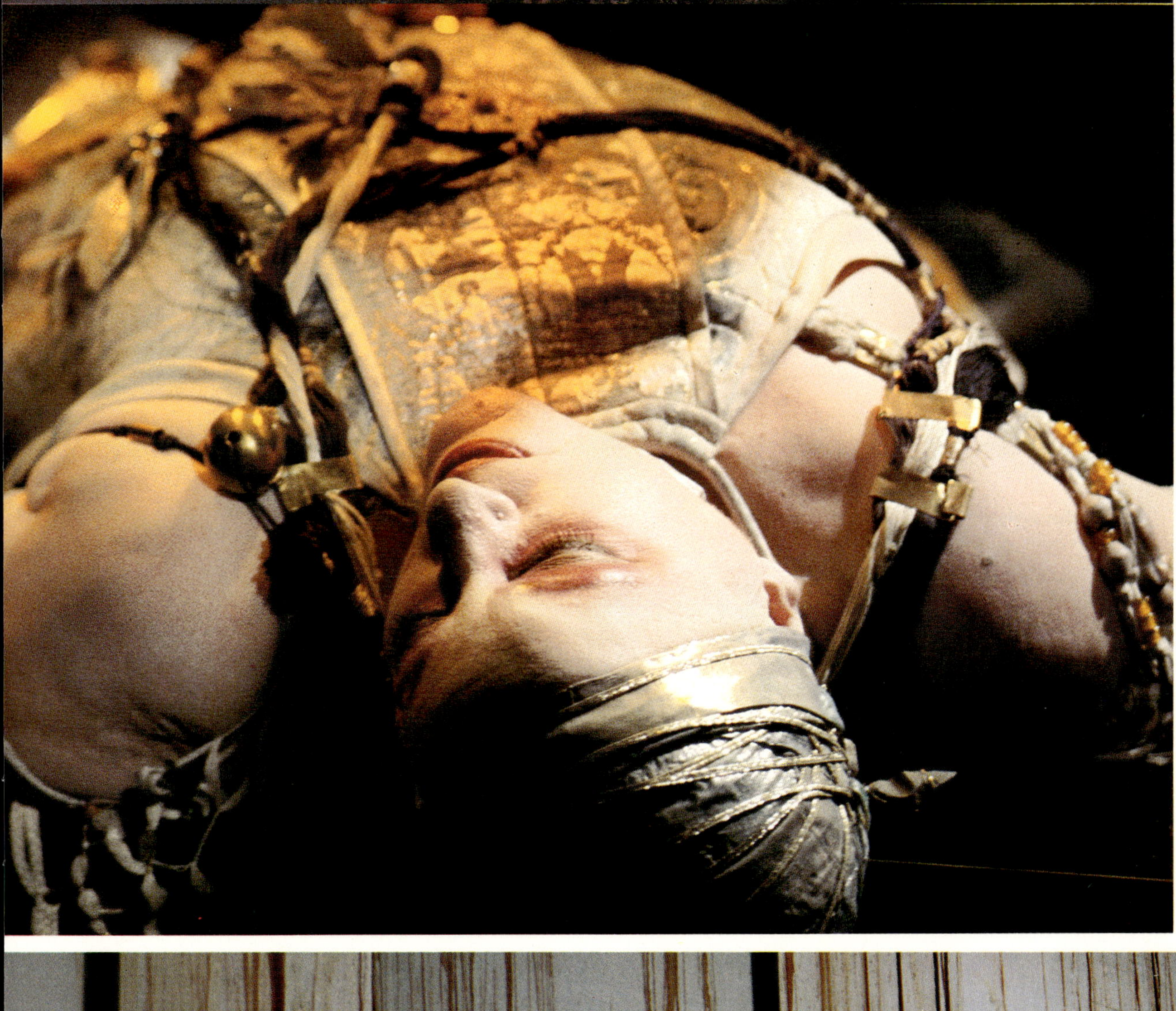

80

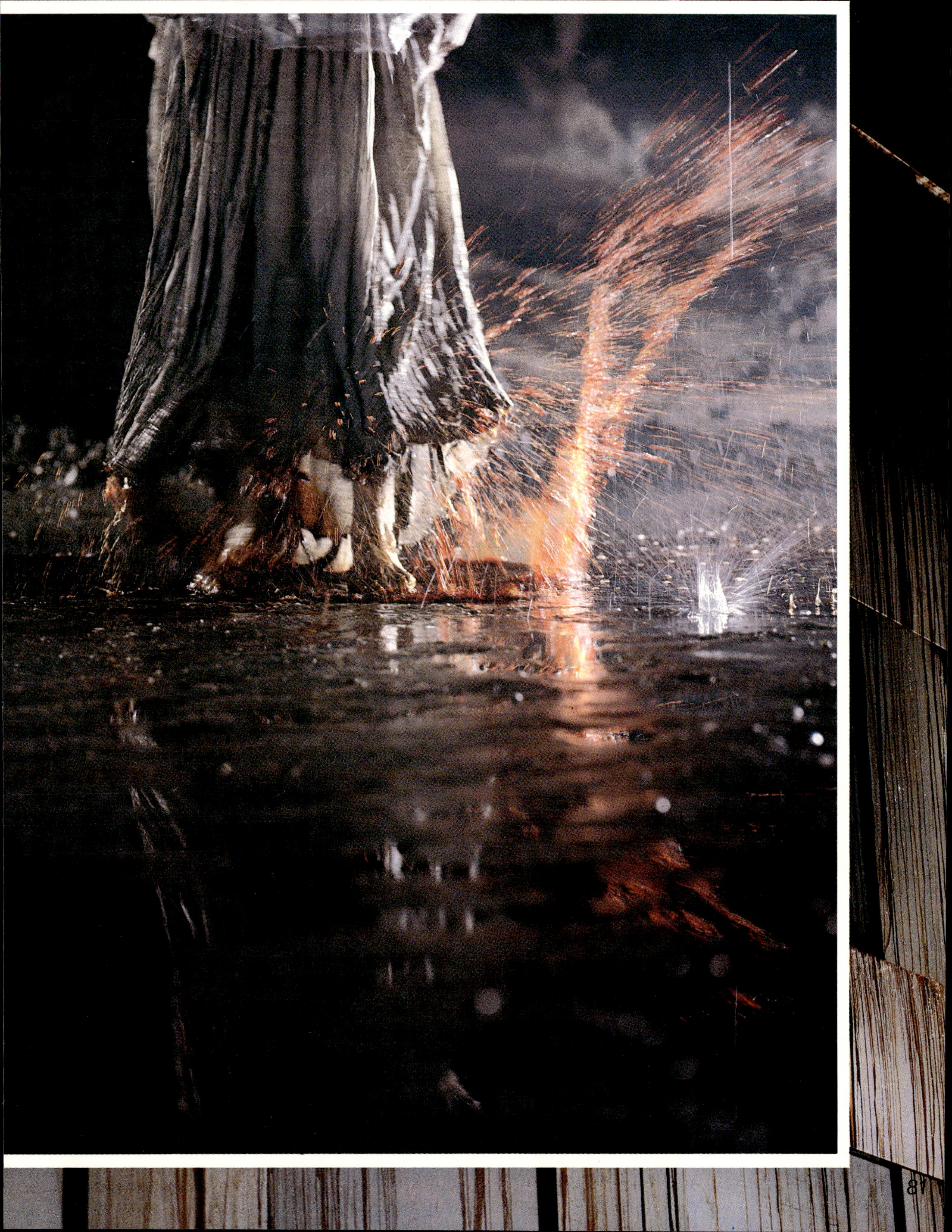

82

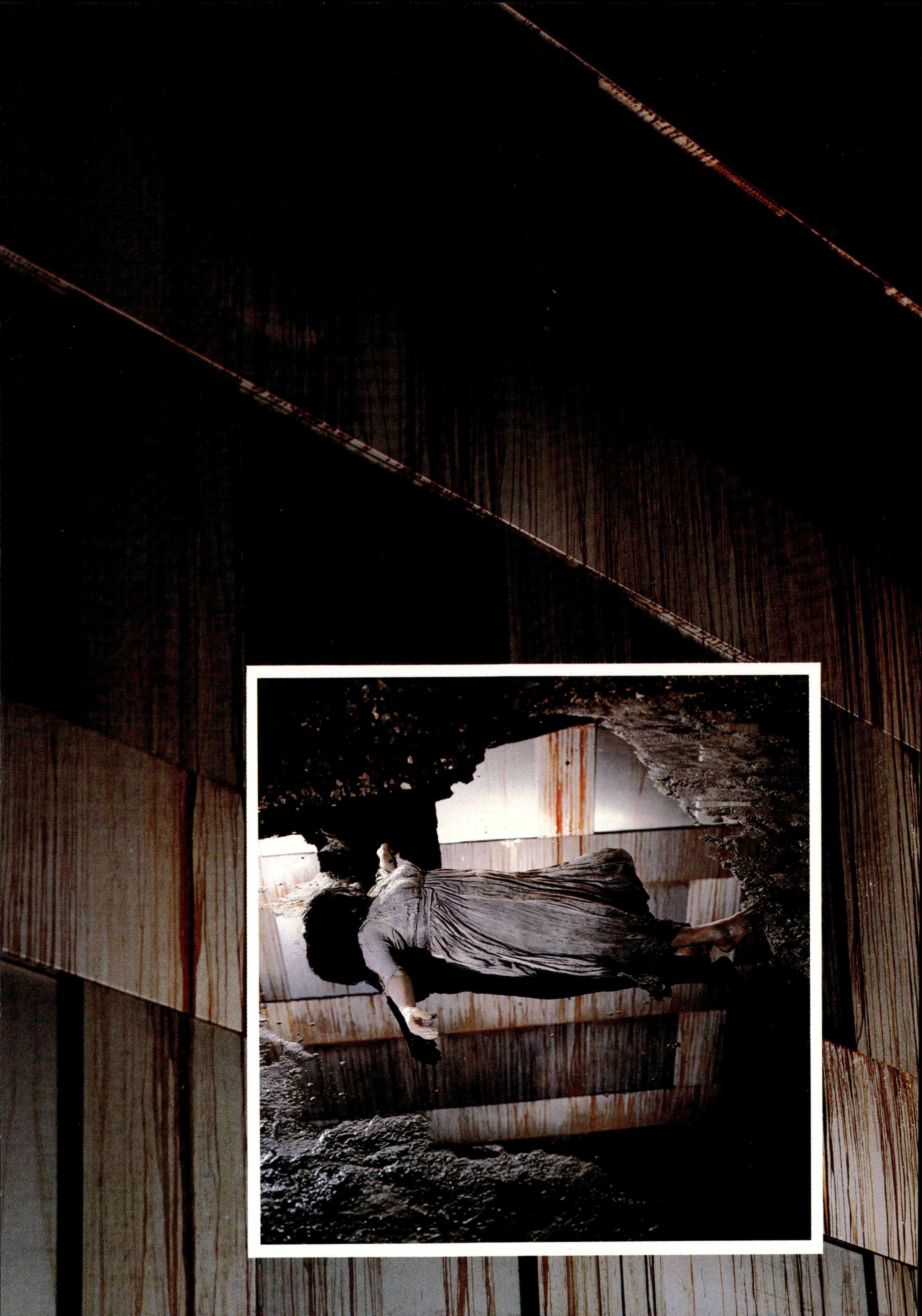

ELEKTRA UND GÖTZ FRIEDRICH

Wenn man die ganz und gar unkonventionelle Regiearbeit dieser Elektra begreifen will, dann muß man sich mit der Persönlichkeit ihres Regisseurs auseinandersetzen. Schon ein Kurzporträt verrät, daß es sich bei Götz Friedrich um einen ganz und gar ungewöhnlichen, in vielerlei Hinsicht außergewöhnlichen Theaterpraktiker handelt:
1930 geboren in Naumburg an der Saale, aufgewachsen in Freyburg an der Unstrut, 1949 Abitur am Naumburger Domgymnasium, 1953 Schüler Walter Felsensteins, 1959 erste eigene Regie an der Komischen Oper Berlin (DDR). – 1972: Der Oberspielleiter der Komischen Oper wechselt von Ost nach West. Chefregisseur in Hamburg und London. – 1981: Generalintendant der Deutschen Oper Berlin.
Diese Daten als Zahlengerüst sagen aber noch immer sehr wenig aus. Das nachfolgende ausführliche Interview mit Götz Friedrich entstand, nach Abschluß der Schneidearbeiten am Filmmaterial der „Elektra", Anfang April 1982 in Wien. Götz Friedrich war in die österreichische Bundeshauptstadt gekommen, um im Gobelinsaal der Staatsoper über seinen künstlerischen Werdegang zu sprechen. Im Anschluß daran stellte er sich dann diesem Interview für dieses Buch. Im Gobelinsaal ging Götz Friedrich bereits auf die Frage ein, wie es ihn überhaupt zur Oper, ja zur Bühne verschlagen habe:

Götz Friedrich
„Mein Weg zum Regisseur ist ein Weg der Versuche, sich auf verschiedenen künstlerischen Gebieten auszudrücken, bis ich schließlich das richtige Instrument gefunden habe. Und dieses Instrument ist das Musiktheater, auf dem ich am besten spielen kann. Ich bin in einer kleinen mitteldeutschen Stadt, Freyburg an der Unstrut aufgewachsen – da kommt der Rotkäppchen-Sekt her. Naumburg an der Saale ist 7 km entfernt, auch durch Uta bekannt – Stifterfigur im Naumburger Dom – und ein bißchen hat auch noch der Zauberberg von Thomas Mann seine Hand mit drin. Ich habe Klavier gespielt, bevor ich noch lesen und schreiben konnte, und habe versucht, in der Schule Klavierkonzerte zu geben. Es war sehr schön für mich, war aber nicht so ein Riesenerfolg. Dann habe ich – statt mich richtig auf das Abitur zu konzentrieren – ein Theaterstück geschrieben: Achilleus – so hieß es. Wir haben ausgerechnet damals nach dem Krieg Homers Ilias, die ja eigentlich immer vom Krieg handelt, so lange abgeklopft, bis daraus das pazifistischste Stück geworden ist. Daran klammerten sich 1949 unsere Hoffnungen. Und da habe ich also diesen Achilleus geschrieben und den Agamemnon darin gespielt; ich war auch der Inspizient und der Regisseur dieses Stückes. Und mein sehr geliebter Deutschlehrer sagte dann, das sei der größte Schwachsinn gewesen, den er je gesehen hätte, und einen solchen Unsinn hätte er noch nicht einmal mir zugetraut. Ich war nicht entmutigt und studierte dann Theaterwissenschaft in Weimar. Auch dort habe ich mich immer als Schauspieler versucht. Um zu sehen, wie man richtig Theater macht, dachte ich, gehe ich einmal zu Felsenstein. Eigentlich wollte ich zu Brecht, aber mich störte, daß damals bei Brecht immer so viele Assistenten herumsaßen. Ich bekam dann die Chance, zu Felsenstein zu kommen, und die noch größere Chance hatte ich dadurch, daß er gerade die Zauberflöte vorbereitete, an der er ja drei oder vier Jahre – nicht täglich probierte – aber arbeitete. Und so sandte er mich damals auch nach Wien und ich kam 1952/53 zum ersten Mal als Mitteldeutscher nach Wien, um hier mit Komorzynski zu sprechen – dem Schikaneder-Forscher – und mit Otto Rommel, der für mich das schönste Buch geschrieben hat: „Die Altwiener Volkskomödie". Dann hatte ich auch die erste Wiener Begegnung mit Albin Skoda – im Burgtheater als Posa ...

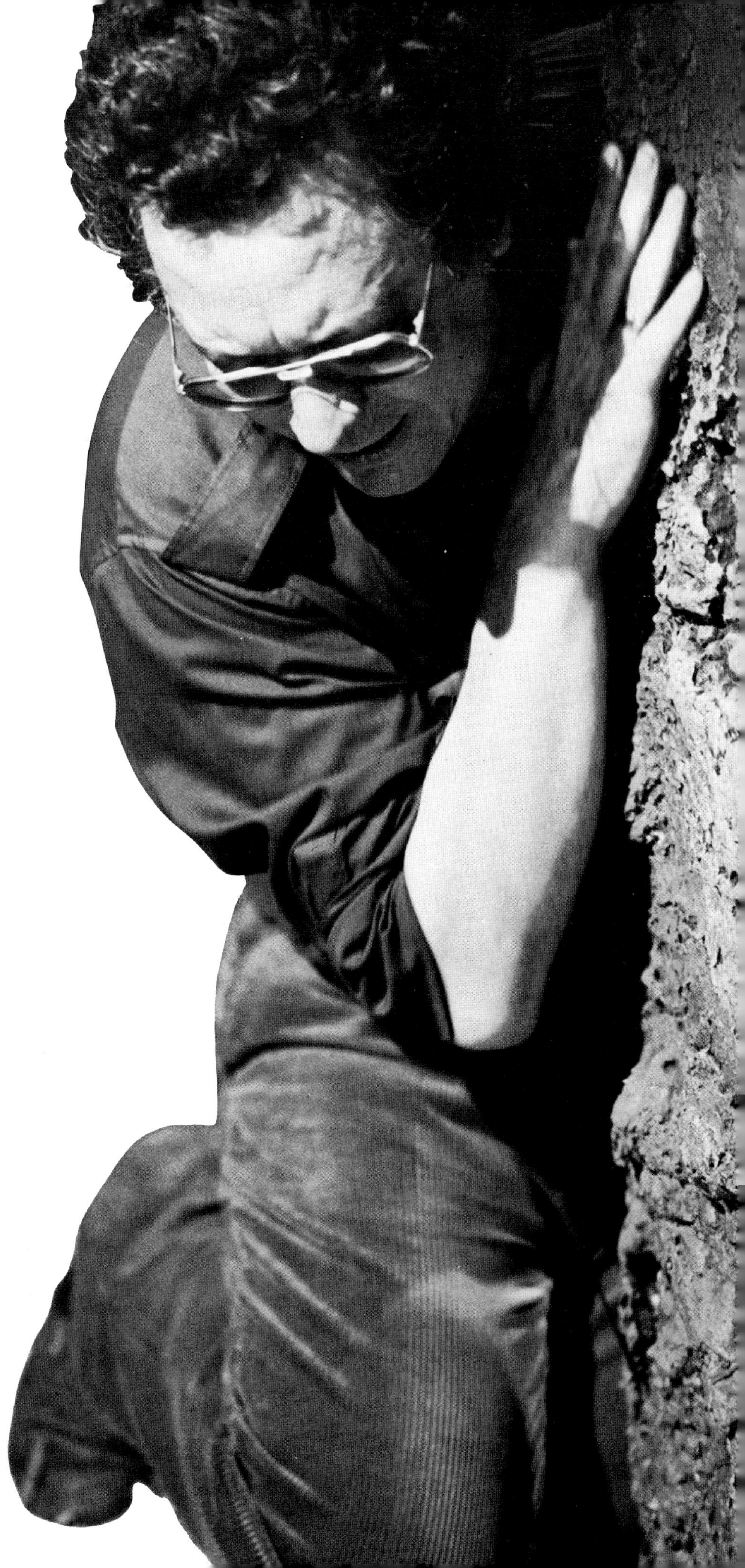

Dusek
Sie haben eine Episode genannt und etwas, was mir völlig unbekannt war: Achilleus 1949. Dieses Stück schreibt man doch nicht – auch wenn's Ihr Deutschlehrer als den größten Schwachsinn bezeichnet hat – ohne jene humanistische Grundausbildung, die offenbar auch trotz Kriegsende und Nachkriegszeit bei Ihnen sehr tiefe Spuren hinterlassen hat. Welche Art von Schule war das, welchen Einfluß hatten der Griechischlehrer, der Lateinlehrer, der Deutschlehrer?

Götz Friedrich
Das war das Domgymnasium in Naumburg, eine der besten – wie man so sagte – humanistischen, altsprachlichen Schulen, die es in Deutschland damals gab. (Im Zuge der Ausbildungsreform wurde diese Schule später in eine sogenannte Einheits-Oberschule umgewandelt.) Und da sind wir natürlich nicht nur in Altgriechisch und Latein ausgebildet worden, sondern auch in einer bestimmten Richtung des humanistischen Denkens. Das war nicht nur dadurch gekennzeichnet, daß wir einen Lateinlehrer hatten, der aussah wie Zeus in den antiken Skulpturen und Büsten. Er war ein wunderbares Unikum. Papa Kegel nannten wir ihn. Er schien sich um Kopf und Kragen reden zu wollen. Wir lasen zum Beispiel De bello Gallico. Er kam aber immer mit dem Heeresbericht und bewies uns, wie schwachsinnig Hitler und die deutschen Generäle waren; wenn sie ein bißchen davon gewußt hätten, wie Cäsar vorging, als er Gallien erobert hatte... Damit war ein Keim in uns gelegt. Er hatte das sehr listig gemacht. Später habe ich dann oft gesagt, mein Gott, was nützen uns eigentlich diese Sprachen – nichts! Ich kann eigentlich gar nicht französisch, mein Englisch war – bis ich meine Frau Karan Armstrong kennenlernte – auch ziemlich kläglich, mit dem Italienisch geht das so weit, daß man es als Opernregisseur gerade noch verantworten kann. Was sollte das Griechisch, was sollte das Latein? Ich bin aber doch der Meinung, daß es mir sehr geholfen hat zu lernen, warum man Kunst macht, wie man Kunst versteht. Und wenn ich mir vor kurzem einen Lebenswunsch erfüllen konnte, den Ödipus am Burgtheater zu inszenieren, in zwei Teilen, dann war das eigentlich eine Idee, die damals auf der Schulbank in Naumburg geboren wurde, weil das Lesen dieser griechischen Autoren im Original etwas Aufregendes ist.

Dusek
War diese Schule vom Dritten Reich nicht wirklich erfaßt? Wie war das rein von der Struktur her? War da nicht eine Gleichschaltung der Lehrer?

Götz Friedrich
Unter dem großen Lehrerkollegium – es waren 20 Lehrer – waren nur zwei PG's, Parteigenossen. Wie das möglich war, ist tatsächlich heute noch verwunderlich. Man durfte ja damals nicht einmal Guten Morgen sagen, man mußte mit Heil Hitler grüßen; doch Papa Kegel regelte das mit dem Kurzgruß „Tler, Tler!". Keiner der Schüler hat ihn verpetzt, niemand ihn angezeigt. Eine gute Schule!

Dusek
Wir wollen jetzt doch zu diesen Stichworten kommen, die Sie schon vorweggenommen haben. Diese Stichworte heißen: die Jahre bei Felsenstein und erster Kontakt mit Wien. Vielleicht nicht allen bekannt: Felsenstein ist ja immerhin ein Wiener (Jahrgang 1901), den es nach Berlin verschlagen hat. Schildern Sie doch einmal genauer, wieso Sie bei Felsenstein in diesem kleinen Zirkel, der dort offenbar bewußt kleingehalten wurde, hineingeraten sind und was Sie von Felsenstein wußten, bevor Sie zu ihm kamen.

Götz Friedrich
Wir hatten damals die Möglichkeit, während des Studiums zu hospitieren. Eine sehr schöne Einrichtung, die ich auch jetzt, wenn ich selber Regisseure ausbilde, übernommen habe: in den Semesterferien Praktikas an Theatern zu absolvieren – als Regievolontär oder Dramaturgievolontär. Ich wußte damals von Felsenstein relativ wenig; doch die Namen Brecht und Felsenstein faszinierten uns, und zu einem von den beiden wollte man in jugendlichem Ehrgeiz. Weil man eben so viel doch schon wußte: wenn schon lernen, dann gleich vom Besten lernen. Dann habe ich seinen Proben – Falstaff – beigewohnt, mit Hans Reinmar damals als Falstaff, und da gingen mir die Augen auf und ich fand, daß eigentlich ein Musiktheater, wenn es so versucht würde, wie es Felsenstein tat,

mehr wäre und mehr sei als Theater „allein". Und auch mehr und etwas anders als Musik „allein". Und ich habe dann begriffen, daß diese Tätigkeit, diese Methode, das Musiktheater, etwas sein könnte, wofür zu streiten und zu leben es sich lohnen könnte. Das waren so Vorgänge mit 22, 23 Jahren. Und ich fing dann an – weil wir im Theaterinstitut Weimar ja auch viel Stanislawskij studiert hatten – meine Probenbeobachtungen auf Stanislawskijsche Weise aufzuschreiben. Das hab' ich Felsenstein später einmal gezeigt. Der fand das zuerst ziemlich überflüssig, wobei er immer sagte, Theorie hasse er, er sei ein Praktiker. Ich habe erwidert, das sei nicht Theorie, was ich da aufschreibe. „Ich schreibe es mir nur auf, um zu begreifen, ob Sie eine Methode haben und worin diese Methode besteht." Daraus entstand eine 19jährige Bindung und Zusammenarbeit. Wenn ich die Volontärzeit mitrechne, sind es sogar 22 Jahre gewesen. 19 Jahre war ich an der Komischen Oper engagiert, zuerst als Dramaturg und Regieassistent, dann als erster Regieassistent und wissenschaftlicher Mitarbeiter und zuletzt als Oberspielleiter.

Dusek
Könnten Sie diese Methode in wenigen Worten wiedergeben?

Götz Friedrich
Die Methode von Felsenstein hat drei Hauptaspekte:
Der erste betrifft grundsätzlich die Ästhetik des Musiktheaters und meint, Oper besteht aus Elementen des Theaters und der Musik. Die Frage, was ist stärker, Theater oder Musik, hebt sich auf. Es treten verschiedene Gesetzmäßigkeiten zur Musik: das Literarische und auch die Bildende Kunst im Bühnenbild. Das sind Elemente, die verschiedenen Gesetzmäßigkeiten gehorchen, die sich in einer Aufführung aber alle schließlich organisiert zusammenfinden müssen. Das besagt eigentlich die philosophisch-dramaturgische Auffassung von Oper als einem Musiktheater: es kann nie die Rede sein, daß das Theater die Musik hintenanstellt, aber es kann auch nicht bedeuten, daß die Musik sich über jede theatralische Glaubwürdigkeit – nicht die Musik selbst, sondern die musikalische Darbietung – hinwegsetzen müßte.
Zweitens – und es ist gut, daß gerade ein Regisseur das betont hat –: der Sängerdarsteller, der singende Darsteller ist das eigentlich Wichtigste am Musiktheater – nicht der Dirigent – nicht der Bühnenbildner – nicht der Regisseur. Und der Ausbildung und der Methode, wie der Sängerdarsteller arbeitet, galt das Hauptaugenmerk Felsensteins. Da gibt es Sätze, die besonders wichtig sind. Zum Beispiel, daß er die Musik so lernen und so singen soll, als würde er sie im Moment neu erfinden und schöpfen. Was heißt das? Wir sollten nicht als Zuschauer den Eindruck haben, daß da eine gelernte Partie schön gesungen, aufgesagt, daherrezitiert wird, sondern daß das Singen der höchste, wichtigste, schönste Ausdruck der Rollengestaltung ist. Zur Rollengestaltung gehört, daß der Text, auch der musikalische Text gewissermaßen wie im Moment erfunden kommt. Das setzt natürlich eine intensive geistige Vorarbeit voraus, eine analytische Arbeit: daß der Sänger zuerst mit Dirigent und Regisseur versteht, warum der Komponist das so geschrieben hat. Es ist reizvoll, zu analysieren, welche Rollensituation zu welchem Gesang führt. Deshalb heißt die wichtigste Frage: w a r u m wird gesungen. Über das Wie – und das ist überall so, nicht nur an der Komischen Oper, sondern auch an der Staatsoper Wien oder an der Mailänder Scala –, w i e gesungen wird, darüber streiten sich dann immer die Leute, und die Geschmäkker sind verschieden. Aber über das Warum kann man sich – wenn man es genau analysiert – eigentlich in den seltensten Fällen streiten. Drittens war von Felsensteins Fragestellung zu lernen, warum Musiktheater überhaupt gemacht wird; daß die Stoffe des Musiktheaters nicht austauschbar sind gegenüber dem Sprechtheater, daß man überhaupt einmal fragt: warum wird auf der Bühne musiziert? Welche Stoffe sind eigentlich für Musiktheater geeignet? Wenn wir z.B. Figaro von Beaumarchais und Mozart haben oder Othello von Shakespeare und Verdi, dann muß ein Regisseur wissen, warum Verdi Othello zu einer „Otello"-Oper mit Boito gemacht hat, und ich muß in der Inszenierung herausfinden können, was Unterschiede zwischen dem Sprech- und Musiktheater bedeuten. So haben wir bei Felsenstein gelernt, daß das Singen etwas ist, was eine neue Dimension des Ausdrucks und des Daseins eröffnet, daß der Gegenstand des Musiktheaters alle die Dinge sind, die mit Worten

allein noch nicht, nie mehr oder niemals auszudrücken sind. Und das ist eine Regel, würde ich sagen, mit der kann man leben.

Dusek
Wenn Sie sich an die Schulzeit zurückerinnern: wissen Sie, wann Sie sich zum ersten Mal mit dem Elektra-Stoff beschäftigt haben?

Götz Friedrich
Das war 1944 bis 1946. Bezeichnenderweise: Krieg, Nachkriegszeit. Da haben wir in diesem Naumburger Domgymnasium den Ödipus und auch die Elektra von Sophokles direkt altgriechisch gelesen. Aber Ödipus hat mich damals sehr viel mehr beindruckt; für die Elektra-Geschichte – ich weiß nicht, woran es eigentlich lag – fehlte noch Verständnis. Ödipus, als der Mann, der den Schuldigen finden will an einem Verbrechen, das erst später als ein Verbrechen erkannt wird, und der dann sich selber als den Verbrecher erkennt: das bleibt für mich nach wir vor der Archetypus einer Kriminalgeschichte, an die – trotz Hitchcock – keiner wieder herangekommen ist. Der Elektra-Stoff tauchte dann in meinem theaterwissenschaftlichem Studium zwischen '49 und '53 wieder auf. Da überraschte er mich. Vor allem, weil wir auch einen sehr guten Dozenten – Armin-Gerd Kuckhoff – hatten, der sehr darauf aus war, uns klarzumachen, wie diese Figur der Elektra – und wie besonders die Erkennungsszene zwischen Bruder und Schwester von Aischylos bis Euripides verschieden angelegt war. Bei Aischylos in der Oresteia, da existiert ja Elektra im Titel gar nicht, sondern es existiert Agamemnon als großer Schatten und dann Klytaimnestra. Elektra bleibt eigentlich im Hintergrund. Dann rückte Sophokles Elektra in den Mittelgrund, und Euripides schließlich psychologisierte sie. Das waren eigentlich die Begegnungen mit dem Stoff während meiner Jugendzeit. Doch die ganze Oresteia, der Orestes-Stoff, von Aischylos beginnend, das war etwas, das mich während meines Studiums sehr beschäftigte; die Elektra war wie ein Randprodukt davon.

Dusek
Es ist so, daß diese dritte Version von Euripides eine fast zivilisiert-humanistische Vorläuferin der Goetheschen Iphigenie ist. Da ist die Elektra mit einem Bauern verheiratet. Das Ganze ist sehr idyllisch, eher friedlich, es hat gar nicht so die Wucht wie bei Sophokles. In der abendländischen Stoffgeschichte ist nun neben dem Ödipus sicher der Elektra-Stoff einer, der im 20. Jahrhundert urplötzlich aktuell wird, obwohl er dazwischen gar nicht so eine Rolle spielt. Es ging alles hin zur Iphigenie im Sinne der Entsühnung und Erlösung. In unserem Jahrhundert der Angst ist es wohl kein Zufall, daß Elektra als Figur wiederentdeckt wird.

Götz Friedrich
Es ist ja auch interessant, wie sich eigentlich in der Rezeption des Stoffes auch die Vorlieben der Adapten gegenüber Sophokles und Aischylos wandeln. Für Goethe war Sophokles das Vorbild. Bis hin zu Hofmannsthal war Sophokles der große Olympier, der in irgendeiner Form das klassische Ideal noch am stärksten erfüllte. Aischylos als Vorgänger und Euripides als Nachkomme waren eigentlich jahrhundertelang in der deutschen Literatur- und Theatergeschichte Außenseiter. Mir scheint, daß die Oresteia, die Orestie des Aischylos tatsächlich nach dem ersten und zweiten Weltkrieg eine ganz besondere Bedeutung gefunden hat. Ich bin jetzt kein Statistiker, aber ich glaube, man könnte herausfinden, daß die Oresteia nach 1945 viel öfter gespielt wurde als je zuvor. Woran liegt das? Weil natürlich in der Oresteia die Nachfahren eines großen Krieges damit fertigzuwerden haben, was ein Krieg nicht nur beim Feind angerichtet hat, sondern bei ihnen selber: in der eigenen Familie, im eigenen Staat, in der eigenen Psyche. Und da kommen wir ziemlich genau auf das hin, was die Figur Elektras möglicherweise auch schon seit Beginn dieses Jahrhunderts so interessant macht. Auf der einen Seite ist sie der nahezu klassische Gegenpol zu Ödipus, der die Sohn-Mutter-Beziehung in beinahe Freud'scher Modellweise verkörpert – sie, Elektra dagegen das Tochter-Vater-Verhältnis. In Elektra-Agamemnon ist das Spiegelbild der psychoanalytischen Beweisführung gegeben. Aber dahinter steckt noch etwas anderes. Man kann das alles ja nicht nur von Freud oder nur von Jung her begreifen. Ich glaube, dahinter steckt noch, daß die Elektra vor allen Dingen deshalb eine aufregende Figur ist, weil sie in den Nachwehen eines Krieges Außenseiter geblieben

ist, sich nicht dem neuen Arrangement, der neuen Etablierung einfügen möchte und eigentlich auf eine ungeheure Weise diejenige ist, die meint, Ungerechtes kann nicht einfach vergessen werden. Daß sie damit selber auf eine überraschende Weise wieder reaktionär ist, das ist eine weitere Folge. Durch das Sich-Verweigern, allen und allem gegenüber, ist sie so wie ein Fossil des alten Gedankens „Auge um Auge, Zahn um Zahn". Wenn ich reaktionär sage, so meine ich es nicht so wie im heutigen politischen Sinne als etwas Negatives. Es gibt auch Ähnliches im thebanischen Sagenkreis. Diese Figuren – Ödipus, Elektra und Antigone – sie alle sind ja wie eine große Familie abendländischer Archetypen. Und Antigone in ihrer Humanität – wie wir sie immer beschreiben – setzt ja auch eigentlich eine Reaktionshandlung; mit anderen Worten: der Staat hat ein Interesse, die in einem Rebellenkrieg Gefallenen nicht zu bestatten, ihnen keine Heldenverehrung zu gewähren. Irgendwo ist das Interesse dieses Staates, wenn man es einmal genau sieht, ja verständlich. Antigone kehrt sich gegen die Interessen des gerade erst sich sichernden Staates im Übergang von der Gentilordnung zum Staatswesen und handelt im Grunde konservativ. Es ist eine individuelle Rebellion, aber aus reaktionärer Haltung und signalisiert natürlich etwas ganz Aufregendes, sie signalisiert Humanität auch über das hinaus, was gerade modern oder progressiv erscheint. So wird Antigone eigentlich durch eine sehr begrenzte, sehr auf der religiösen Reaktion haftenden Handlung so etwas wie eine große humane Revolutionärin. Ähnlich ist es bei Elektra. Auch die Haltung von Elektra kann man eigentlich nur auf eine bestimmte Weise als sehr reaktionär ansehen. Sie kommt doch nun in eine sehr verteufelte Lage. Wenn wir nun noch unseren Bachofen und einen Engels in unseren Betrachtungskreis einbeziehen, dann ist sie ja die Verfechterin eines für sie schon traumatisch gewordenen Patriarchats gegenüber den von Klytämnestra zum Teil in ihrer Handlungsweise vertretenen Prinzipien des Matriarchats. Mit anderen Worten: sie – Elektra – verteidigt die Position des Mannes, des Patriarchen, des Vaters gegenüber den Ansprüchen der Würde der Frau; gegenüber der aus dem Matriarchat gewonnenen Stellung der Frau; wobei es aber nun besonders interessant ist, daß dieser von Klytämnestra vertretene Anspruch von Klytämnestra selbst schon wieder pervertiert wird – und Elektras Anspruch, den Vater zu rächen, nun auch lange nicht mehr nur als Kampf Matriarchat-Patriarchat zu sehen ist, sondern letzten Endes etwas bedeutet, was mich wahnsinnig beschäftigt hat: Die Situation einer Nachkriegsgeneration, die den Anschluß an das weitere Leben nicht mehr gefunden hat und nicht mehr finden will und die selbst von Vorgängen der Befreiung, der Erlösung, plötzlich ausgeschlossen ist, so daß der Ruf der Chrysothemis in der Oper: „Orest, Orest" völlig ohne Antwort verhallt. In Europa können wir ruhig die erste Hälfte unseres Jahrhunderts als die Zeit der großen Weltkriege zusammenrechnen. Daher finde ich, daß die Elektra-Geschichte auch ein Versuch ist, dieses Trauma von Krieg und Nachkrieg mit zu bannen.

Dusek

Jemand wie Sie, der Ödipus im Burgtheater gestaltet hat und Elektra im Film, der immer wieder klassische Stoffe der Antike aufs neue belebt hat, könnte uns es vielleicht deutlich machen: welche Funktion haben die alten Mythen? Es kommt hier ja alles an tabuisierten Verbrechen vor – der Inzest ist noch das harmloseste –, Stellvertreter-Mord, Ritualmord, Menschenfressertum. Kein Kriminalphantast und kein Voyeur erfindet heute solche ungeheuerlichen Storys. Und das alles in Erzählungen der homerischen Zeit, anekdotisch verbrämt und darum so besonders makaber, so besonders anschaulich. Was ist an den mythologischen Dingen so aktuell? Sie haben jetzt den Ödipus, die Elektra, die Antigone genannt, diese Figuren des klassischen Repertoires als eine Familie der abendländischen Archetypen. Wir wissen heute von Freud und von C.G. Jung, was an unaufgearbeiteten, traumatischen Vorgängen im Menschen verborgen ist. Das würde auf diese anekdotischen Ungeheuerlichkeiten der Mythen noch viel mehr zutreffen.

Götz Friedrich

Sie haben völlig recht. Aber der Begriff, daß das klassische Figuren seien, trifft ja genau gesehen gar nicht zu. Denn die griechischen Tragiker waren ja in der seltsamen, interessanten Situation der Neugründung der Polis Athen, dieser ersten Demokratie in Europa (– allerdings eine Demokratie der Sklavenhalter, eine oligarchische Demokratie und wenn man es genau nimmt, eine Elitendemokratie, zumindest eine Demokratie der Staatspensionäre). Diese Leute haben in diesen Figuren Charaktere, Figuren aus der unmittelbaren Vorzeit beschrieben. Aus der unmittelbaren barbarischen Vorstufe der von ihnen geglaubten neuen Zivilisation und von der Position eines freilich nur vorübergehend gesicherten Staatswesens haben sie wie von einem Schiff heraus diese Meeres-Untiere, diese Ungeheuer beschrieben, die in die eigene Geschichte hineinreichten. Und sie haben sich selbst und ihren Zuschauern Angst gemacht vor diesen Figuren und taten so, als sei das ihre unmittelbare Vorgeschichte gewesen. Wenn man Hegelianer ist und wenn man ein utopischer Marxist wäre: hier gibt es ja auch diesen Begriff, daß wir uns eigentlich immer noch in der Vorzeit der Menschheit befinden. Solange nicht wirklich Frieden herrscht, solange der Antagonismus von Klassen, ja staatlichen Interessen nicht wirklich beseitigt ist, also bevor wir nicht wirklich in das Goldene Zeitalter erneut eintreten, gibt es Menschen, die meinen, wir befänden uns alle wohl immer noch in der Vorgeschichte der Menschheit.

Das Unerhörte liegt darin, daß die Griechen es fertiggebracht haben, mit diesen Figuren einen Verfremdungsprozeß einzuleiten, sie als Ungeheuer einer unmittelbaren Vergangenheit zu schildern, aber diese Verfremdung – wie immer bei der Verfremdung – einzusetzen als großen Annäherungsprozeß – um zu zeigen, daß in jedem von uns diese Dinge aus der unmittelbaren Vorzeit noch stecken. Eigentlich ist diese große Blütezeit des Theaters in Athen auch mit dem vergleichbar, was Shakespeare gemacht hat. Shakespeare zur Zeit des Elisabethanischen Englands glaubte ja ähnlich, unter Queen Elizabeth I. ein Staatswesen zu finden, in dem die Konflikte des Hundertjährigen Krieges, der Rosenkriege etc. vorbei wären. Und die Ungeheuer, die Shakespeare als Richard III oder Macbeth beschrieben hat, das waren ja auch Ungeheuer der Vorzeit. Etwas Seltsames: man braucht offenbar, um Zivilisation zu bestimmen, die Menschen, die durch große gewaltige Gedanken und Leidenschaften im zoologischen Garten der Psyche der Vorzeit stehen und sich da aufhalten. Und das sind Figuren wie Agamemnon, wie Elektra, wie Macbeth und wie Richard III.

Dusek
Bei Aischylos ganz besonders glaube ich, wird eine genaue Kenntnis der Mythen vorausgesetzt. Ein bißchen davon schlägt in den Elektra-Stoff hinein. Mir ist erst jetzt klar geworden, daß das „Bist doch selber eine Göttin" die Anspielung darauf ist, daß Klytämnestra von Leda abstammen könnte – Leda oder Nemesis, je nach Quellen verschieden. Offenbar etwas, das in der Antike wirklich bekannt war, aber was auch ein Hofmannsthal voraussetzen konnte, heute ja nicht mehr. Welche Kenntnis der Mythen konnte man damals wirklich voraussetzen? War das ein Elitentheater für die gebildete Schicht? In Ihrer Version der Elektra zeigen Sie diese mutterrechtlichen Schlachtungskulte, die Blutorgien. Glauben Sie, daß es zum besseren Verständnis solcher Szenen notwendig ist, sich zu informieren, oder meinen Sie, daß diese Dinge assoziativ für sich sprechen? Ist der Unterschied von damals zu heute groß, war die Kenntnis einfach größer?

Götz Friedrich
Ich glaube, daß auf jeden Fall damals die Kenntnis von diesen Stoffen so vorhanden war wie beispielsweise im Mittelalter bei den Mysterienspielen eine etwaige Kenntnis der Bibel – vom Neuen Testament und vom Alten – vorhanden war. Aber ich sage absichtlich etwaige Kenntnis: die Überlieferung Homers – jeder Sänger, jeder Vortragende hat doch schon wieder selbst verändert. Es gibt ja keine Version der Mythologie, in der wirklich wie bei Schwab – Die Sagen des Klassischen Altertums – das nun wirklich übereinstimmend so stände. Und Mythologie war eben lebendige Vergangenheit, immer noch in die Gegenwart reichende Vergangenheit. Und das ist das Unerhörte, daß diese Stoffwelt eben so viele verändernde Interpretationen hergab. Ich finde heute, wenn ich antike Stoffe auf der Bühne oder wie nun im Film gestalte, geht es nicht so sehr darum, daß eine Kenntnis der Mythologie vermittelt werden sollte, sondern darum, was wir mitzuliefern haben: was in 2000 Jahren aus diesen Grunderkenntnissen, aus den Archetypen geworden ist. Und da glaube ich, hat die Geschichte unerhört viel an diesen Tragödien

mitgeschrieben. Ich bin überhaupt der Meinung, daß es kein Stück aus der weiteren oder jüngeren Vergangenheit gibt, an dem nicht die Menschen immer weiter mitgeschrieben haben. Kein Stück existiert so, wie es aufgeschrieben wurde. Wenn es gut ist und immer wieder aufgeführt wird, verändert es sich mit der Zeit, die weiter mitschreibt: also Erfahrungen von Krieg, Erfahrungen von Trümmern, Ruinen, aber nicht nur Ruinen als Dekor, sondern Ruinen als seelische Landschaft. Und da glaube ich, haben wir im 20. Jahrhundert einige zusätzliche Erfahrungen gemacht, die schlimm genug sind.

Dusek
Seit Beginn der Hochkulturen haben wir eine Ethik, die auf bestimmte Positionen hinausläuft: auf Humanität, Überwindung des Egoismus, auf Einhalten von Geboten, die den Garten Eden, das Goldene Zeitalter ja sofort umsetzen würden, wenn sie als Regeln verwirklicht würden. Doch wir bringen es jahrtausendelang nicht zusammen, obwohl wir uns immer wieder bemühen – durch Religion, Theater, durch Kunst. Die Spannung zwischen der Moral und dem, was die Menschen dann wirklich tun, woher kommt sie? Die Aggressionen, das Rudelverhalten, die Machtgier – sie decken sich mit dem, was in den Mythen schon beschrieben wird und was wir im Grunde nach wir vor tun. Ich glaube, daß allen zum Trotz, die immer wieder die Humanität beschworen haben, das Archaische, Grauenhafte viel stärker ist. Und vielleicht ist das ein Grund, warum eben ein Stoff wie Elektra so ungeheuer aktuell ist. Die Verzweiflung, die Aussichtslosigkeit, die „Rache ohne Erlösung", dieses belastete Vater-Mutter-Verhältnis: alle diese komplexen Dinge sind halt leider immer wieder Realität. . . .

Götz Friedrich
Der Mythos ist ein verfremdetes, künstlerisch gestaltetes Erfahrungsmaterial, und er ist nicht dadurch zu aktualisieren, daß man ihn in irgendeiner Form einbringt in die Pseudozivilisation des 20. Jahrhunderts. Sondern er muß fremd, bedrohlich, vorzeitlich bleiben, um die Assoziationen der Warnung – Menetekel der Bedrohung – wirklich ausstrahlen zu können. Ihn zu schnell einzubetten, finde ich falsch, wobei ich nichts sagen will gegenüber all den Versuchen

bis zu Giraudoux usw., die mit ihren Stücken bewiesen haben, daß diese Verhaltensweisen, diese Grundstrukturen, diese Archetypen eben in verkleinerter, verkleinernder Form auch tatsächlich in jedem Moment unseres bürgerlichen Lebens vorkommen. Diese Adaptionen finde ich deshalb anregend, weil sie dann wieder das Bedürfnis wecken und die Notwendigkeit erkennen lassen, daß wir uns mit den Originalen dieses Mythos konfrontieren. Und diese Konfrontation, die muß dann aktuell sein.

Dusek
Wann begannen Sie mit den konkreten Vorbereitungen?

Götz Friedrich
Die Geschichte, wie der Elektra-Film entstanden ist, hat viel zu sagen. Ich habe mit Karl Böhm Mitte der 70er Jahre Salome gemacht, es war bei UNITEL. Und nach Wunsch von Dr. Böhm ist bald schon die Idee entstanden, man müßte als eine Art Doublette zu diesem Salome-Film die Elektra einspielen. Ich selber habe das immer so ein bißchen vor mich hergeschoben, weil ich nicht so besonders gern an diese Elektra heranwollte. Auf der Bühne habe ich sie nie gemacht. Ich glaube auch, ich werde sie nie inszenieren. Warum? Anders als bei der Salome macht die Funktion des orchestralen Apparates im Verhältnis zu den Stimmen und den stimmlichen Möglichkeiten eine weitgehende Verständlichkeit des gesungenen Vorganges so schwer, daß ich mir als Regisseur bei aller tiefen Verehrung und Erschütterung für diese Musik oft sagte: warum muß ich eine Oper inszenieren, wo ich zwar sehe, daß die Leute singen, aber gar nicht höre, was sie singen? Ich vereinfache jetzt ein bißchen, aber im Unterschied zu Salome ist tatsächlich die Vermittlung dieser Exzesse des Emotionalen und Gedanklichen durch die Stimme im Zusammenhang mit einem Orchester weitaus schwieriger. Es hat mich nicht gereizt, das auf der Bühne auszuprobieren. Umsomehr, als ich mir darüber Gedanken machte, reizte es mich natürlich, das für den Film, für das Fernsehen auszuprobieren, da ja durch die Tonaufnahme die Gefährdung, der diese Gesamtpartitur und ihre Sänger auf der realen Bühne ausgesetzt sind, weitgehend klug ausbalanciert werden kann. Das war ein entscheidender Grund, war-

um ich dann, nachdem ich mich solange dagegen gewehrt hatte, gerne diesen Film machen wollte.

Dusek
Wann haben die Verhandlungen begonnen, gleich nach der Salome?

Götz Friedrich
Das war '74/75, dann kam '78/79 der Falstaff. Und als dann der Falstaff gedreht war, wurde gefragt: Kinder, was ist mit der Elektra? Aber die eigentliche Arbeit an der Elektra war dann zeitlich doch sehr eng. Wir haben gedreht im Sommer '81, die Aufnahmen mit Karl Böhm entstanden im Frühjahr. Und eigentlich erst seit November '80 war es klar, daß das alles zustandekommt. Und da setzten etwas fieberhaft und etwas sehr – nicht oberflächlich! – eilig, aber in starker Konzentration die Vorbereitungen und konzeptionellen Überlegungen, vor allem was das Optische betrifft, ein. Das Drehbuch selber habe ich erst April/Mai '81 geschrieben, während der „Lou Salome"-Produktion an der Münchner Staatsoper.

Dusek
Was sind die Hauptgedanken dieses Konzeptes, das dann vor allen Dingen mit Josef Svoboda und Pet Halmen zusammen entwickelt wurde?

Götz Friedrich
Hier greift verschiedenes ineinander. Da ist eine Welt, in der die Ruinen einer verloren gegangenen Zeit zu sehen sind, wo aber auch die sogenannte Neue Zeit sich mit all ihrer Fragwürdigkeit herausgebildet hat. So etwas wie ein moderner Glaspalast, so etwas wie eine merkwürdige Hochburg einer Versicherung, aber jetzt im doppelten Sinn eine Versicherung – auf die Zukunft, wie sie Klytämnestra mit Ägisth errungen zu haben glaubt. Und dann die Arbeitswelt. Damit stehen sich drei Themen in diesem Stoff gegenüber: Elektra, schmutzig, dreckig, haust gegenüber der Arbeitswelt, zu der sie auch ganz und gar nicht gehören will. Und diese Arbeitswelt bedient die neuen Herren, die in einer solchen glatten Burg, in einem glatten Schloß, in einem solchen Versicherungsgebäude hausen. Das alles hat nichts mit Modernisierung oder Aktualisierung zu tun, es hat alles nur damit zu tun, die seelischen Spielorte auch optisch genau voneinander abzugrenzen. Dann ein Hauptwunsch von mir: den Film von vorneherein nur in Schwarz-Weiß zu drehen und durch Kopierung, durch Nachkopierung oder Hineinkopierung nur das Rot zu bekommen, das Rot des Blutes, das Rot der Schuld, das Rot des Menetekels. Es stellte sich heraus, daß das aus technischen Gründen nicht geht. Ich wollte dieses Konzept nicht wegen technischer Schwierigkeiten zu Tode reiten. Nach langen Überlegungen fiel die Entscheidung, Dekorationen und Kostüme weitgehend monochrom, einfarbig oder in einer seltsamen Monochromität zu lassen, in der nur blau-graue und sepiahafte Töne aufeinandertreffen und zusammen miteinander in eine Spannung geraten, so daß das jeweilige Rot zu diesem Blaugrau wie zu dem Sepia als eine Beunruhigung und Alarmierung immer hinzutritt. Und das Rot, das von Anfang an da ist – wenn das Stück damit anfängt, daß die Mägde das Blut immer wieder wegschrubben müssen – dieses Blut, das ist die Narbe, ist das Mahnmal. Das ist nicht zu beseitigen – aber vor allen Dingen ist es nicht aus den Köpfen der Menschen zu beseitigen. Man kann da als Filmarchitekt noch so viel rote Farbe hinmalen, das allerwichtigste ist, daß das Blut in den Köpfen und Halluzinationen der handelnden Figuren vorhanden ist.

Das sind so einige Eckideen der Konzeption gewesen. Und darf ich noch gleich einen weiteren sogenannten „Einfall" hinzufügen: diese Sache, daß das Stück im Regen beginnt. Man muß sich ja überlegen – manchmal gehe ich da ganz naiv vor – warum schrubben die gerade heute. Man kann das natürlich jeden Tag tun, aber wir spielen das Stück und wir können nicht sagen, daß es jeden Tag getan wird – es muß in der Oper gerade heute sein. Und wie ist das da unten in Mykene? Wenn es regnet, ist die beste Gelegenheit, Wäsche zu waschen. Das ist ein äußerer Grund. Der tief-innere Grund ist der, daß ich, als ich mich mit diesem Stoff beschäftigt habe, gerade „Pelléas und Mélisande" inszeniert hatte, dieses lyrische Musikdrama nach einer Dichtung des belgischen Symbolisten Maeterlinck. Und darin – Debussy hat ja leider das Vorspiel nicht komponiert – sagt der Schließer, der Pförtner, dieses große Wort zu den Mägden, die da sauber machen wollen:

> *„Gießt Wasser aus, gießt Wasser aus,*
> *gießt alles Wasser der Sintflut aus;*
> *ihr kommt doch nie zu Ende . . ."*

Und das finde ich ein Motto, das in seiner großen epochalen Bedeutung diesem Elektra-Stoff, wie ich ihn sehe, genau entspricht. Es regnet also am Beginn und es beginnt erst wieder zu regnen, als das Blut geflossen ist: das schuldige Blut des Ägisth und der Klytämnestra und ihrer Gefolgsleute, als das große Morden im Palast erfolgt ist. So als müsse jetzt der Regen dieses fürchterliche Blut der vermeintlich Schuldigen hinwegspülen und hinwegbringen.

Daraus ergibt sich wieder das Schlußbild: daß Elektra stirbt und zusammenbricht in einem Meer von Blut und Regen. Daß also gerade die Elemente: das, was sie rächen wollte oder was sie immer gejagt hat – Blut, und das, was das Blut wegwaschen könnte – der Regen –, ein neues Element ergeben, ein Blut-Regen-Gemisch, das ihr Grab wird. Gelöst ist diese Tragödie nicht. Eine Lösung gibt es nicht. Denn nun kommt – wenn ich vom Schluß sprechen darf – kommt das eigentlich zutiefst Erschütternde dieser Geschichte: Orest ist gekommen, um an seiner Mutter die Ermordung seines Vaters zu rächen. Er findet Elektra. Aber er findet Elektra in einem Zustand, den ein von Pylades (oder wie auch der Erzieher heißen mag) Erzogener nicht mag. Er sieht sie, erkennt sie als psychische Ruine, als im Grunde Wahnsinnige oder während dieser ganzen Leidens- und Wartezeit Krankgewordene. Wenn er sein Amt getan hat, wenn er die Rache vollzogen hat, wenn er dieses Argos befreit hat von den Schuldigen und wenn er sieht, wie Elektra tanzt und ganz wirres Zeug redet: „Schließt euch an . . .", da tut er etwas Böses. Da schließt der Befreier sich wieder ein in diesen Palast. Er schließt die Fenster und Tore und läßt Elektra mit der dann wieder herauslaufenden Chrysothemis allein – wie man ganz primitiv sagt – im Regen stehen. Etwas Fürchterliches: die Befreier brauchen nicht mehr die, die in schlimmen Zeiten gelitten und alles durchgemacht haben bis hin zu dem Moment der Untüchtigkeit, um etwas Neues mitaufzubauen. Das ist auch eine Grausamkeit der geschichtlichen Lehre, die viele nach 1945 mitgemacht haben.

Dusek
Rache ohne Erlösung: Dieser zweite Titel des Buches ist ja nach Beobachtungen während der Dreharbeiten entstanden. Elektra ist in ihrem Zerstörungstrieb vor allem selbst die Getroffene. Aber weiß Elektra zu diesem Zeitpunkt, daß der Bruder nicht mehr da ist? Sie stirbt doch in einem Moment, wo sie so kaputt ist, daß sie den Tod selbst will. Chrysothemis – sie bekommt noch alles mit. S i e ist die total Getroffene.

Götz Friedrich
Elektra ist in diesem Moment, wo das erfolgt ist, was sie über Jahre ersehnt hat, in einem Zustand, der sie wirklich „entrückt". Sie sieht in dieser Tat des Orest – wenn wir auch diese Worte von Hofmannsthal nehmen – eigentlich so etwas wie den Anbruch einer neuen, einer schöneren Zeit. Mir ging es darum, die Selbsttäuschung einer solchen Zukunftsromantik der Elektra zu zeigen. Und zu zeigen, wie gefährlich es ist, so vorschnell an Erlösung und Befreiung wirklich zu glauben. Sie glaubt daran, sie merkt nichts mehr, was um sie herum vorgeht. Es ist ja sehr oft so, daß, wenn man gelebt hat, und es geschieht dann die Tat, deretwegen man sich noch aufrechterhalten hat, dann der eigene Tod eintritt. Dann hat man nichts mehr dazu zu tun, und dieser Tod kann im Moment eintreten oder ist ein Prozeß wie bei Elektra.

Dusek
Wir haben jetzt sehr weite Bogen gespannt, aber ich würde gern aus Ihrem Mund die Story der Elektra hören, und zwar so banal, daß man sie so wie eine Einführung in ein Programmheft schreiben kann. Was geschieht in Elektra?

Götz Friedrich
Was ist die Story, was könnte die Story sein? – Nachdem ein Krieg eigentlich schon lange vorbei ist, und nachdem die Leute begonnen haben, sich neu zu etablieren, ihr Leben neu zu organisieren, haust die Prinzessin Elektra in einer selbstgewählten Verbannung in den Trümmern des alten Schlosses, das einst bevölkert wurde von ihrem Vater, von der ganzen Familie. Bis zu dem Moment, wo der Vater von der Mutter erschlagen wurde. Elektra lebt und will nur noch, daß diese Tat – dieser Mord oder

dieser Totschlag – das wird von ihr nicht diskutiert – an ihrem Vater gerächt wird. Und zwar gerächt wird an der Mutter wie an deren Geliebten Ägisth, der der Mutter geholfen hat bei der Tötung des Vaters. So lebt sie jahrelang in einer entwürdigenden Situation. Im Grunde in einem nicht permanenten Hungerstreik, sagen wir in einer permanenten Verweigerung von allem, was es gibt! So wie wir wissen, daß Leute in Gefängnissen in Hungerstreik treten und sterben, weil sie alarmieren wollen. Dieses Fanal, dieses Beispiel will Elektra geben. Die Bemühungen ihrer Schwester Chrysothemis, die immer noch die Schwester wieder ins Leben zurückziehen will, fruchten nichts. Chrysothemis ist so etwas wie eine Mittlerin zu dem Leben, wie es nun entstanden ist, wie es nun Klytämnestra und Ägisth führen. Aber Elektra täuscht sich, wenn sie denkt, ihrer Mutter tut die Geschichte von damals nichts an. Auch ihre Mutter wird von den Schatten, wird von den Schuldgefühlen, wird von der Absurdität dieser Tat und der Widersprüchlichkeit der Argumente dafür und dagegen verfolgt. Es kommt schließlich zu der großen Begegnung zwischen Mutter und Tochter: es ist eigentlich der Versuch der Mutter, von der Tochter eine Befreiung aus dem eigenen Schuldkomplex zu erhalten. Und die Liebe der Mutter zu der Tochter, die da ins Exil – aber im eigenen Schloß – gegangen ist, ist eigentlich nicht zu übersehen. Aber es zeigt sich, daß die Tochter kompromißlos ist, daß sie kompromißlos bleiben will und daß sie in ihrer träumerisch sich anerzogenen, aufdiktierten Haltung, den Vater rächen zu müssen, nicht das geringste Ohr für neue Entwicklungen hat, für neue Probleme, die von der Mutter an sie herangetragen werden. Sie ist bereit, als die vermeintliche Nachricht – heute würde man sagen die Zeitungsente – kommt, ihr Bruder sei tot, die Mutter selbst zu erschlagen. Aber ehe sie das tun kann, kommt ein Fremdling, in dem sie dann schließlich den erhofften, totgesagten Bruder Orest erkennt. Dieser Orest wird in den Palast gehen und das tun, was Elektra glaubte tun zu müssen. In dem Moment, wo Klytämnestra und Ägisth tot sind, zerbricht in dieser Elektra die ganze Spannung, die sie bisher am Leben erhalten hat und in einem großen Jubeltanz feiert sie den Tod ihrer Mutter und deren Geliebten und weiß gar nicht, daß diese Feier ihr eigenes Begräbnis ist. Weiß nicht, daß der Bruder, wenn er nun auf den Schutthalden von alter Schuld und Sühne möglicherweise doch eine neue Welt aufbauen will, für sie bei einer solchen Neuorganisation gar nichts mehr zu tun, sie nichts zu sagen hat. Sie ist Opfer allemal von den fürchterlichen Widersprüchen, die in der Vergangenheit passiert sind. Und eigentlich ist ihr Opfer, ihre Selbstaufgabe das Menetekel für alle, die etwas neues herausbilden wollen: sie vergessen die Opfer, die ihnen den Weg wiesen. Wie schon gesagt: der Befreier Orest erweist sich als konsequent. Er verschließt Fenster und Tore vor seinen beiden Schwestern. Es ist eine grausame Ab- und Ausgeschlossenheit, in der eine Tote zurückbleibt und die, die den Tod der Schwester betrauert. Wo ist Hoffnung – was ist mit dem „Prinzip Hoffnung"? – ich weiß es nicht.

Dusek

Es gibt in unserem Jahrhundert kaum ein Stück, das so ganz und gar von den existenzialistischen Ängsten durchsetzt ist. Weder Camus noch Sartre sind in ihren Stücken so nihilistisch wie diese Hofmannsthal-Elektra. Wodurch ist das so? Geht es von der Musik aus, kommt es vom Aufgreifen der alten Mythen, davon, daß Hofmannsthal gerade solch eine Kombination gegeben hat? Ich glaube sowohl bei Ihrer Inszenierung als auch bei Hofmannsthal kommt etwas Interessantes heraus: die sympathischeste Figur in manchen Momenten ist eigentlich die Klytämnestra. Wenn nicht Chrysothemis, die das Leben bejaht. Aber das Leben, das so sinnlos verpufft, ist ja auch sehr trostlos, sie lebt ja ohne zu wissen, warum. Es ist ja nicht das befreiende Leben, sonder das angepaßte. Der Ruf nach Normalität bei den Aussteigern… Trotz aller Schuld Klytämnestras – im Grunde mußte Elektra Mitleid mit ihr haben. Das Sich-Verweigern gegenüber der Mutter, das ist die neue Schuld, dort wäre Platz für das Prinzip Hoffnung. Das kommt aber in dem Stück nicht vor. Jetzt noch zur Vorgeschichte. Klytämnestra rächt ja auch nur schuldiges Verhalten! Agamemnon war bereit, die Tochter zu opfern. Ägisth ist der Sohn des Bruders, der seine eigenen Kinder von Atreus zum Mahl vorgesetzt bekommen hat. Ein ungeheuerlicher Vorwurf; denn wer denn darf das Recht der Blutrache haben wie der Sohn eines so grauenhaft

Betrogenen – aus Rache für etwas, was wieder der Urgroßvater verbrochen hat. Die Schuld ist ja nicht von Klytämnestra vom Zaun gebrochen worden. Und bei Elektra, da wäre ein Schritt möglich; und der kommt nicht.

Götz Friedrich
Man könnte das weiter führen und könnte nun wieder Aischylos bemühen und feststellen, daß ja Agamemnon nicht nur die Opferung der Tochter ohne „Rücksprache" mit der Mutter zum Vorwurf gemacht wird; daß er zurückkommt mit einer Sklavin, mit einer scheinbaren Geliebten, mit der Kassandra. Klytämnestras Tat ist in der Vorgeschichte, so wie wir sie aus der Mythologie her kennen, die Tat eines großen Aufbegehrens einer verletzten, einer stolzen Frau. Das macht ja auch die Orestie von Aischylos schließlich so problematisch, wenn es um die Beurteilung der Tat des Orestes geht, daß beim „Freispruch" auf dem Aeropag – welche große Vorschule der Demokratie und der demokratischen Justiz! – die Stimmsteine für oder gegen Orest gleich sind – sogar mit der Stimme Athenes sind die Stimmen für seine Verurteilung und gegen seine Verurteilung gleich. Bei uns wurde das Gesetz erst nach zwei Jahrtausenden mühsam durchgesetzt: In dubio pro reo – im Zweifel für den Angeklagten. Diese Tat des Orest – Muttermord – ist schon in der Mythologie etwas Wahnsinniges gewesen. Und der Gattenmord wurde bei den alten Schriftstellern doch zumindest bei Klytämnestra psychologisch von ihrem verletzten Stolz her, von ihren Muttergefühlen her so weit begründet, wie das heute kein guter Strafverteidiger besser machen könnte in einem solchen Fall. Interessant ist, daß wir von dieser Vorgeschichte in der Oper von Hofmannsthal ganz wenig erfahren. Eigentlich erfahren wir gar nichts. Wir erfahren nur: sie erschlugen ihn im Bade, sie und ihr Geliebter – in dem ersten großen Arien-Monolog der Elektra heißt es so. Dann erfahren wir, daß Orest außer Landes gegangen ist, man weiß nichts von ihm. Aber die wirklichen Motive der Klytämnestra spielen eigentlich für Hofmannsthal im Sinne eines juristischen Schulderlasses gar keine Rolle. Eine Rolle spielt die Grundfrage, wie die Bindung zwischen Menschen in einer grausamen Zeit ist, wie es ist, daß eine Tochter ihre Mutter so haßt, daß sie sie umbringen müßte. Wie es ist, daß die andere Tochter um diesen Haß weiß, aber es der Mutter nicht sagt. Im Grunde wird in dieser Oper alles getan, diesen Archetypus wieder weg vom Bildungs-Theater zu bringen und ihn uns so anspringen zu lassen, von den Gefühlen, von den Exzessen her, daß wir nun doch wieder betroffen werden und denken: ist es nicht doch eine Geschichte, die heute in unseren Kreisen genau so möglich ist? Wir bedürfen nicht der Absicherung durch die Kenntnis der Vorgeschichte, um das Ungeheuerliche mitzumachen, daß eine Tochter den Tod ihrer Mutter will, weil dem Vater Schlimmes zugefügt wurde.

Dusek
Jetzt sind wir wieder beim Film. Sie haben das Konzept erarbeitet und während der Dreharbeiten im Detail ein wenig verändert. Ich glaube, eine vorgesehen gewesene zusätzliche Figur ist auch weg, über die wir die ganze Zeit noch nicht gesprochen haben: Iphigenie.

Götz Friedrich
Ja, die ist weg. Ich wollte erst als Rückerinnerung haben, daß Elektra an diese wunderschöne Zeit optisch denkt, sich rückerinnert an den Vater mit seinen drei Töchtern: so ein friedliches Familienfoto. Darauf haben wir dann aber verzichtet. Was bei diesem Film dann sehr wichtig wurde ist, daß ich stärker, als ich das im Drehbuch überhaupt vorzeichnen konnte, mir zusammen mit dem Kameramann vielfältiges Material hergestellt habe über all das, was wir Opferzug nennen, über all das, was zur Mordszene gehört. Vor allen Dingen aber auch über den Vater Agamemnon, der immer wieder als Toter erscheint. Viel öfters übrigens in der Endschnitt-Fassung als es im Drehbuch vorgesehen ist. Und nicht in einer Form, daß man gleich erkennt: aha, das ist der Geist. Sondern er scheint da unten in den Grüften, in den Gewölben, in denen Elektra haust, durchaus zu leben, mit ihr zu leben, bzw. sie lebt mit ihm. Und wenn der Bruder kommt, ist er plötzlich an einer anderen Stelle dieses Labyrinths und scheint dazusein, so daß im Grunde die Frage, daß man ihn sühnen müßte, schon wieder zu einem fast absurden Apell wird, da er ja anscheinend lebt. Und in dem Moment, wo sie dann sagt „Agamemnon hört dich" – von

diesem Moment an werden wir ihn nie mehr wieder sehen, sie hat eigentlich im Grunde in ihrem Traum den Vater verloren. Das sind manchmal kaum beschreibbare Prozesse, die durch die Weiterarbeit an dem Film entstehen. Ein Film hat ja bei einem Regisseur drei große Stufen: Die Vorbereitung bis hin zum Drehbuch, einschließlich optischer und aller anderen technischen Dinge. Dann die Dreharbeiten und dann die Schnittarbeiten. Und der Schnitt ist auch bei diesem Film, wie sich herausgestellt hat, für die Mitteilung dessen, was wir gewollt und getan haben, ein unerhört wichtiger Vorgang geworden.

Dusek
Wir kommen jetzt gleich auf diese technischen Dinge zu sprechen. Ich würde sagen, wir haben jetzt sehr genau über die Phase 1 gesprochen, das ist das Erstellen des Konzeptes. Auch über die optische Umsetzung, die man in dem Buch nicht näher ausführen muß, weil man ja 150 Seiten Fotos hat – davon die Hälfte Farbe. Mehr kann man gar nicht tun. Wir haben die Story, die für das Umsetzen des ganzen Konzeptes notwendig war. Jetzt reden wir über Phase 2 + 3: Kampf mit der Technik. Aber vorher hätte ich noch eine Frage gestellt: Was ist das Labyrinth konkret? Gibt es da irgendwelche Vorbilder?

Götz Friedrich
Ein bißchen – ja. Einer der größten Filmeindrücke war für mich Fellinis Satyricon. Hier kommt ein Gladiator mit einem Ungeheuer in einem Labyrinth zusammen und dann sehen wir plötzlich durch Kamerahochfahrt, daß auf einem anderen Schauplatz die Leute von oben vergnügt in das Labyrinth hineinsehen. Und man muß plötzlich feststellen, daß was dem einen Todesangst macht, für die anderen Voyeurismus bieten kann. Das ist eine der aufregendsten philosophischen Aussagen, die durch Film gemacht wurden. Das geht mir immer durch den Kopf: daß auch Elektra gewissermaßen in einem Labyrinth gefangen ist, in ihren Rachegefühlen, in denen sie sich schließlich selber verfängt und den Weg nach außen und nach oben kaum so richtig findet. Das war maßgebend für die Tatsache, daß ich sie in den Trümmern unten habe leben, hausen lassen wollen, dort wo sie auch das Beil versteckt, dort wo sie den Kopf der zerschlagenen Statue

des Vaters eingewickelt trägt – so wie mit dem Schweißtuch von Jesus Christus – und dort, wo eben ihr immer der Vater erscheint und zuschaut: das ist das Labyrinth der alten Burg. Ich wollte einen geistigen Raum schaffen, einen Raum voller Assoziationen.

Dusek
Diese Elektra hat ja doch, glaube ich, ein Maximum an technischem Aufwand gebracht, allein was die Größendimensionen betrifft, dazu Nebel, Wasser, Blut. Ist das bei Filmen so üblich oder wollten Sie bewußt naturalistisch sein. Man arbeitet doch oft viel mehr mit Tricks.

Götz Friedrich
Film ist ja etwas ganz Seltsames. Manchmal werden die aufregendsten Wirkungen, selbst wenn wir jetzt an neueste Science-fiction-Filme denken, mit einfachstem Aufwand, mit Mitteln, die scheinbar primitiv sind, auch wenn sie quantitativ stark sind, erreicht. Der Regen: natürlich weiß man, daß man eigentlich nur über der Kamera eine Art Gießkanne und über dem Darsteller nochmals etwas Wasser braucht. Aber da das Atelier nun riesig groß war, so groß wie in Wien kaum ein Filmatelier ist, war es nötig, mehr zu tun. Dieses alte und bewährte Verfahren: vor der Kamera Regen und dann auf den Darsteller noch einmal, das reichte nicht aus, weil die Totalen und vor allen Dingen das Gegenlicht diesen Trick sehr bald entlarvt hätten. So wurden also unzählige Rohre oben angebracht und Sie haben ja selber zum Teil miterlebt, wie mühsam es war, zu erreichen, daß diese Rohre gleichzeitig regneten. Wenn wir nun im Freien gewesen wären – sagen wir, wir hätten in Mykene gedreht – dann hätten wir den ganzen Sommer warten müssen, daß es einmal regnet, oder wir hätten ebenfalls eine Regenmaschinerie anbringen müssen. Die Unbill durch die Technik ist beim Film oft riesig. Doch sind solche Dinge zugleich wunderbar, sie machen ja eigentlich den Reiz von Filmen erst aus. Ja, und wenn viele Leute sagen: Götz, wir haben dich so geduldig erlebt wie selten, so muß ich sagen: ich kann natürlich bei den technischen Katastrophen kaum den Xerxes spielen, der die Ägäis peitschen ließ, weil sie die Brücken zwischen Kleinasien und Griechenland zerstört hat. Film ist ein komplexer Prozeß. Manchmal wünscht man sich

als Theatermann, daß z.B. Requisiteure noch reaktionsschneller arbeiten. Aber das ist, genauer besehen, ungerecht, weil das Aufgabengebiet von Requisiteuren beim Film unendlich größer ist als das im Theater der Fall sein kann. – Ich muß sagen, je schwieriger das alles war, desto mehr habe ich mich doch letzten Endes wohlgefühlt – so ganz subjektiv.

Dusek
Die Schwierigkeiten waren für Sie als Regisseur akzeptabel und Sie haben sich subjektiv wohlgefühlt. Glauben Sie nicht, daß für die Sängerin der Hauptrolle, für die Darstellerin der Elektra die Dreharbeiten mehr als erschöpfend waren? Es gibt ja kaum eine andere Filmfigur, die ununterbrochen im Bild ist und dadurch fast nie drehfrei hat. Außerdem hat Ihr Konzept, Wasser, Nebel und Blut möglichst authentisch zu bringen, bedeutet, daß Frau Rysanek tagelang im Regen stand und trotz Playback ausgesungen hat. Und doch kam es trotz dieser unvorstellbaren physischen Belastungen zu Momenten, wo das ganze Team darauf vergaß, daß hier ein Film entstand. Wo alles gebannt und hypnotisiert wurde, wie etwa bei der Erkennungsszene. Wo man merkte, daß die Tränen echt waren und die „Exzesse der Emotionen" nicht gespielt waren und es möglich wurde, solchen Gefühlen direkt in die Seele zu blicken. Glauben Sie, daß Sie t r o t z dieser harten Anforderungen – schließlich wurde von frühmorgens bis tief in die Nacht hinein gedreht – diese Identifikation einer Singdarstellerin mit ihrer Rolle erreicht haben, oder war das eine bewußte Methode zur Provokation einzigartiger Wirkungen?

Götz Friedrich
Darauf zu antworten ist irrsinnig schwer. Sie werden jetzt denken, daß ich ein Masochist bin. Es ist im Film so, daß man durch Fleiß und durch Einfühlung allein nicht immer das erreicht, was zu der Zerstörung einer Figur, für die Darstellung einer zerstörten Figur nötig ist. Es gibt einige weibliche und vielleicht etwas weniger männliche Sängerdarsteller, die wie Leonie Rysanek aus äußerster physischer Beanspruchung Großartiges herausschleudern. Film ist etwas Furchtbares und zugleich Wunderbares. Daß die alle um 5, 6 Uhr aufstehen müssen, daß sie müde werden, daß sie kaputt sind, daß sie auch kaputt gemacht werden, ist eine Voraussetzung dazu, daß die Haut unter der Schminke plötzlich transparent wird. Alles das, was unsere Schauspieler und Sänger eben natürlich haben müssen – daß sie wunderbar sind und schick sind usw. –, das alles abzubauen ist nicht nur ein Fall des subjektiven Willens des betreffenden Darstellers. Das ist auch eine Frage der auferlegten, erzwungenen Umstände. Und daß die Strapazen so riesig sind und riesig waren, führte meiner Ansicht nach auch dazu, daß die Bereitschaft der Darstellerin Rysanek beispielsweise dieses Leiden, diese Exzesse zu spielen noch mehr belohnt wurde durch solche Vorgänge. Man muß im Film irgendwann alles verlieren, was bewußte Gestaltung ist, es muß alles durch die Schminke hindurch. Und das ist sehr oft bei Erschöpfung, durch Strapazen noch eher da – so schlimm das klingt. Aber es ist tatsächlich so, und deshalb bin ich ein unerhörter Fan vom Playback-Verfahren, weil da Sänger etwas tun können, was sie eben auf der Bühne nie tun dürfen. Diese Verausgabung, die muß ja immer aufgeteilt werden und mit der Tonproduktion zusammengebracht werden. Natürlich gibt es manche Sänger auch auf dem Musiktheater, mit denen ich freilich am liebsten arbeite, die selbst auf die Gefahr hin, daß sie auf der Schallplatte das schöner singen könnten, ein Bühnen-Musikereignis bieten, wo man erschüttert aus dem Theater geht. Das bequemere ist eben auch Oper, aber nicht die Oper, die uns alle anpacken, ergreifen müßte. Jetzt hat der Film durch die Aufteilung in Musikaufnahmen und optische Aufnahmen die optimale Möglichkeit, die besten technischen Vorgänge für die Oper einzusetzen. Deshalb ist das Playback bei allen Negativa – ob man synchron ist oder nicht! – der beste Weg, so etwas zu machen.

Dusek
Fürchten Sie nicht, daß Ihr Konzept – Elektra als menschliche Ruine zu zeigen – manch naiven Zuschauer am Fernsehschirm verschrecken wird?

Götz Friedrich
Wenn ich zum Beispiel das Totenhaus von Janaček oder wenn ich Lulu mache und an die letzte Szene in London in der dreiaktigen Version denke, wo Lulu diese heruntergekom-

mene Straßendirne ist, dann tritt hier etwas Aufregendes ein: daß bei diesen Abbildungen des Schrecklichen die Musik nun keinesfalls als Versöhnung zu vernehmen ist, aber die Musik macht das Unerträgliche dann auf eine bestimmte Weise wieder faß- und erfaßbar. Der Verzicht auf die Ausstellung des Gräßlichen würde die Musik und vor allen Dingen manchmal die von Richard Strauss zu früh in eine Gefälligkeits-Konsumebene oder -sphäre bringen können. Dieser Gefahr, der Strauss ja zeit seines Lebens mit seiner herrlichen Musik ausgesetzt war – ich will nicht sagen, daß das seine Musik ist: Gefälligkeit, aber sie hat eine starke Affinität, als Gefälligkeitsware mißverstanden zu werden – dieser Gefahr will ich gegensteuern. Wenn das Optische, wenn das Theatralische nicht mit dazu beiträgt, beim Bayern Strauss das Elementare, auch das Dramatisch-musikalisch-Kalkulierte, mit-sichtbar zu machen, dann würde es seiner Musik etwas schlechter ergehen. Der peinigende Anblick einer Elektra auf dem Bildschirm, der hat nur in dieser Form wieder einen Sinn im Zusammenhang mit der Musik von Strauss und mit der Stimme, die aus diesem zerstörten Antlitz, aus diesem zerstörten Körper kommt. Und das ist tatsächlich das, was sich auf der Leinwand noch weitaus stärker einstellt wie auf dem Bildschirm, weil natürlich auch die Vergrößerung des Bildes dem musikalischen Gesamtapparat, dem Klang, besser standhält, als unser immer noch kleiner TV-Apparat.

Dusek
Eine Frage zu einer Szene, zu der wir überhaupt noch nicht gekommen sind, nicht einmal im Zusammenhang mit der Story. Das farbliche Gegengewicht zu Schwarz-Weiß ist nicht nur das Blut des Agamemnon-Mordes und der Blutorgie am Schluß, sondern auch die Schlachtung des Widders. Wie weit wollten Sie hier dramaturgisch gegensteuern? Wie stufen Sie diese Szene ein, die in diesem Buch natürlich auch optisch ausgeschlachtet wird, weil diese Szene farbig mehr hergibt für das Buch als viele Sepia-Szenen?

Götz Friedrich
Ja, tatsächlich. In dieser Szene tritt zum ersten Mal das Rot ein. Es ist so, als wären in einem Kopiervorgang alle Szenen rot gefärbt. Aber die Farbe ist schon selber bei den Drehaufnahmen entstanden. Es ist tatsächlich eine merkwürdige Feier in einer matriarchalischen Abgeschlossenheit, die bis zu diesen Unterbewußtseins-Vorgängen geht: Blutschuld, Menstruationsprozeß, Tieropfer, die Träume und Ängste im Freudianischen Sinn aufdecken. Es ist ja überhaupt interessant, daß bis zu dem Moment, wo die beiden Diener auftreten – erst kommt der alte, dann der junge – kein einziger Mann erscheint. Also eigentlich die Hälfte des Filmes lang ist das ein Frauenstück. Und über alles hinaus, was wir besprochen haben, ist das natürlich auch der große Reiz dieser Oper, daß sie eine Frauengeschichte ist, wo die Männer Ägisth und Orest, bei allem Respekt – und auch die anderen – eigentlich nur im schönsten, weitesten Sinn Stichwortträger oder Handlungsvorantreiber sind für Prozesse, die sich unter „Weibern" abspielen. Da ist natürlich diese Opferungs- und Schlachtszene ein wichtiger Drehpunkt, wo die Gefährdung dieser Bräuche barbarischer Art wieder in moderne Perversionen umschlagen könnte und wir eigentlich genau durch diese Szenen die Brücke zwischen der Vorzeit und moderneren Formen von Orgiastik finden. Das klammert diese beiden auseinanderlaufenden Epochen zusammen. Und wir wissen ja von diesen Feiern – ich meine auch aus der Römerzeit mit den geschlachteten Hähnen zum Beispiel – wie Frauen in ihrem Emanzipations- oder Schutzbestreben vor den Männern, vor dem patriarchalischen Staatswesen, immer auch ihre Geheimclubs bildeten. Die Zerstörung Klytämnestras sollte sich im Grunde auch in dieser Szene, in der es auf eine merkwürdige Weise zeitgemäß pervers zugeht, reflektieren.

Dusek
Die Elektra ist doch auch aus einem zweiten Grund hochaktuell in der jetzigen Emanzipationsdiskussion. Man widerlegt heute Bachofen. Wir sagen, so matriarchalisch war die Welt nie, daß dann die Väter kamen und die Mütter verdrängt hätten. Wir entdecken diese Welt der Mütter immer nur als eine in den Refugien bestehende – in gewissen Kulturen stärker, wo anders schwächer, aber sehr in diesen religiösen, mystischen, bacchanalen Kulten sich abspielend und eigentlich immer verdrängt. Dort wo es Macht und Herrschaft gab,

durch die ganze Weltgeschichte, behauptet die neue Wissenschaft, waren es immer die Männer. Egal ob matrilineare Namensgebung oder nicht, die Macht hatten die Männer. Die Ausweglosigkeit der Elektra ist ihre Vaterfixierung. Sie verteidigt das Patriarchat. Und wenn wir jetzt wieder zu dem dramaturgischen Schlüsselsatz kommen: wo könnte Hoffnung sein? Offenbar ist hier wirklich auch von Hofmannsthal sehr früh etwas angelegt worden, das man so formulieren könnte: warum ist Klytämnestra nicht bereit gewesen, das, was sie in der pervertierten Form treibt, wirklich zu tun, nämlich die Herrschaft zu übernehmen – eine andere, eine neue Herrschaft der Frau? Und warum gibt Elektra ihre Vaterfixierung nicht auf und erkennt, daß sie ja in einer Welt der Mächtigen nur als Ruine lebt? Dann gehört dieses Stück doch in eine ganz brandheiße Diskussion. Denn wenn man so die Emanzipationsdiskussion verfolgt, dann läuft die ja sehr oft darauf hinaus, daß, wenn Frauen nichts anderes tun als Herrschaftspositionen der Männer zu übernehmen, sie gar nichts verbessern, sondern nur verlorenes Terrain einholen. Die neue Hoffnung müßte sein, daß die emotionellen Fähigkeiten der Frau, die doch zumeist stärker entwickelt sind, ein neues Zusammenleben zwischen Menschen garantieren. Wäre das ein Prinzip Hoffnung, von dem wir vorhin gesprochen haben?

Götz Friedrich
Auf jeden Fall zeigt dieses Stück, diese Elektra, daß die Frauen eine Leidensfähigkeit haben und sich auferlegen, gegenüber der die Männer – in meinem Film noch unterstrichen durch die absichtlich etwas distanzierte Darstellung des Orest – verständnislos sind. Wenn ich an den Satz des Aischylos denke: „Lerne erkennen durch das Leid", dann haben diese Frauen – eigentlich alle in dieser Oper – die Aufgabe, durch das leidvolle Sich-Bekennen zu Vorgängen, die in der Vergangenheit und in der Gegenwart liegen, einen Aufruhr zu entzetteln, bei dem die Zuhörer eben über die Frage von der Verteilung von Macht und sonstigen Besitzverhältnissen aufgerüttelt werden. Oft kann ja ein Stück eine Empfehlung geben, wie nun das Prinzip Hoffnung real einzulösen ist. Aber ich bin der Meinung, daß oft die tragische Erschütterung gerade dann, wenn ein

Prinzip Hoffnung gar nicht vorgegeben ist, konkret das Bedürfnis weckt, an die Hoffnung zu glauben. Das ist die wirkliche Funktion der Tragödie. Und da es sich hier um die Tragödie des Frau-Seins, und zwar eigentlich nicht zwischen Mann und Frau, sondern unter Frauen handelt, ist das eine besondere Alarmierung, die keineswegs vorschnell in die Emanzipationsdiskussion eingebracht werden kann; die aber unendlich viel – wie Sie es nennen werden: als aktueller Mythos – mit der Frage der Position der Frau in unserer Welt zu tun hat. Es geht ja tatsächlich weder bei sozialen noch bei Geschlechtsrevolutionen darum, daß einfach die Machtpositionen, die Stühle an den Regierungsschreibtischen ausgewechselt werden. Das ist oft das Mißverständnis bei früheren Revolutionen gewesen und gleichermaßen bei vielen Umsturzunternehmungen in unserer Zeit. Und das ist auch das Mißverständnis von manchen heutigen emanzipatorischen Bestrebungen. Die Suche nach neuen Formen, nach neuen Methoden parallel zu einer Veränderung von Machtpositionen, das ist eigentlich das Allerwichtigste. Sonst haben Veränderungen von Machtpositionen wenig Sinn.

Dusek
Sie haben einmal gesagt, Sie weigern sich, für ein Stück einen festen Zeitraum zu nennen, weil es neben der Entstehungsgeschichte die Stoffgeschichte, die Rezeptionsgeschichte und die Aufführungsgeschichte gibt. Sie haben auch am Anfang bei der Schilderung der drei Räume gezeigt, daß Sie sich doch zum Beispiel bei dem Labyrinth an antiken Vorbildern orientiert haben – da gibt es Säulen und dergleichen. Und bei dieser modernen Burg, der Versicherung auf die Zukunft, gibt es diese sehr glatte Fläche, die nicht genauer terminisiert ist, aber doch sehr in die Gegenwart deutet. Und bei dem Arbeitsbereich zeigen Sie etwas, was man vielleicht am ehesten zu den Hofmannsthal-Regieanweisungen „Hinterhof-Atmosphäre" in Bezug bringen kann. Er meint da wohl die Hinterhof-Atmosphäre des 19. Jahrhunderts, die bedrückende Beengtheit der lichtlosen Fabriken, in denen die Leute arbeiten müssen.

Götz Friedrich
Ein permanentes Bedrohtsein von der proletarischen Welt.

Dusek
Sie arbeiten also mit sehr vagen stilistischen Zeiträumen. Was wollten Sie damit erreichen?

Götz Friedrich
Im Grunde liebe ich es immer, wenn in einer Handlung drei oder vier Jahrhunderte oder auch tausend Jahre sich treffen. Opern-Theater oder Filmhandlungen – es kommt ganz auf den Stoff an – haben nicht immer eine bestimmte Jahreszahl. Bei Tosca beispielsweise bin ich sehr dafür, daß ganz klar wird, daß sie am 16. und 17. Juni 1800 in Rom spielt. Wenn man das einmal entdeckt hat, daß Tosca nur an diesen zwei Tagen stattfinden kann, muß man alles tun, die historische Authenzität des Stoffes herzustellen. Bei Elektra geht es ja nicht um eine historische Authenzität der Jahreszahl wegen, sondern es geht darum zu zeigen, daß Nachkriegszeit mitunter 200 Jahre dauern kann, daß das Bilden einer neuen Regierungszentrale ein Prozeß ist, der über 800 Jahre gehen kann, und daß in der Arbeitswelt Unruhe und Forderungen entstehen – als Probleme des Frühkapitalismus. Fragen, die auch Hofmannsthal beschäftigt haben müssen bis zu dem Zeitpunkt, wo er Elektra geschrieben hat, so daß eben auch Unterdrückung, Ausbeutung in dem Stück sichtbar werden. Und daß die freiwillig aufgenommene Verbannung Elektras nichts mit der Situation der Mägde zu tun hat, für die sie auch wiederum eine Fremde und Feindliche ist. Bewußt also sind diese drei Spielorte in ihren zeitlichen Assoziationsmöglichkeiten einander schroff gegenübergestellt; ohne den Ehrgeiz, ein ganz bestimmt datiertes Mykene zu schaffen.

Dusek
Die Aktualisierungen des Stoffes, die eigentlich plötzlich alle im 20. Jahrhundert einsetzen, von Hofmannsthal herauf bis Sartre, Hauptmann, Giraudoux und O'Neill: das sind alles Rückgriffe auf die Antike. (Dazwischen ist der Stoff zwar „historisch" dramatisiert, als Anregung für Neugestaltungen aber übersprungen worden.) Ist für Sie der Film Elektra in einer ähnlichen Weise die Neugestaltung des Stoffes – die Neugestaltung mit Hilfe neuer technischer Möglichkeiten?

Götz Friedrich
Ich glaube, daß der Elektra-Stoff in der Gestaltung von Hofmannsthal und Strauss einen ganz bestimmten Markierungspunkt erreicht hat in den Bearbeitungen dieses Stoffes von der Antike bis zum 20. Jahrhundert. Ich habe die Oper auf der Bühne noch nie inszeniert. Wenn es gelingen sollte, daß dieser „Film mit der Oper Elektra" über das Thema Elektra Aussagen trifft, die auf der Bühne so nicht zu treffen sind, dann würde sich erweisen, daß das Unternehmen Opernfilm über die pure Verbreitung von Opernerlebnissen von der Bühne hinaus eine Funktion hat, an der ich natürlich sehr interessiert bin: nämlich festzustellen, daß Oper auch in anderen Medien Aussagen machen kann und Erlebnisse vermittelt, die zeigen, wieviel oft auch Unentdecktes in diesen großen Werken schlummert. Schauen Sie: die Schallplatte hat etwas getan; sie hat die Oper aus ihrer eigenen Bestimmung, für die Bühne geschrieben zu sein, erstmals getrennt und hat das nur Akustische in den Vordergrund gestellt. Von da ab haben die Leute auf einmal alle geglaubt, Oper sei nur eine akustische Angelegenheit und der Regisseur habe lediglich den akustischen Darbietungsprozeß szenisch zu organisieren oder zu illustrieren. Mehr nicht. Die Methode des Musiktheaters hat versucht, dieses Mißverständnis zu beseitigen und Oper wieder nach dem Willen ihrer Autoren zu verstehen. Nun hat aber kein Komponist bis zum Jahre 1950 oder '60 eine Oper für den Film oder für das Fernsehen geschrieben; es gab nur Musicals usw. und die Globolinks. Man kann nicht sagen, Strauss hat Elektra für den Film geschrieben. Aber der Film kann diesen Prozeß weiterführen, kann zeigen, daß Oper durch die Mittel des Theatralischen und nun des Filmischen nicht Erlebnisse auf Kosten oder gegen die Musik vermittelt, sondern daß Inhalt und Funktion der Oper auf eine überraschende Weise standhalten, sich weiter entwickeln in den technischen Medien, und Interessen eines Publikums provozieren, die weit über elitäre Abgeschiedenheiten, über den Zirkel von Fachleuten hinausgehen. Darin sehe ich die große Chance von Oper im Film.

Dusek
Immerhin – dieser Elektra-Film ist unwiederholbar. Karl Böhm hat ein einziges Mal Elektra verfilmt; als einer, der die Staffette von Richard Strauss selbst weitergegeben hat. Sie haben

noch nie Elektra inszeniert und wollen es vielleicht gar nicht mehr wiederholen. Und Leonie Rysanek wird die Elektra auch nicht auf der Bühne singen, weil sie erklärt hat, sie habe diese Rolle nur für diesen Film und für Karl Böhm gesungen. Das heißt: diese Dreierkombination, die sich ja schon bei den Proben als sehr interessant und einzigartig abgezeichnet hat, ist auf alle Fälle unnachahmlich und spektakulär.

Götz Friedrich
Das kann so am allerwenigsten der Regisseur selber feststellen. Daß dieser Film die letzte große Arbeit von Karl Böhm dokumentiert, daß er Künstler vereinigt, die auf freilich ganz unterschiedliche Weise in ihrem künstlerischen Leben sehr oft Berührungspunkte mit Karl Böhm und seinem Schaffen hatten, bekannte Namen, starke Persönlichkeiten – das macht den Film über alles andere hinaus, was wir besprochen und zu formulieren versucht haben, zu einem Dokument ganz besonderer Art. Und über alle diese erwähnten Dinge hinaus könnte ich mir vorstellen, daß dieser Film gerade auch hinsichtlich dessen, was Karl Böhm und die nochmalige Vereinigung vieler mit ihm früher zusammenarbeitenden Kollegen betrifft, auch so etwas wird wie ein aktueller Mythos. Und so ist dieser aktuelle Mythos aus dem Stoff plötzlich auch direkt von den Künstlern her in den Film hineingeraten, und ich freue mich, daß die Welturaufführung dieses Films am 26. September 1982 in Berlin anläßlich der Berliner Festspiele stattfindet, gemeinsam mit der Filmgesellschaft UNITEL, dem WDR und der Deutschen Oper veranstaltet. Auch das soll dann einen Teil unserer Ehrung und Verehrung für Karl Böhm bedeuten.

Dusek
Wenn man die Lebensgeschichte von Karl Böhm sieht, dann fällt auf, daß Böhm seit zwei, drei Jahren davon sprach, die Elektra machen zu wollen. Als sich das Projekt hinzögerte und er dann schon sehr krank war und mehrere Rückfälle hatte, war diese Elektra offenbar noch eine jener Aufgaben, für die er noch leben mußte. Und es ist kein Zufall, daß ab dem Punkt, wo der Großteil der Aufnahmen schon gelaufen war, ein schwerer gesundheitlicher Rückschlag eintrat; und als er dann gehört hat, die

Dreharbeiten sind gelungen, als er noch Fotos gesehen hat und sich daran nochmals begeisterte wie vorher bereits an den Tonaufnahmen, da war sein Leben erfüllt. Man hatte bei ihm wirklich das Gefühl, er hat für diese Elektra noch gelebt. Und das ist doch etwas Ergreifendes und Schönes, ein Dokument zeigen zu können, mit dem immerhin ein Mensch wie Karl Böhm sein Leben abrunden durfte.

Götz Friedrich
Die Götter führen uns tatsächlich manchmal seltsame Wege, die wir selten ein-sehen und beurteilen können. Wenn sie einen Weg so gnädig beenden lassen – wie den von Karl Böhm im Falle der Elektra – dann ist das sicher eine Fügung.

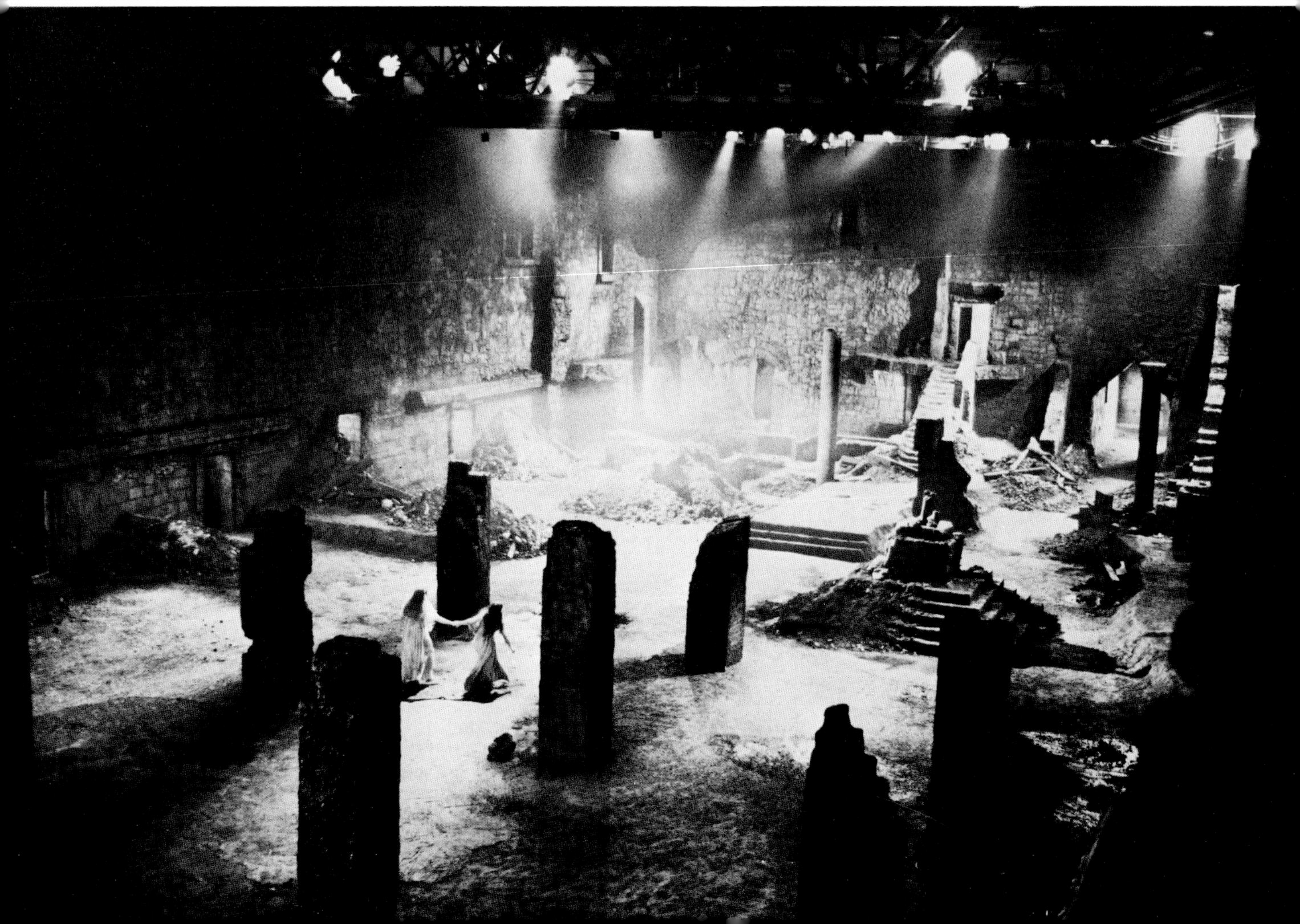

BEI DEN DREHARBEITEN ZUM FILM ELEKTRA
EINE REPORTAGE IN FOTO-IMPRESSIONEN

104 Das größte Studio war zu klein. Deshalb wurde eine ehemalige Lokomotivfabrik am Stadtrand von Wien Schauplatz der Verfilmung von Elektra.

Für die Mägdeszene am Beginn der Oper wünscht sich Götz Friedrich „strömenden Regen". Komplizierte Vorbereitungen sind nötig ...

106 *Viele Versuche sind notwendig, bis alles klappt; doch dann müssen die Mitwirkenden hinaus in die nasse Filmwirklichkeit!*

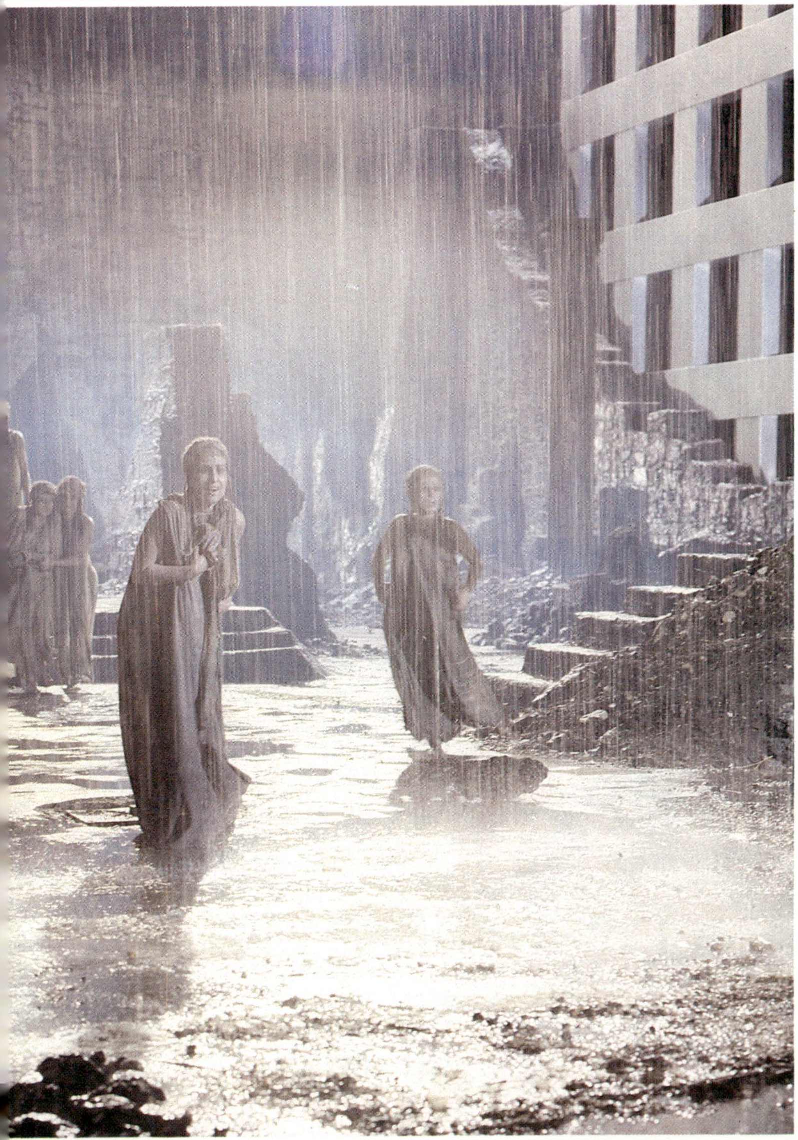
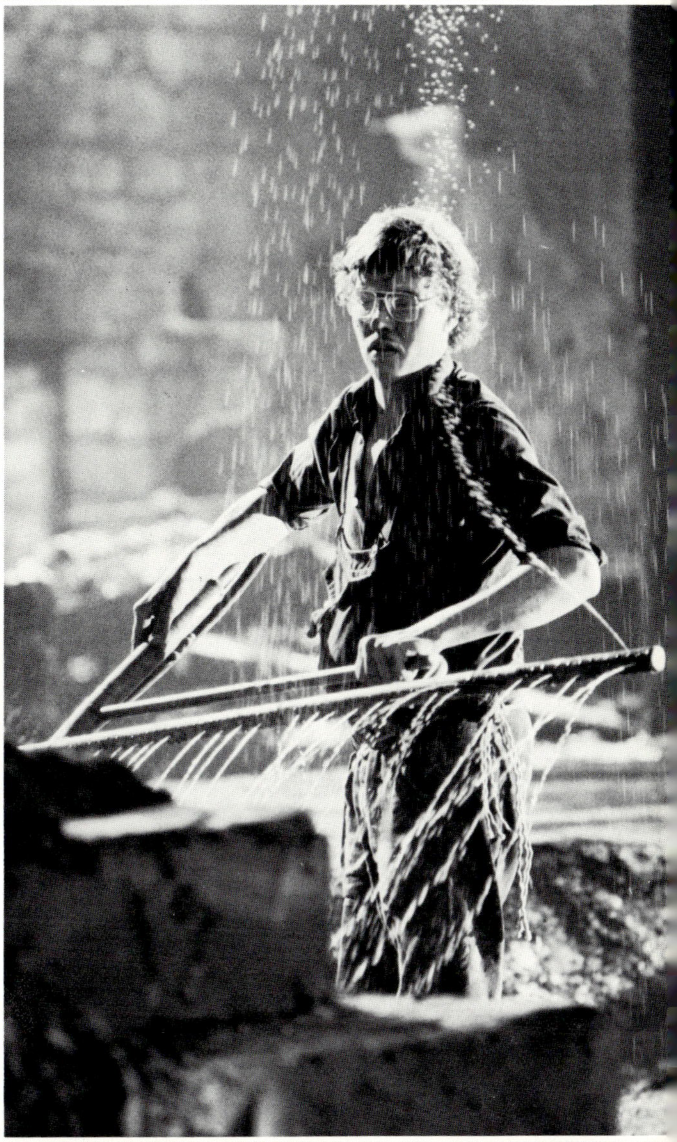
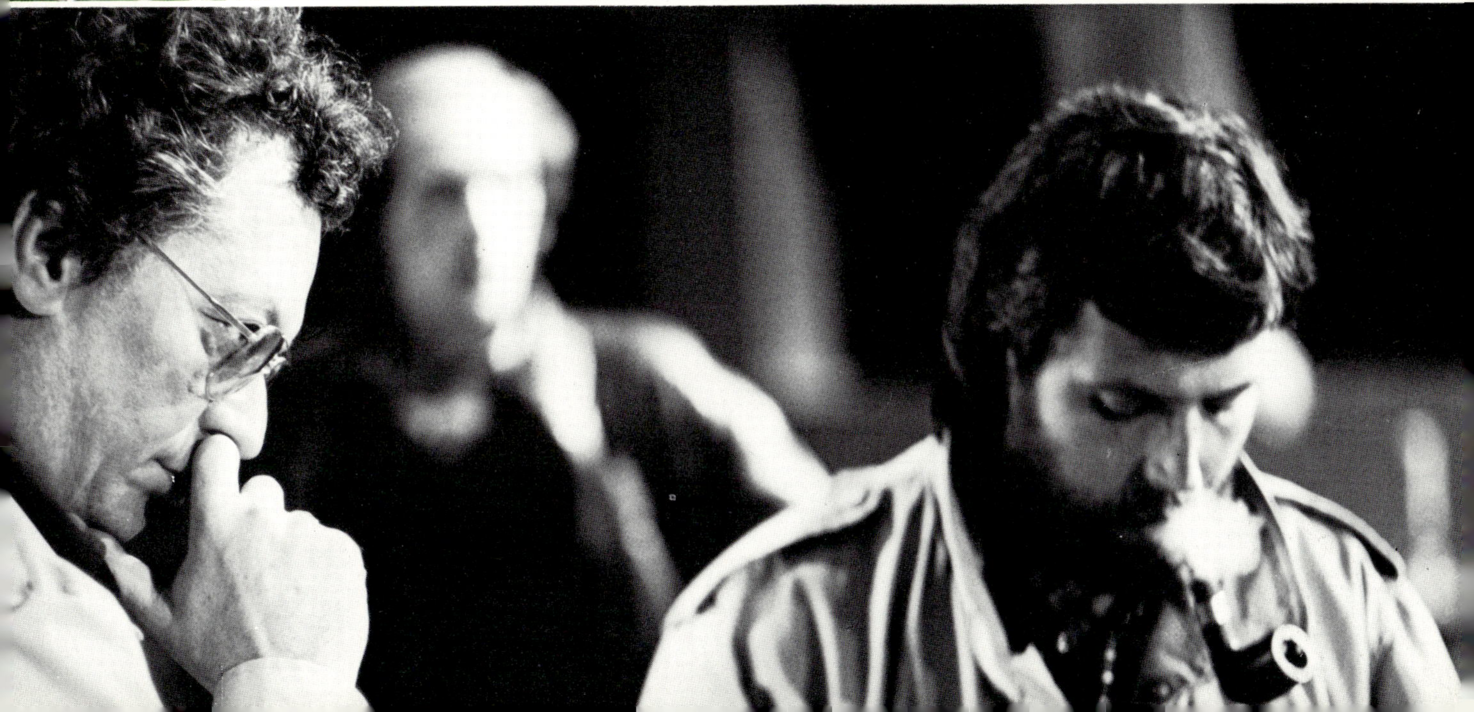

108 *Die Mägdeszene nimmt mehrere Tage in Anspruch. Dann wird es für die Film-Elektra Leonie Rysanek Zeit, sich die Maske anlegen zu lassen...*

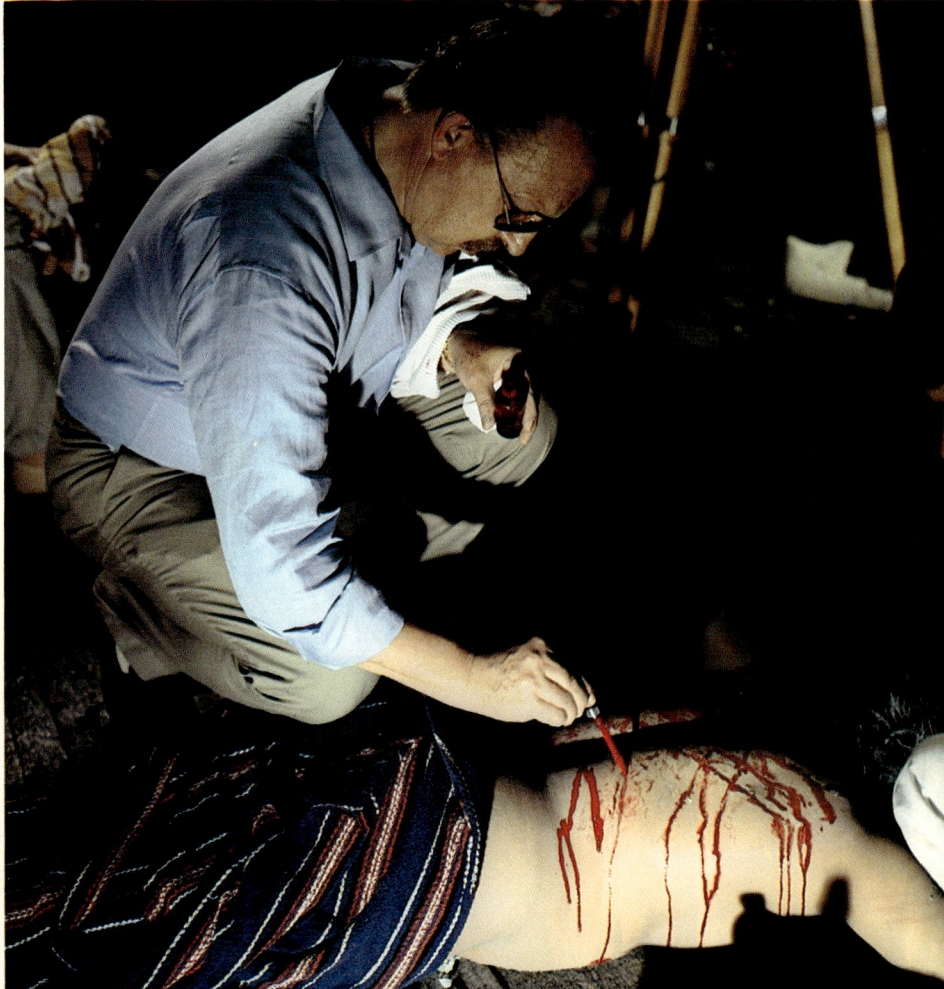

Der Maskenbildner Fredy Arnold muß aber auch die blutigen Striemen für die 5. Magd nach jeder Einstellung erneuern.

110   *Während außen auf der Fabrikshalle die Sommerhitze brütet, gilt es im Innern nicht nur Regenfluten zu erzeugen, sondern die Dämmerstimmung der hereinbrechenden Nacht einzufangen.*

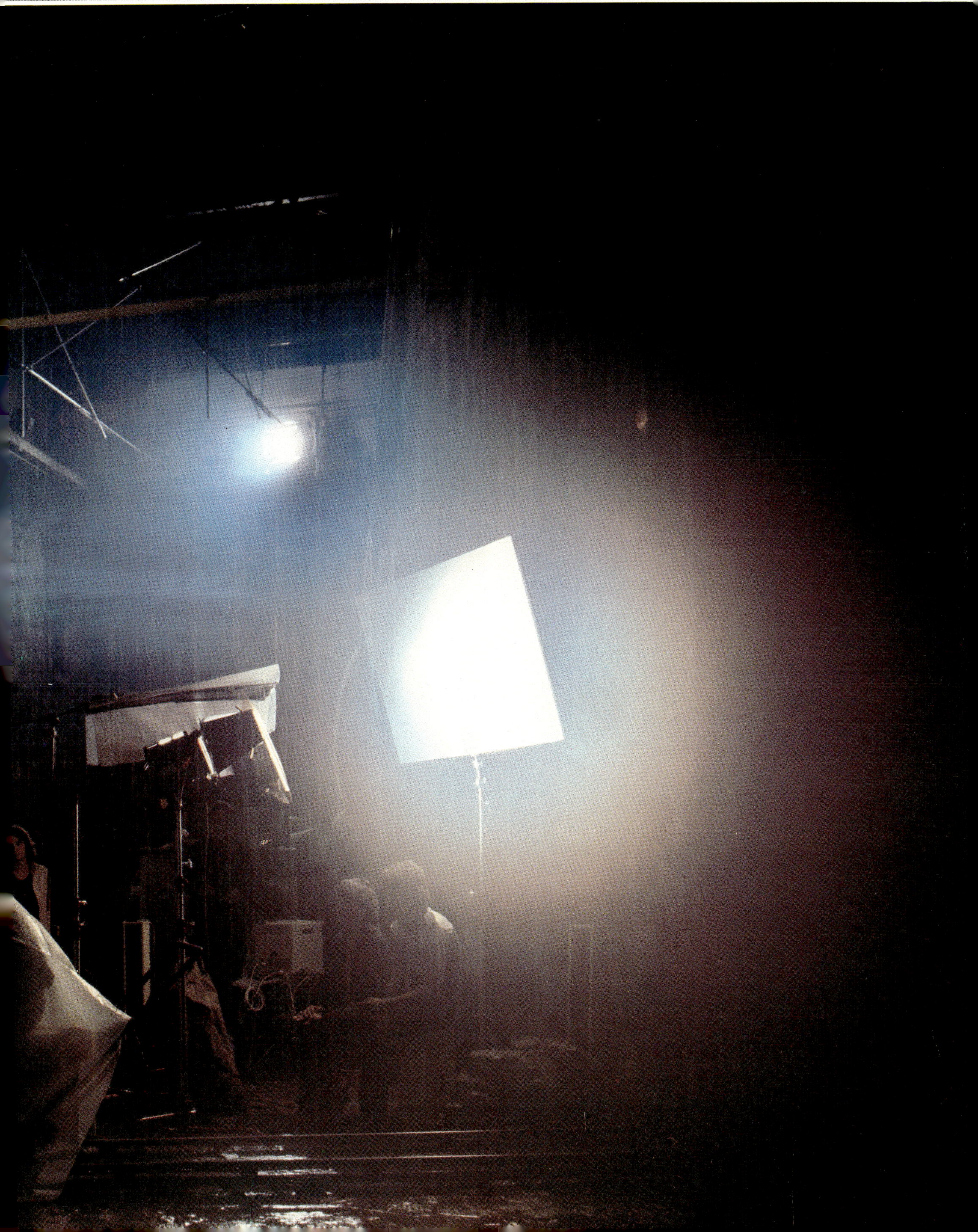

112 Oft sind stundenlange Vorbereitungen nötig, bis wieder eine neue Klappe fallen kann, denn bei jeder Einstellung wird der Standort der Kamera gewechselt – und der Regen wandert mit ...

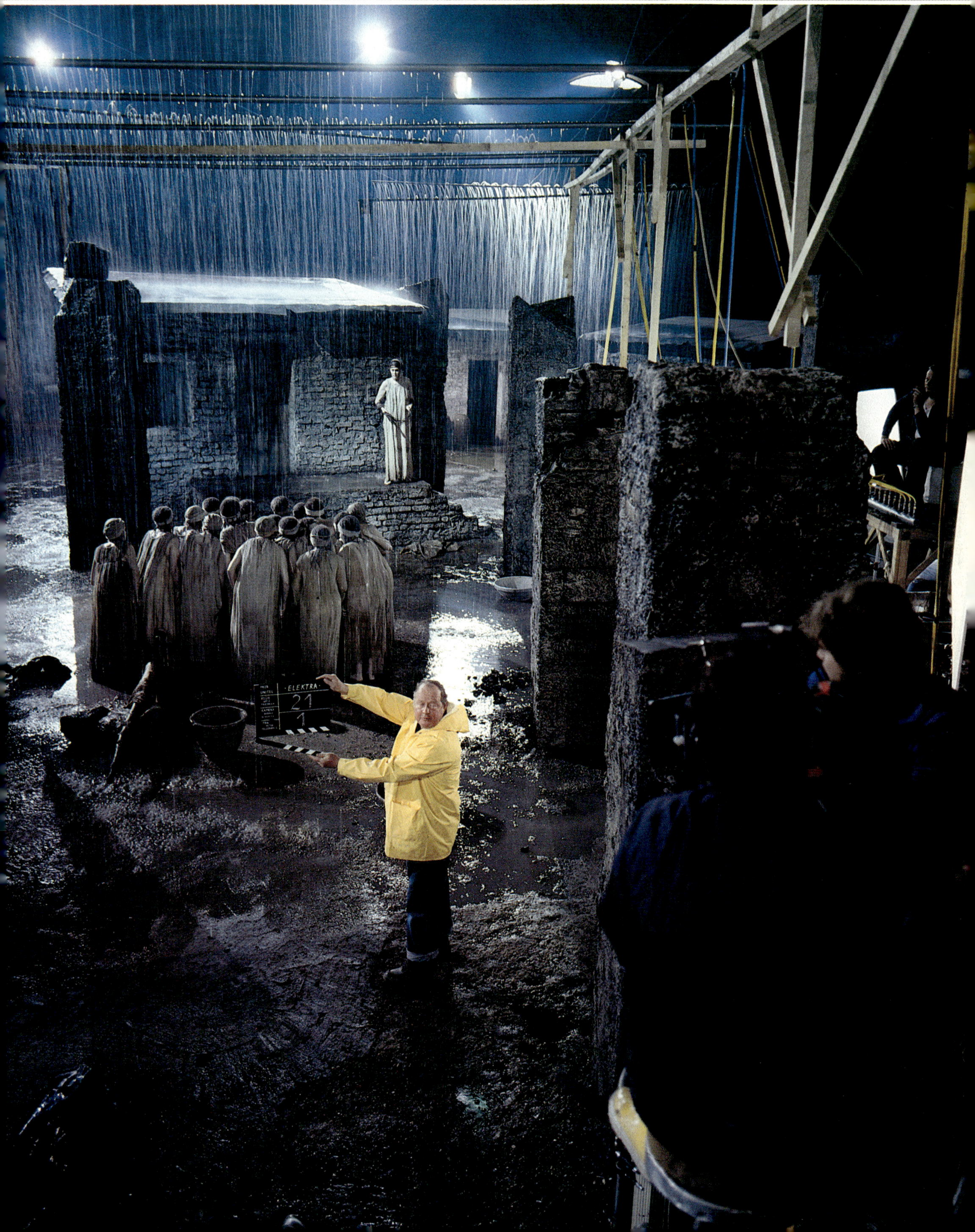
ELEKTRA
21
1

114 *Auch für Leonie Rysanek bedeutet der Beginn der Dreharbeiten die intensivste Konfrontation mit dem nassen Element.*

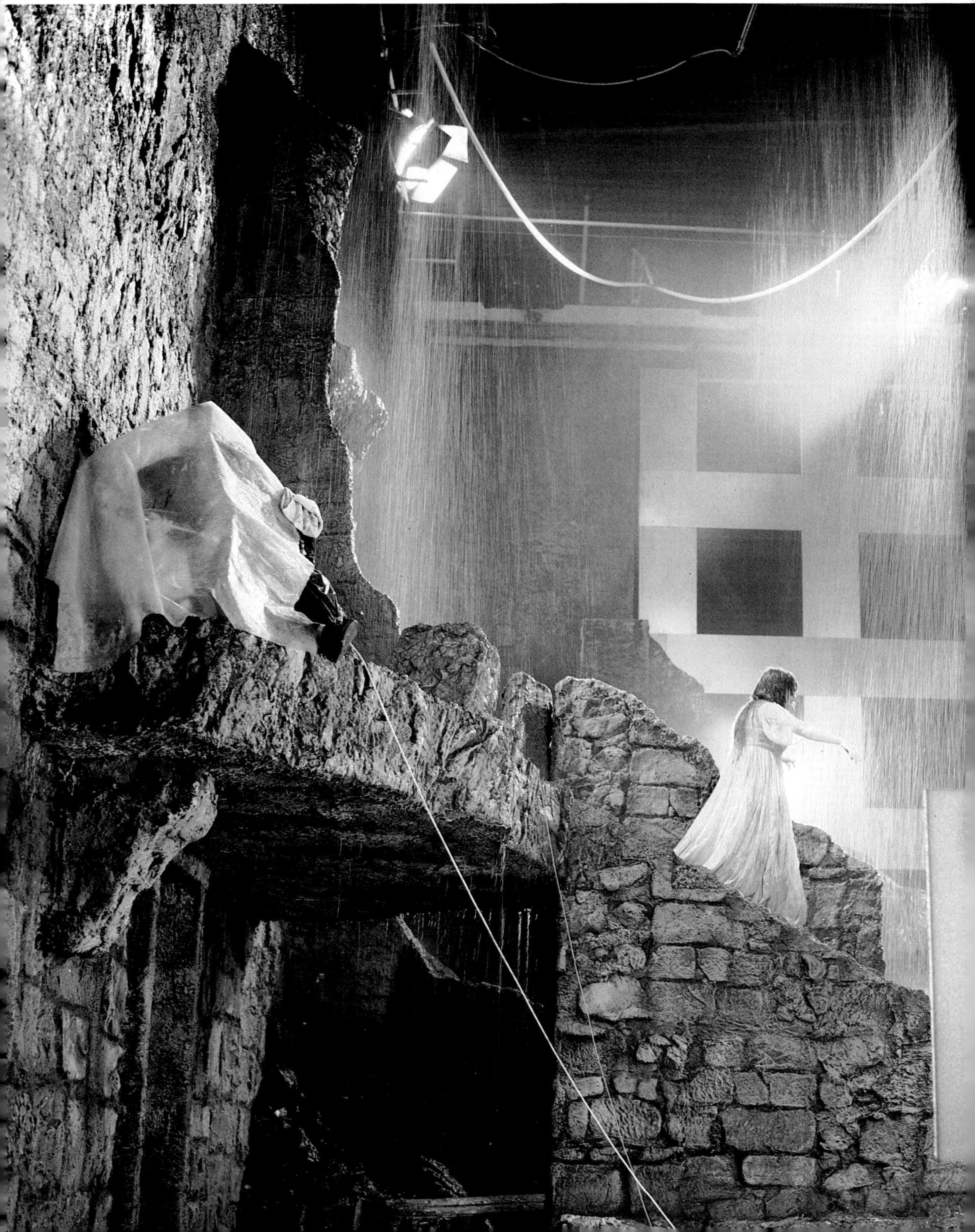

116 Der einzige Trost für die Betroffenen: das Wasser wird aufgeheizt und Götz Friedrich selbst prüft, ob es nach einigen Wiederholungen noch warm genug ist.

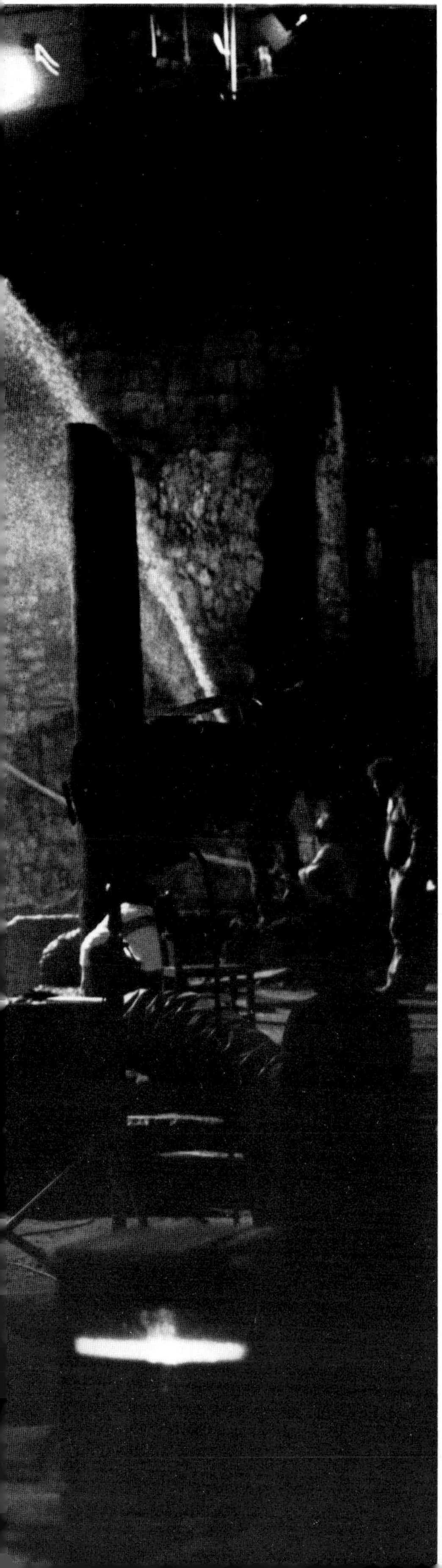

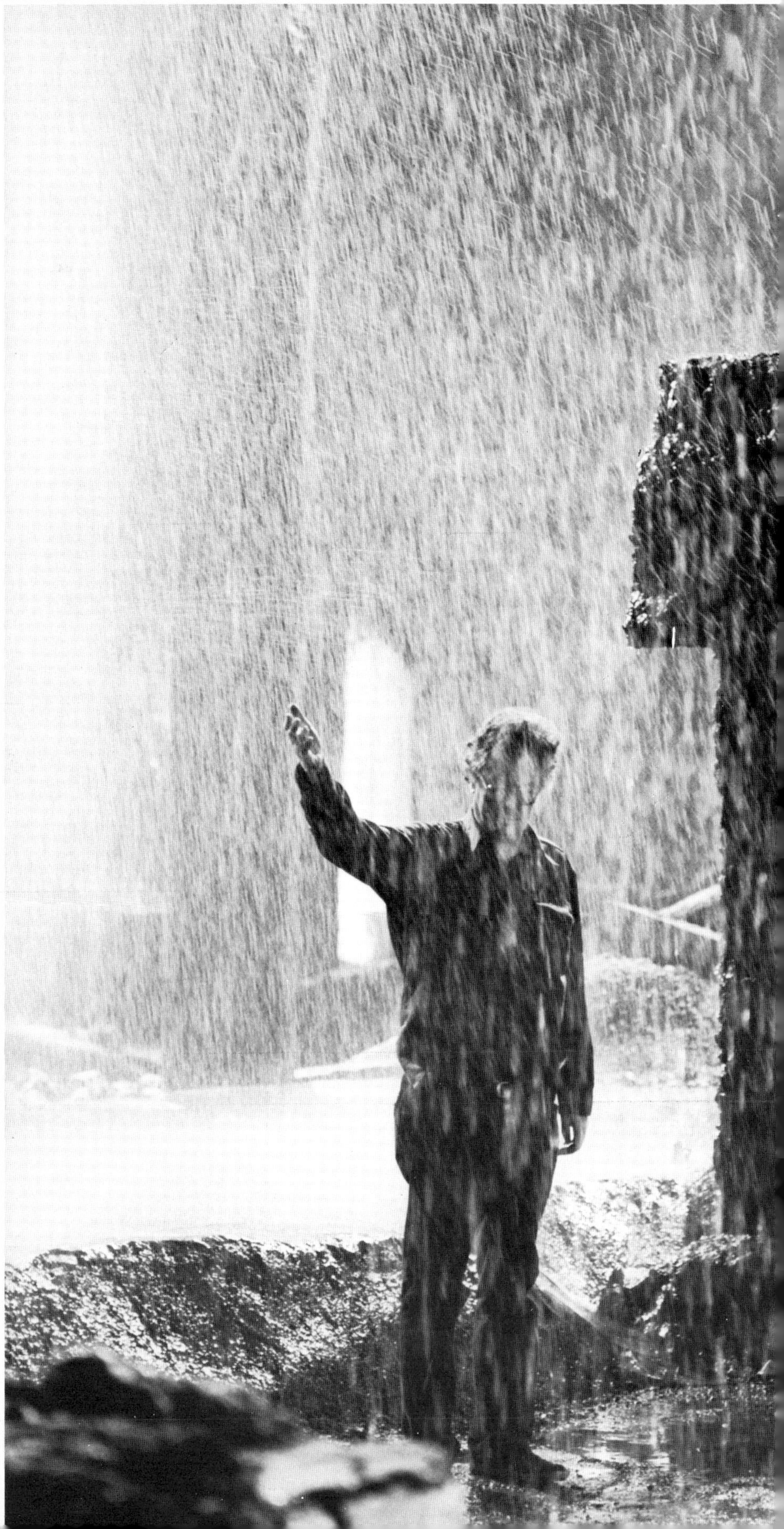

118 Bei den Größenverhältnissen in der ehemaligen Fabrikshalle unumgänglich: Es steht auch ein riesiger Kran mit Arbeitsbühne im Einsatz.

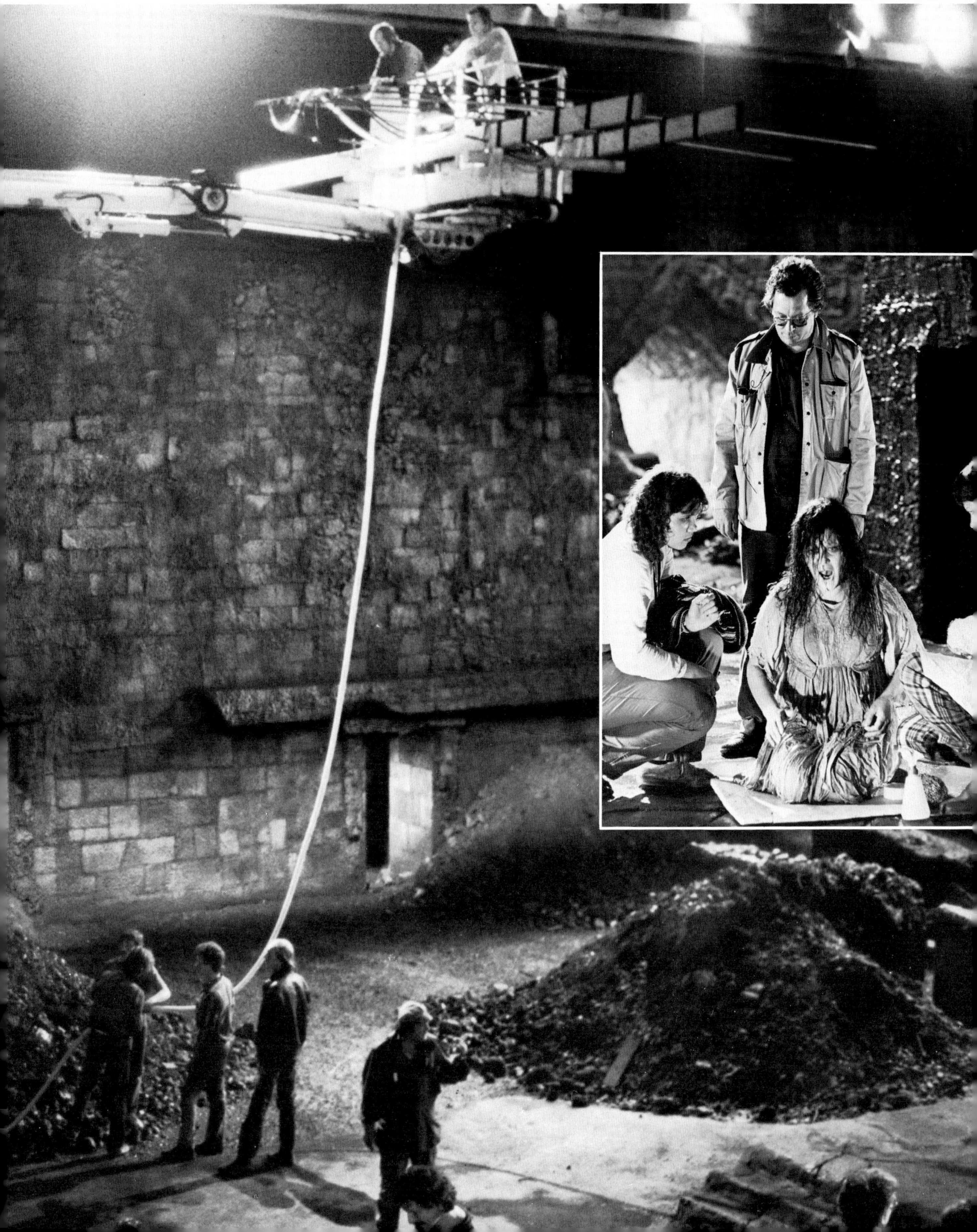

120 „Hier im Mauerwinkel – zeig dich deinem Kind": bei den Visionen Elektras, wenn stumm die Gestalt des Agamemnon erscheint, hört der Regen auf und Nebelschwaden bedecken den Steinboden. – Klytämnestra: mißtrauisch und schuldbewußt.

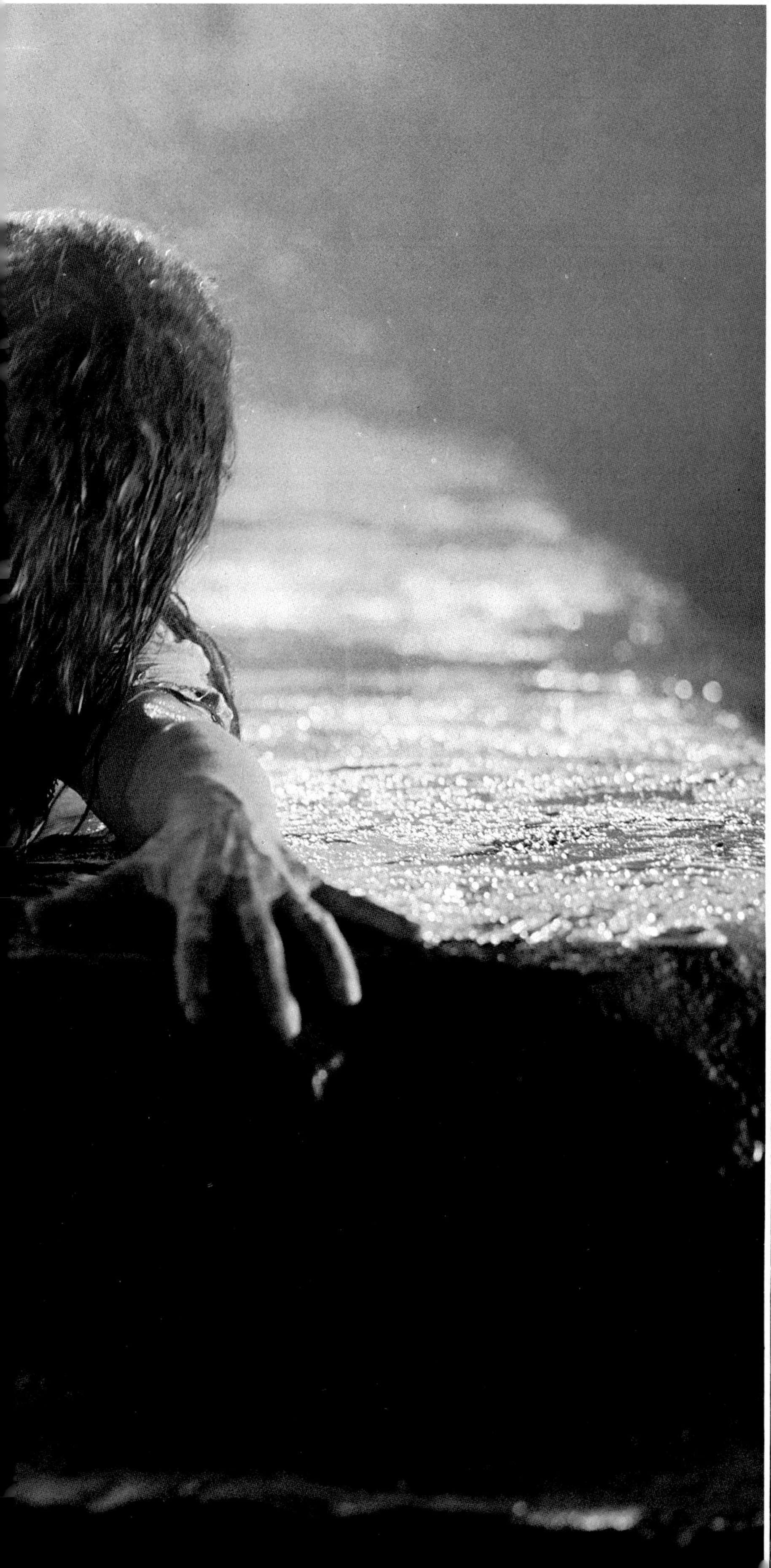

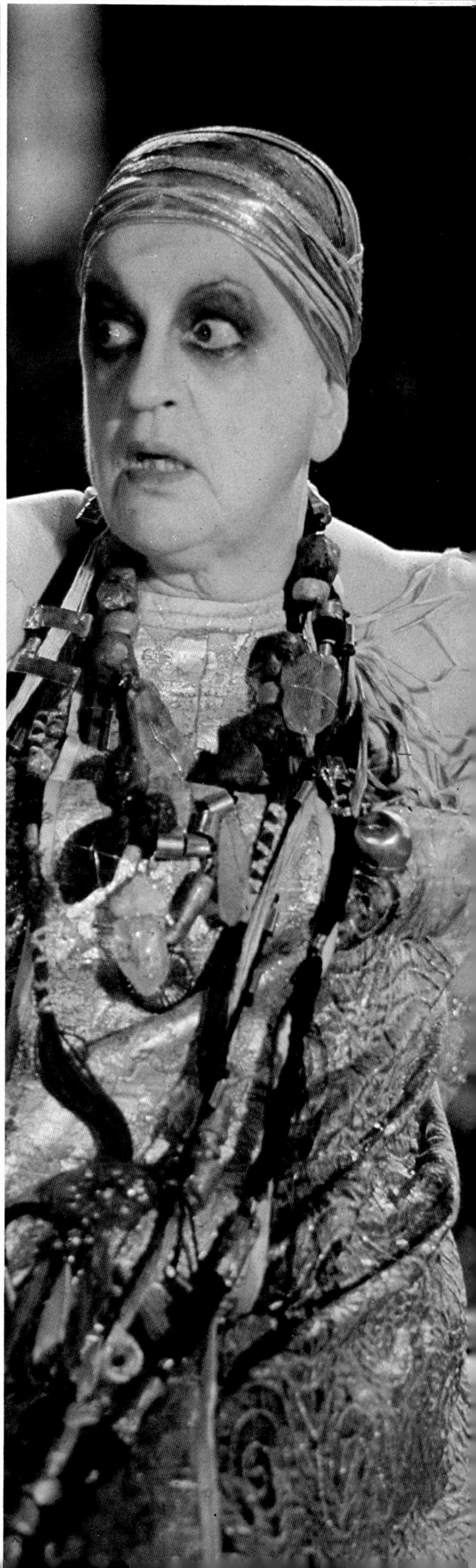

122 Nun geht es hinab ins unterirdische Labyrinth, wo Elektra nach dem Kopf der Statue ihres Vaters graben wird ...

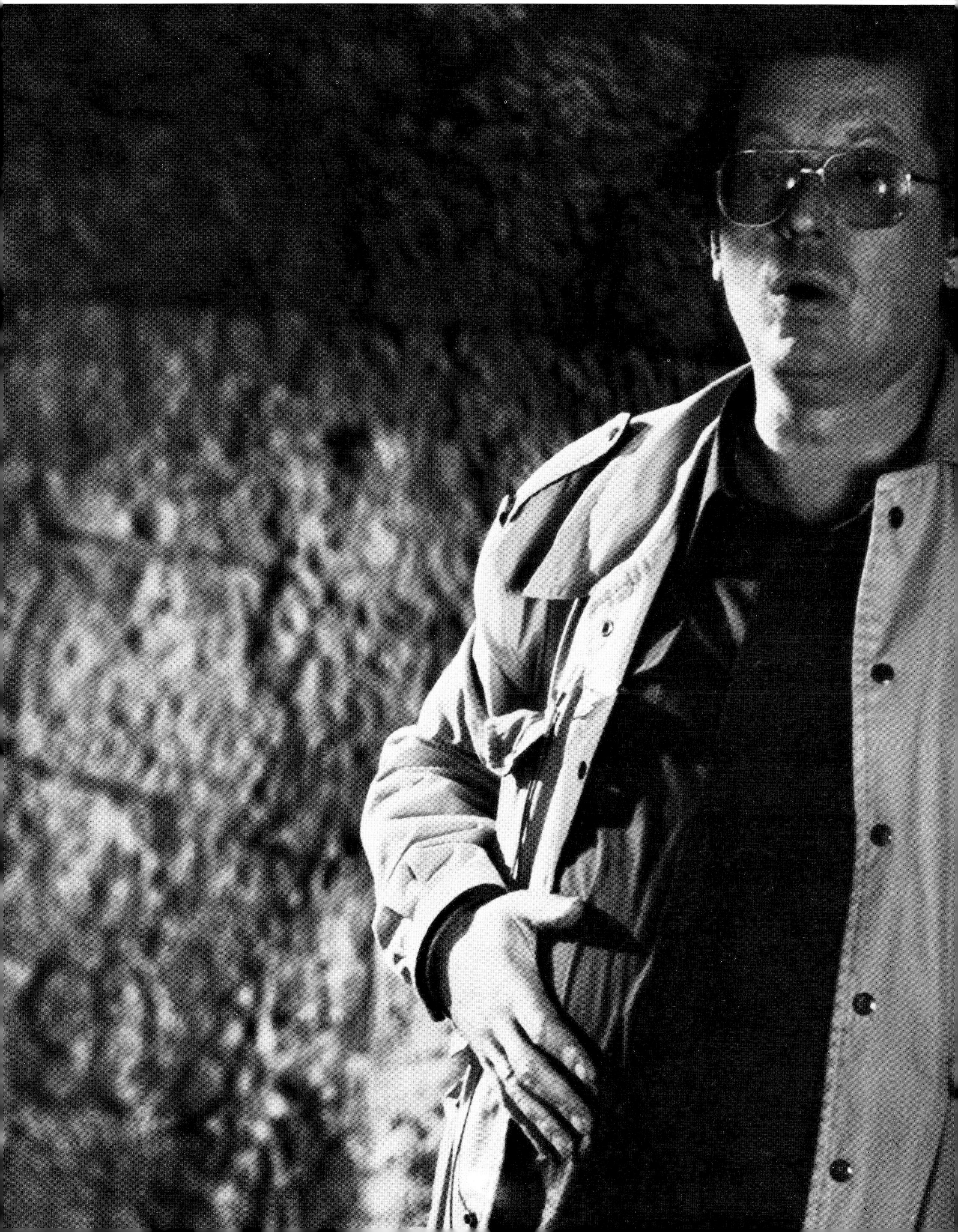

Als Kameramann hat Götz Friedrich den in München lebenden Tschechen Rudolf Blahaček zur Seite. Er ist der kongeniale „Mitstreiter" – er setzt das Licht und berät sich immer wieder mit dem Regisseur.

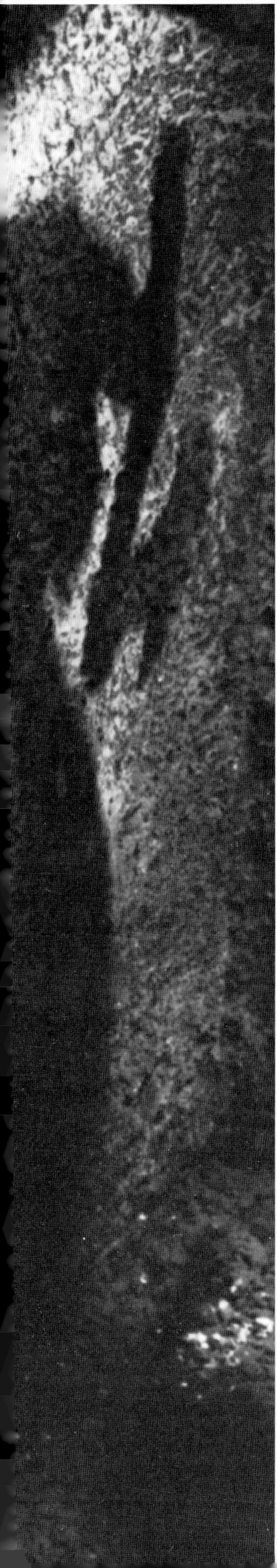

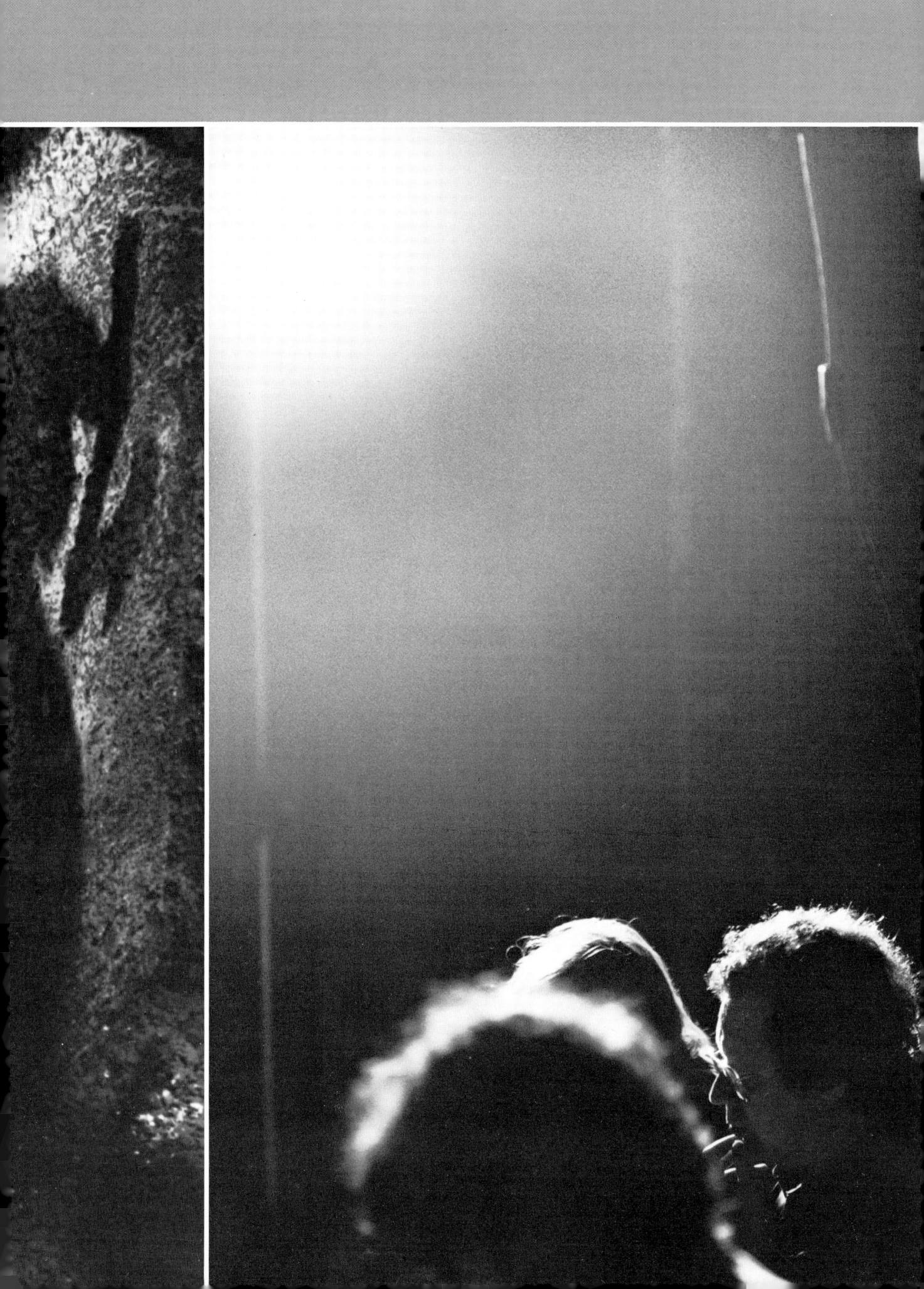

126 Die „Gegenspielerin" Elektras, die blonde Schwester Chrysothemis – Catarina Ligendza – wird inzwischen für ihren ersten Auftritt vorbereitet. Sie weiß als einzige, wo sich Elektra versteckt hält: im Labyrinth.

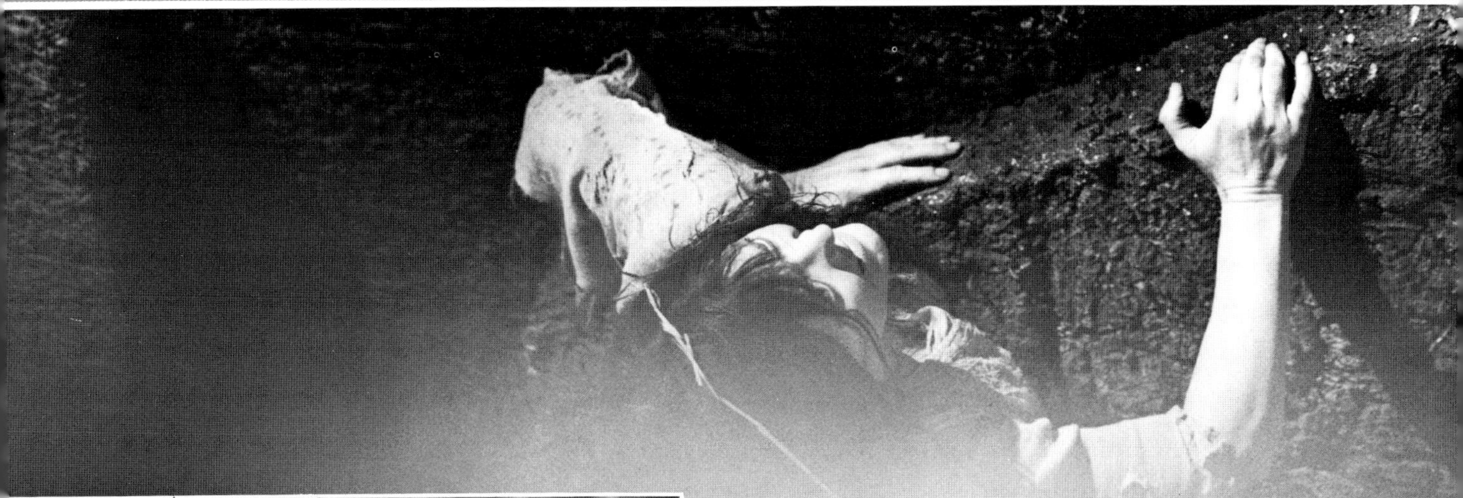

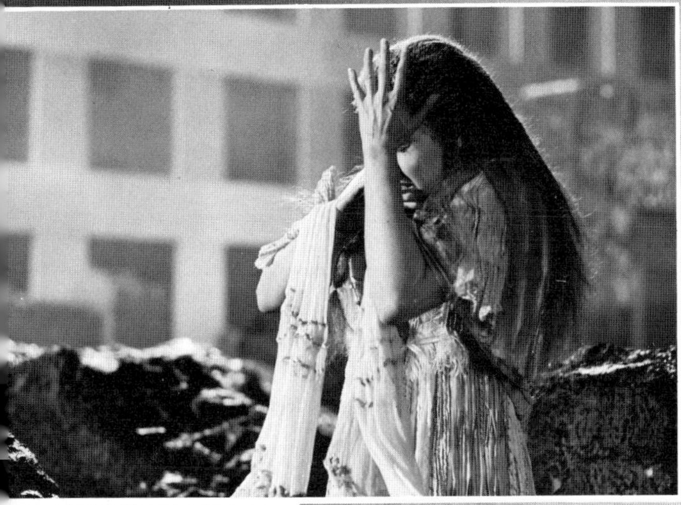

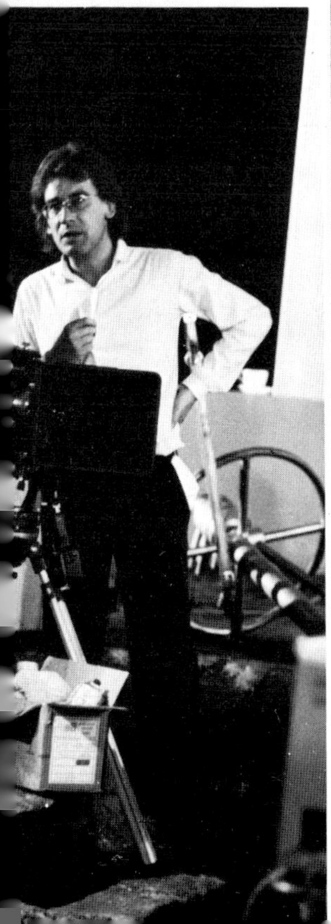

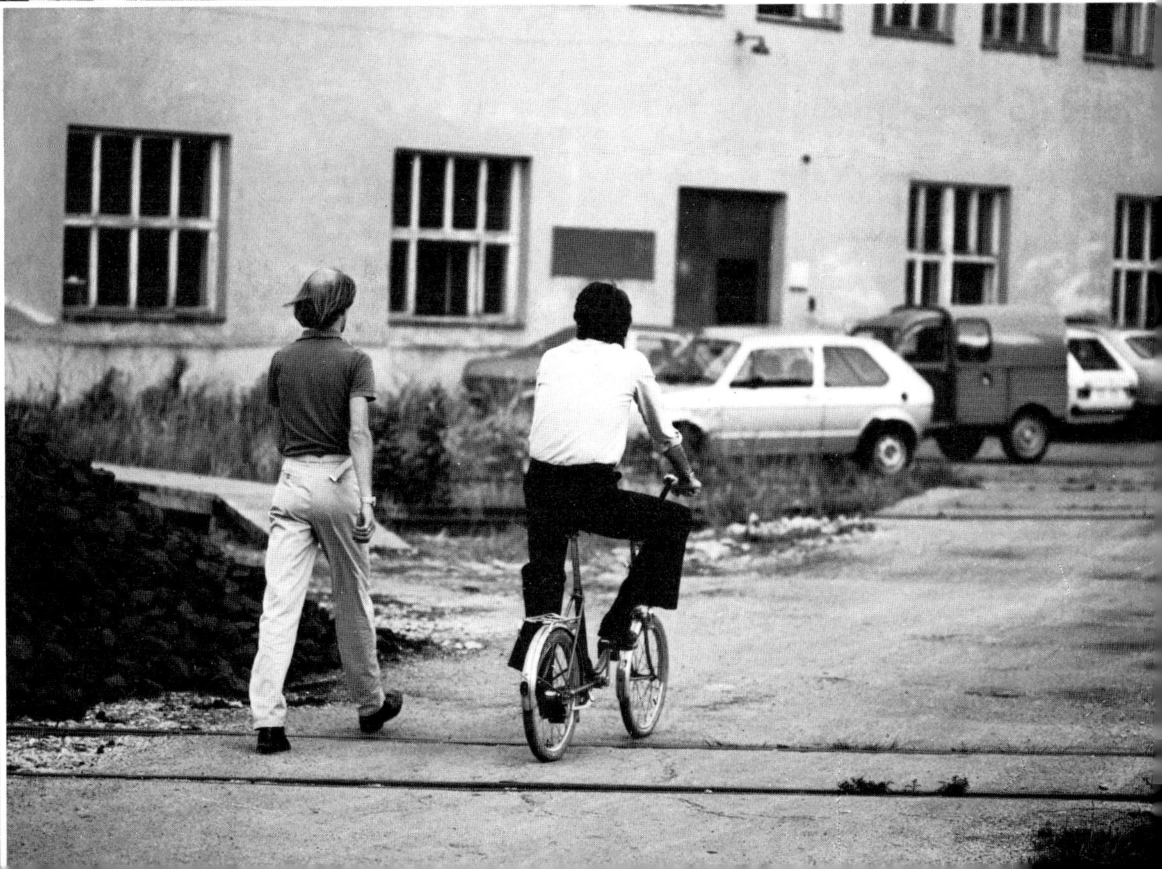

128 Trotz einer Muskelverletzung der Hauptdarstellerin am linken Bein gehen die Dreharbeiten weiter: Leonie Rysanek wird nur in einigen Laufszenen von ihrer Schwester – Lotte Rysanek – gedoubelt.

Schonung gibt es nur zwischen den Aufnahmen – da wird sogar ein Rollstuhl verwendet, um die Schmerzen zu lindern. Vor der Kamera gibt es weiterhin nur eines: bedingungsloser Totaleinsatz.

130 Götz Friedrich will bei seiner Elektra die Tragödie einer Nachkriegsgeneration zeigen, die nicht bemerkt, daß sie auch von den „Befreiern" betrogen wird.

Leonie Rysanek, die auf der Bühne bereits als Kundry und Medea, Tosca und Lady Macbeth ihre hypnotisierenden Fähigkeiten bewiesen hat – sie bringt für dieses Elektra-Konzept die ganze Ausdrucksskala einer modernen Singschauspielerin mit.

132 Im Unterschied zu anderen Opernverfilmungen wird bei dieser Produktion voll ausgesungen. Zwar ist die Tonaufnahme jeweils auch von Band zu hören, aber die Sänger schonen sich nicht.

Ein eigener Synchronüberwacher – Rolf Feichtinger – kontrolliert während der Dreharbeiten, ob die Lippenbewegungen exakt zum Playback passen.

134 Eine wichtige Charaktereigenschaft für alle Beteiligten heißt: Geduld. Denn vor jeder Einstellung muß das Licht neu fixiert, die genaue Entfernung mit dem Zentimeterband vermessen werden.

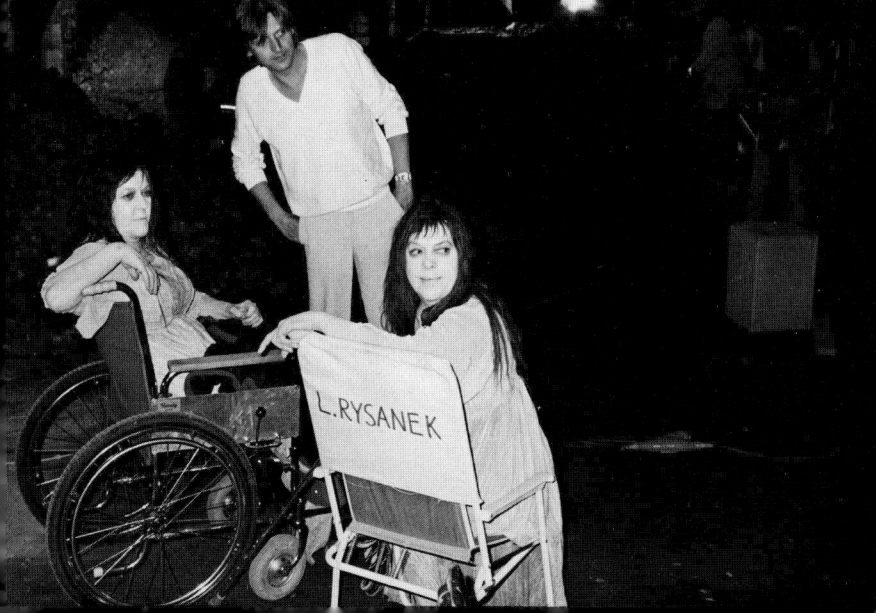

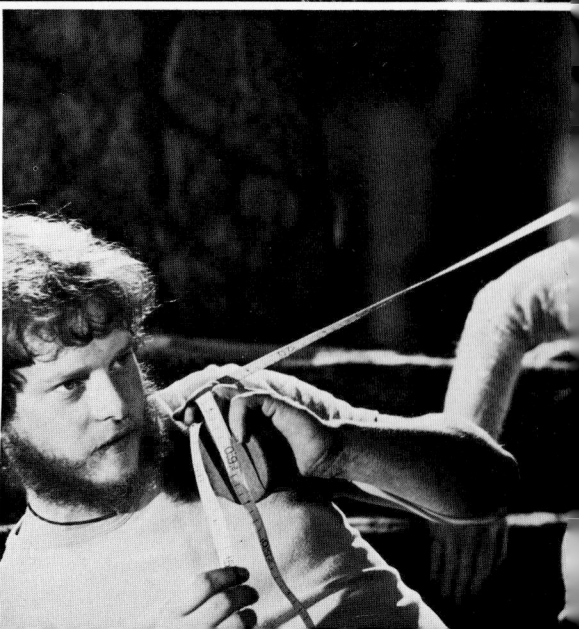

Und schließlich muß ja auch der Regisseur Götz Friedrich mit seinen Hauptdarstellern das Konzept an Ort und Stelle erarbeiten; hier mit Klytämnestra Astrid Varnay.

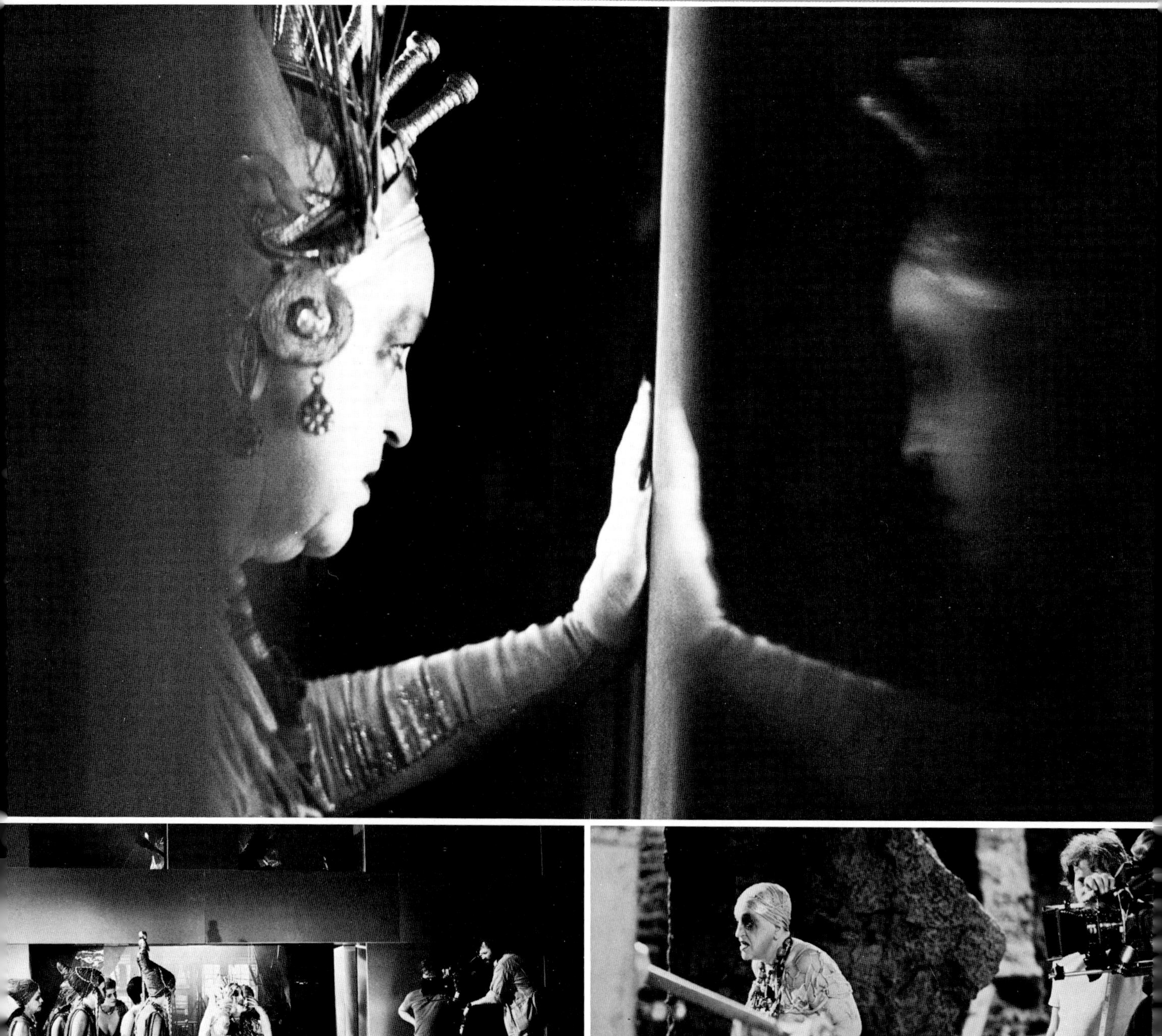
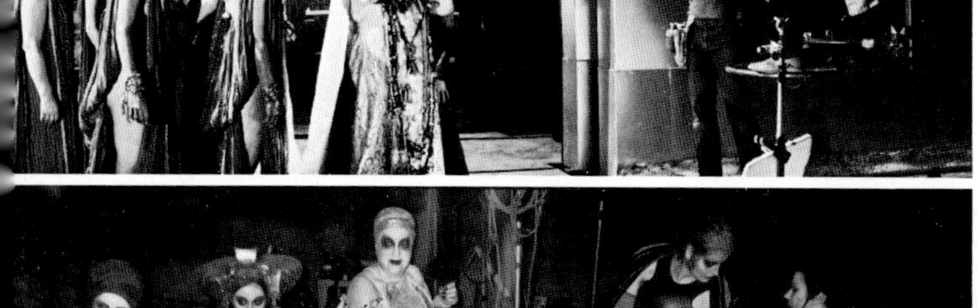
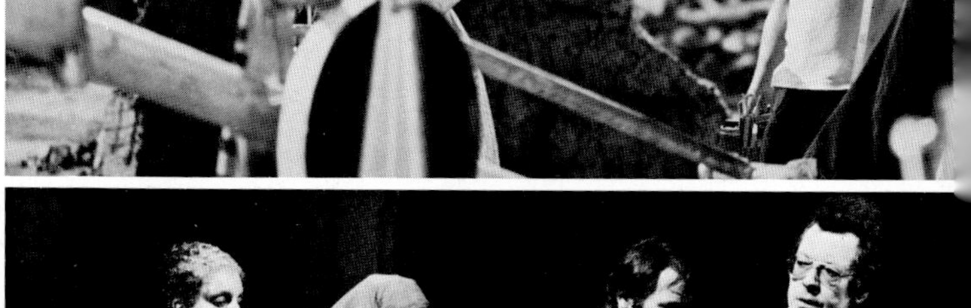
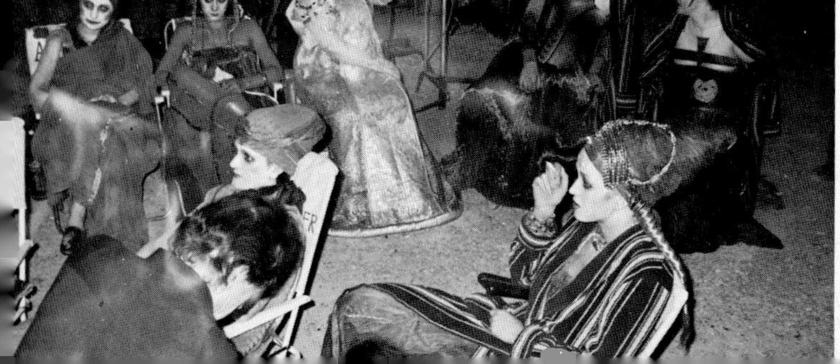
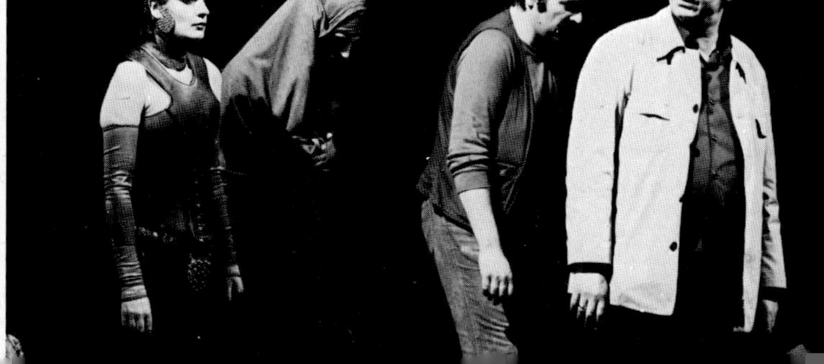

Während für den Kameramann der gewünschte Effekt erzielt wird, wachen hinter den „Kulissen" Feuerwehrleute mit Schläuchen in den Händen.

138 Die rituelle Schlachtung eines Widders, die Klytämnestra vollziehen läßt, um ihre Alpträume zu verscheuchen, ist erst recht eine Herausforderung für das gesamte Filmteam.

Ein uninformierter Beobachter hätte meinen können, er sei Augenzeuge einer Neuauflage von Fellinis „Satyricon". Doch man erlebte nur die konsequente Ausnützung jener Möglichkeiten, die einzig der Film bietet – auch für „Elektra" von Hugo von Hofmannsthal und Richard Strauss.

140 Regieanweisung im Drehbuch von Götz Friedrich: „Die Farbstimmung des Filmes ist vorwiegend monochrom. Rot ist dem Blut vorbehalten – als Schuld, Alptraum und Rache."

Aus der Konzeption: „Der Eindruck soll entstehen, als lieferten wir einen leicht getönten Schwarz-Weiß-Film, in den das Blut rot hineinkopiert wurde." – Viele der farbigen Standfotos ab Seite 40 zeigen die erreichte optische Wirkung.

142   *Die Erkennungsszene zwischen Elektra und Orest spielt wieder im Labyrinth. Dietrich Fischer-Dieskau tritt zunächst mit geschlossenem Visier auf und Leonie Rysanek glaubt im ersten Moment, dem Schatten ihres toten Vaters neuerlich zu begegnen.*

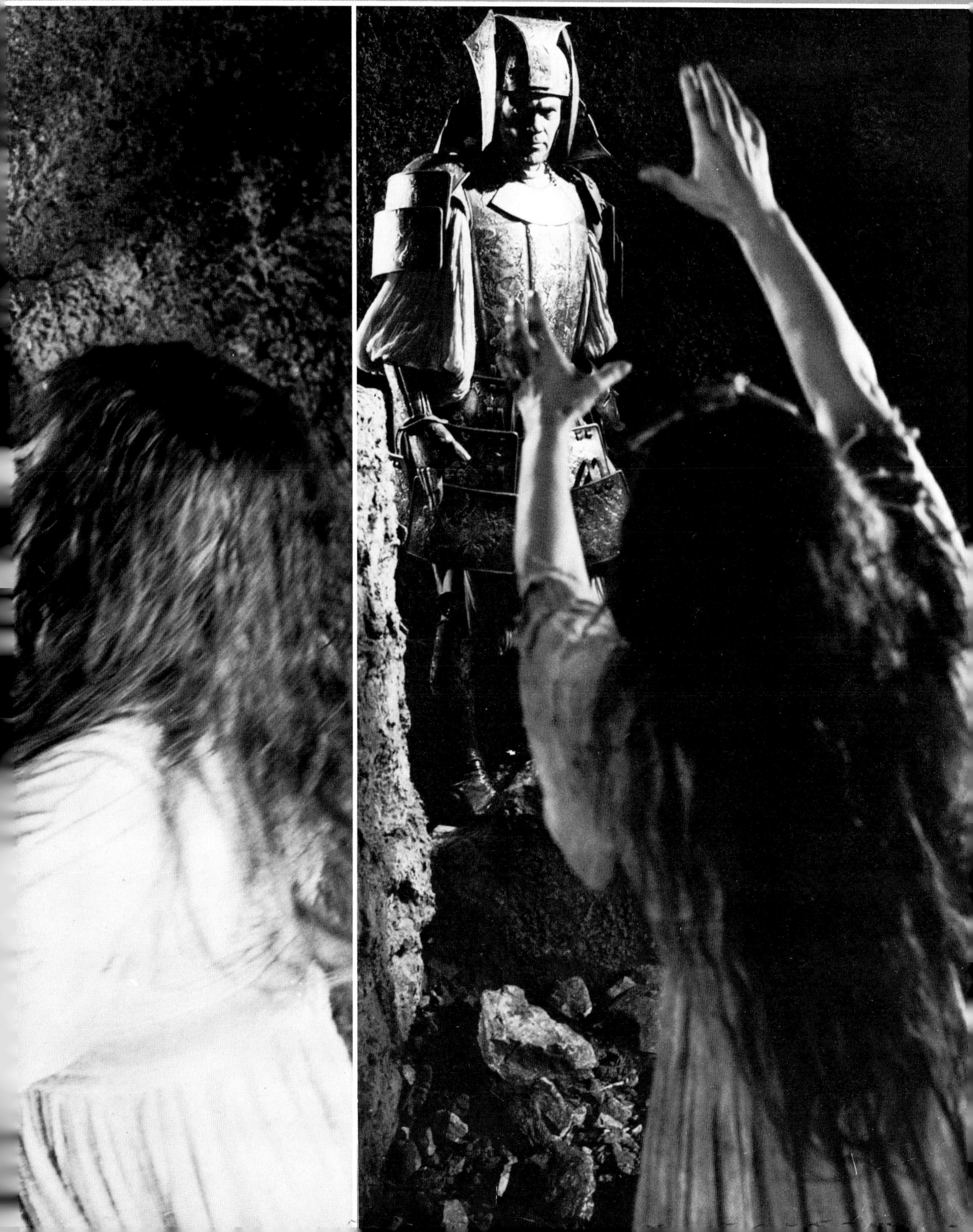

144 Das Warten auf den „Muttermord": Vorsorglich hat Elektra das Beil ausgegraben. – Um die Unbequemlichkeit der Ritter-Rüstung zu mildern, wird der Einzug Orests und später Ägisths in den Königspalast – begleitet wiederum von Fackelträgerinnen ·· im Bademantel geprobt.

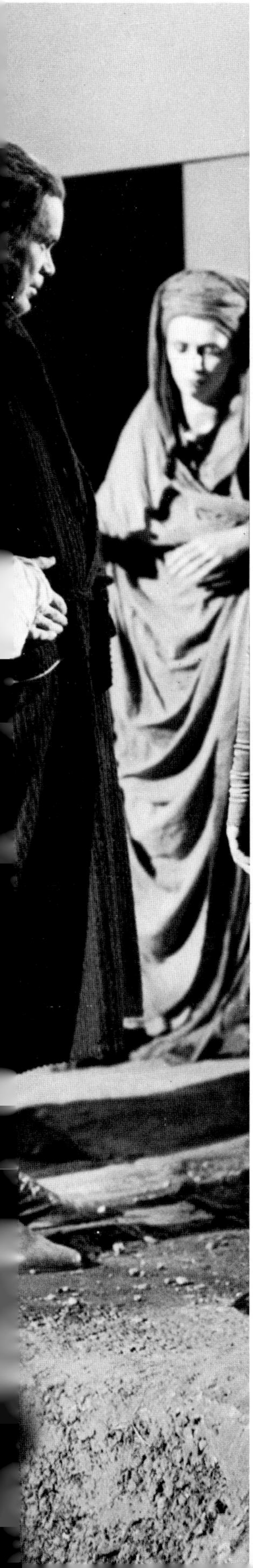

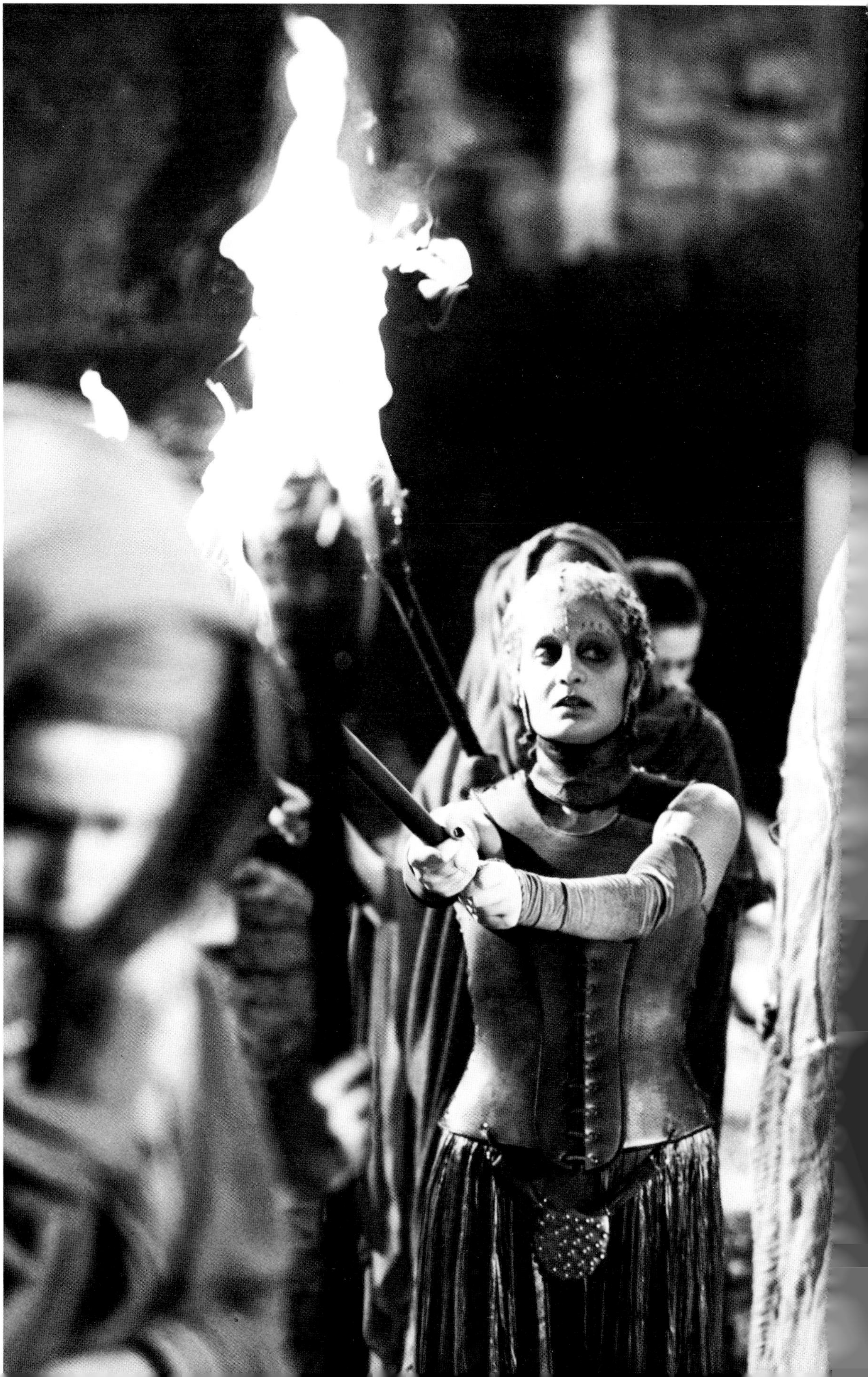

146 Götz Friedrich hat für seine Elektra-Verfilmung ein Ensemble zur Verfügung, bei dem auch die kleinsten Rollen mit ganz Großen der Bühne besetzt sind, die in Wien, Dresden oder München entscheidend zum weltweiten Ruf dieser Opernhäuser beitrugen.

Neben Hans Beirer als Ägisth oder Josef Greindl als Aufseher ist etwa für die Einsatz-Partie des alten Dieners Kurt Böhme engagiert. Sie alle hatten dem Dirigenten Karl Böhm jahrzehntelang die künstlerische Treue bewahrt.

148 *Rache ohne Erlösung: Orest mordet Ägisth und Klytämnestra, um den Mord am Vater zu rächen. Unrecht zeugt neues Unrecht.*

Der Fluch des Atreus hat nichts von seiner grauenhaften Wirkung verloren – und der Elektra-Stoff ist ein „aktueller Mythos" geblieben.

150   *Immer wieder heißt es für das Kamera-Team: hinauf in schwindelnde Höhen mit dem Kamerakran, um die Weite der einstigen Fabrikshalle ins Bild zu bekommen.*

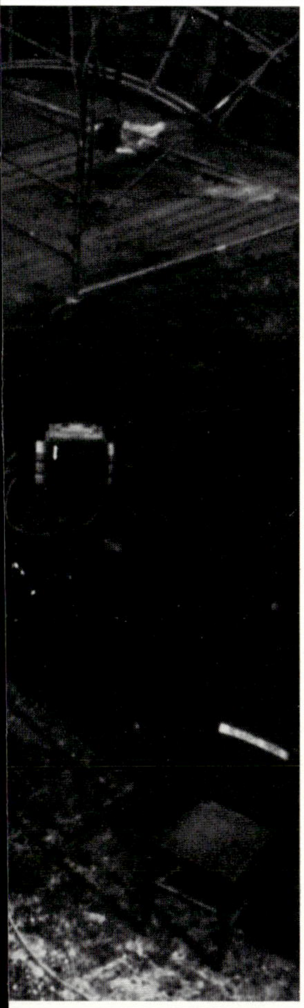
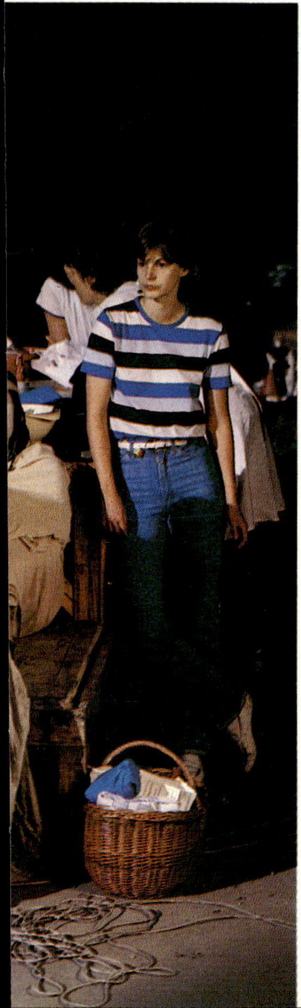
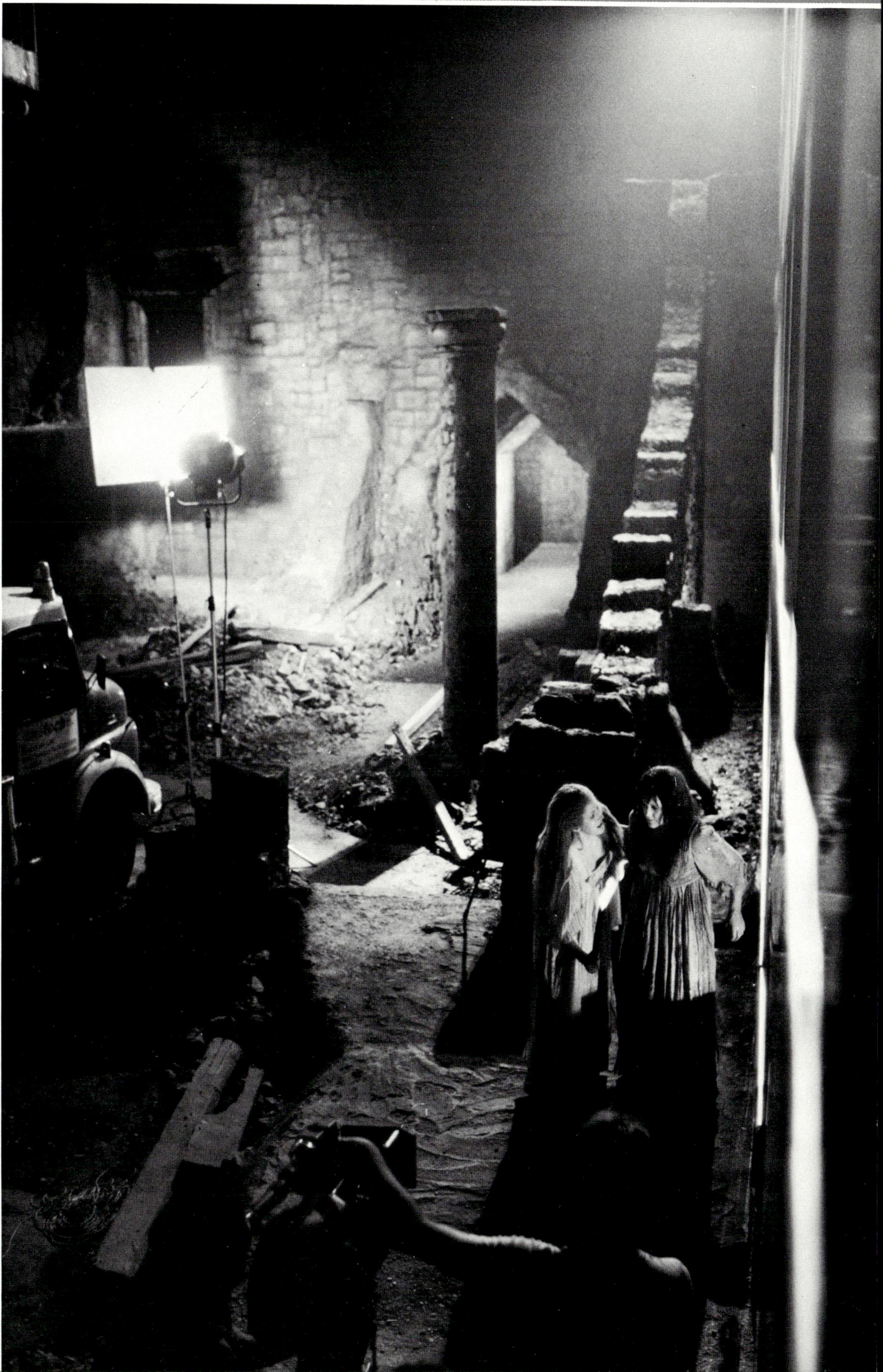

152   *Trotz Mord und Blutrache, Ruinen und Sintflut – die Stimmung in „Neu-Mykene" am Stadtrand von Wien bleibt prächtig. Und immer wieder gibt es etwas zum Lachen. Auch für den Kamera-Assistenten Nikolaus Starkmeth.*

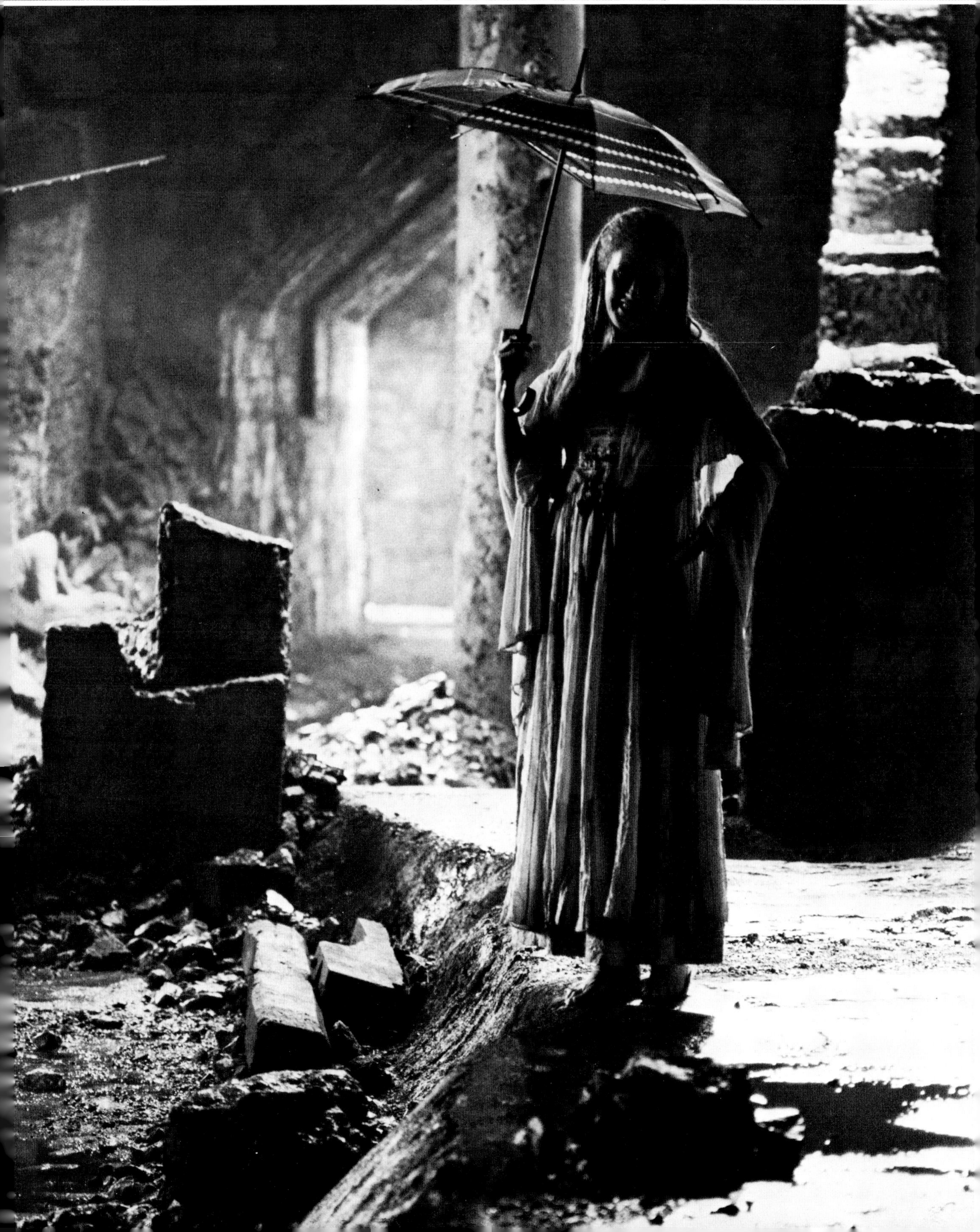

154 *Allmählich gehen die Dreharbeiten ihrem Ende entgegen. Am Schneidetisch werden erste Rohschnitte hergestellt. Die eigentliche gestalterische Arbeit, das Korrigieren beim Zusammenspiel von Szenen und Musik, wird erst nach Drehschluß beginnen.*

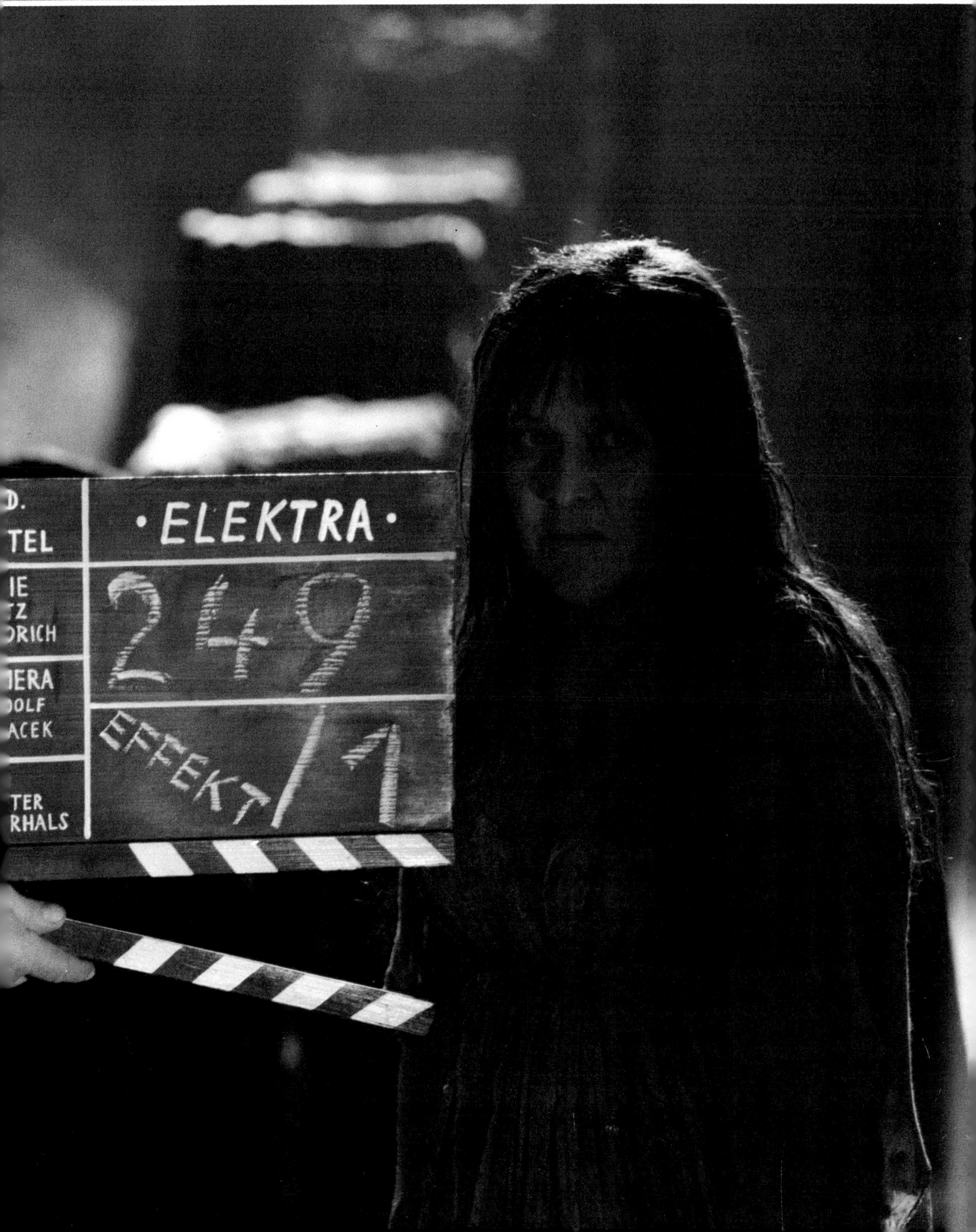

·ELEKTRA·
249
EFFEKT/1

156 *Für den Schluß der Oper bietet Götz Friedrich noch einmal alles auf: der ekstatische Todestanz von Elektra endet in Blut-Regen.*

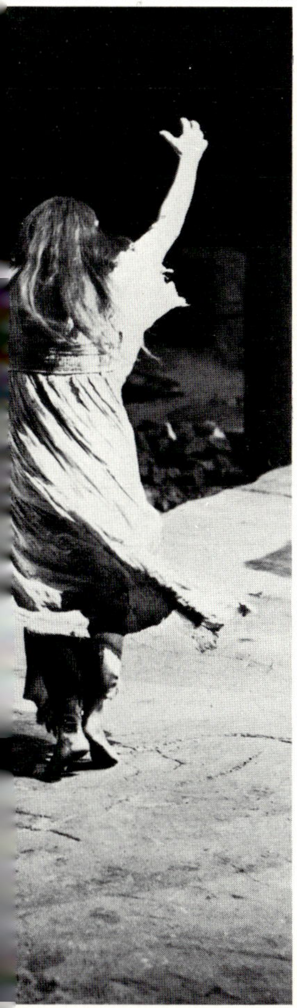
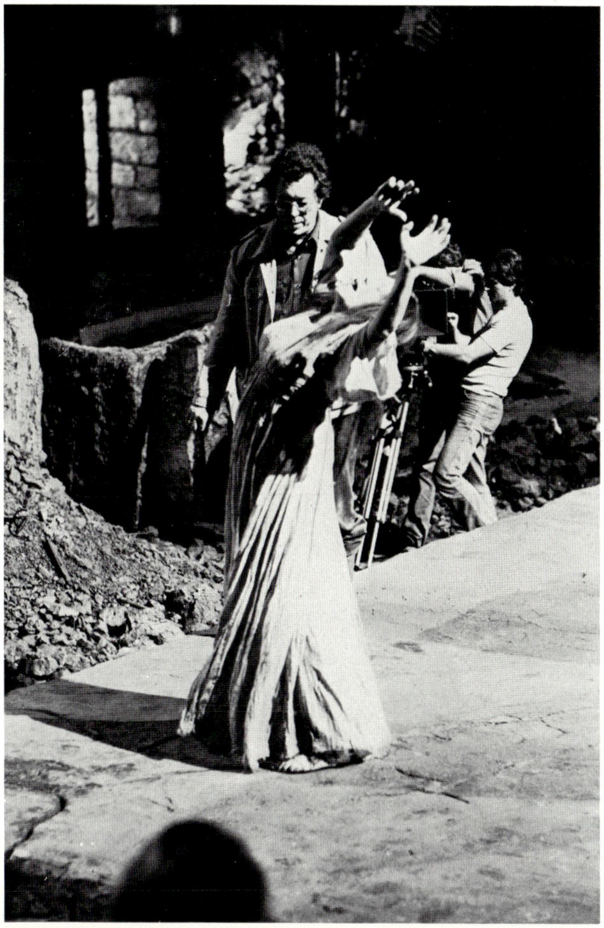
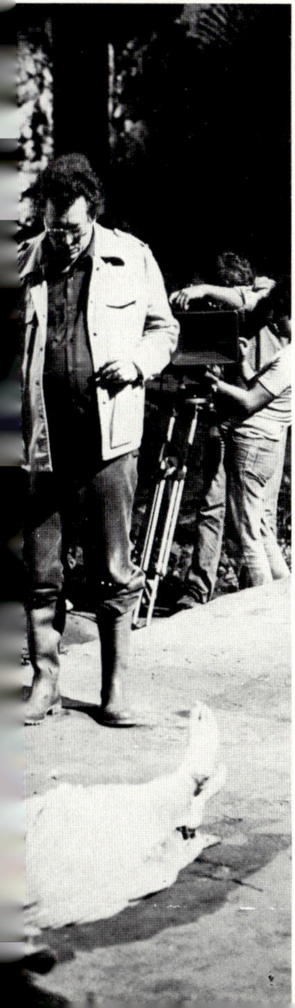
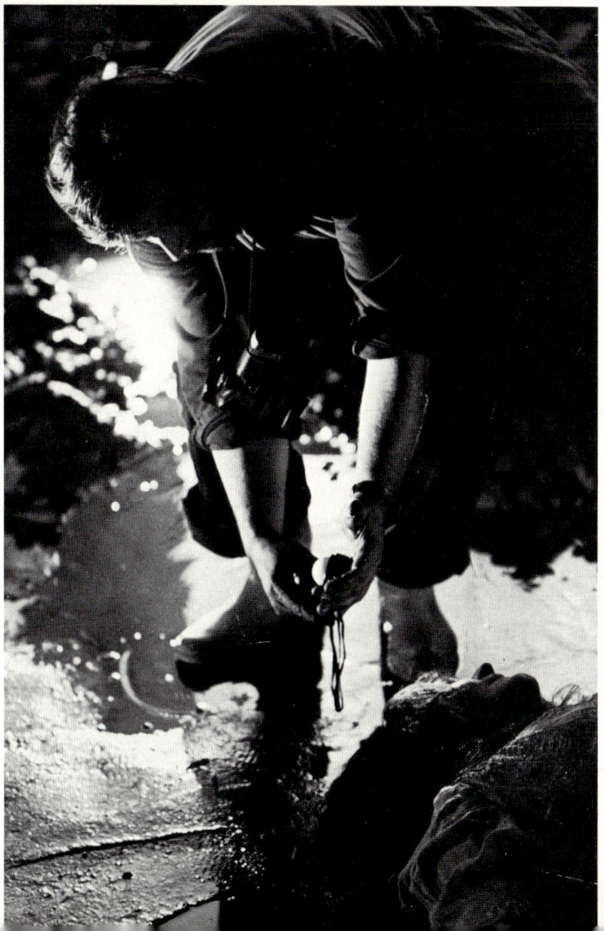
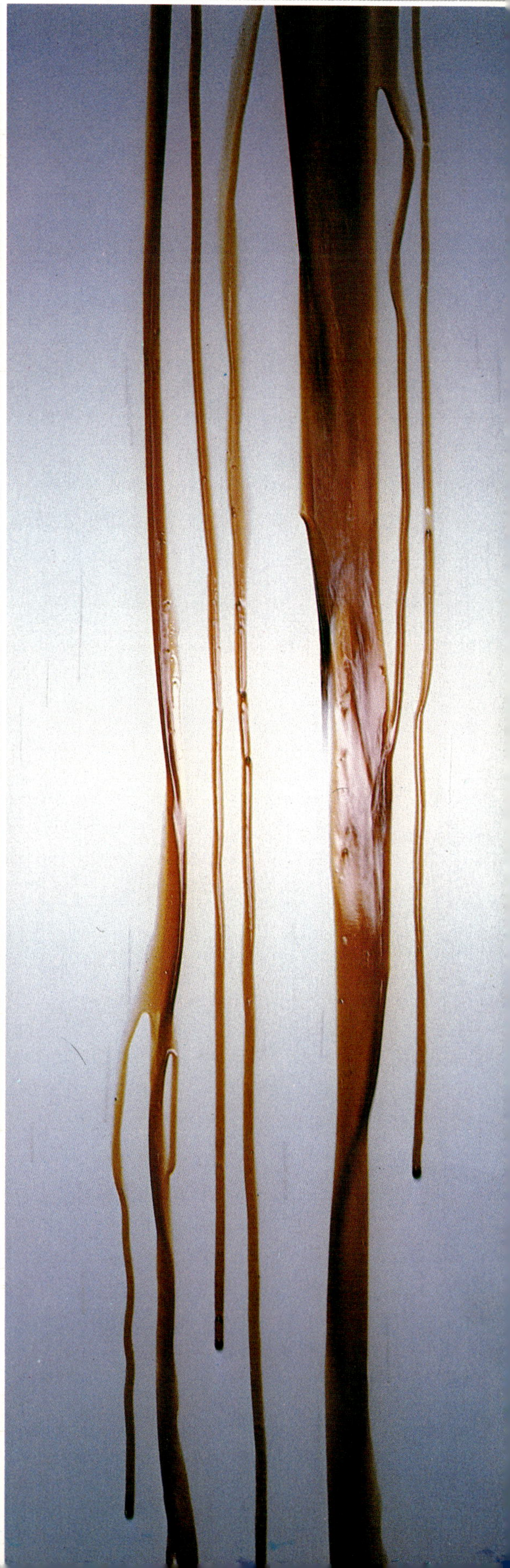

158 *Und wie am Anfang heißt es warten, bis alle Spezialeffekte gleichzeitig funktionieren. Der Regen muß ganz allmählich einsetzen. Von den Wänden des Palastes quillt das Blut und die Fenster der neuen Burg schließen sich: Orest flieht vor Elektra und Chrysothemis...*

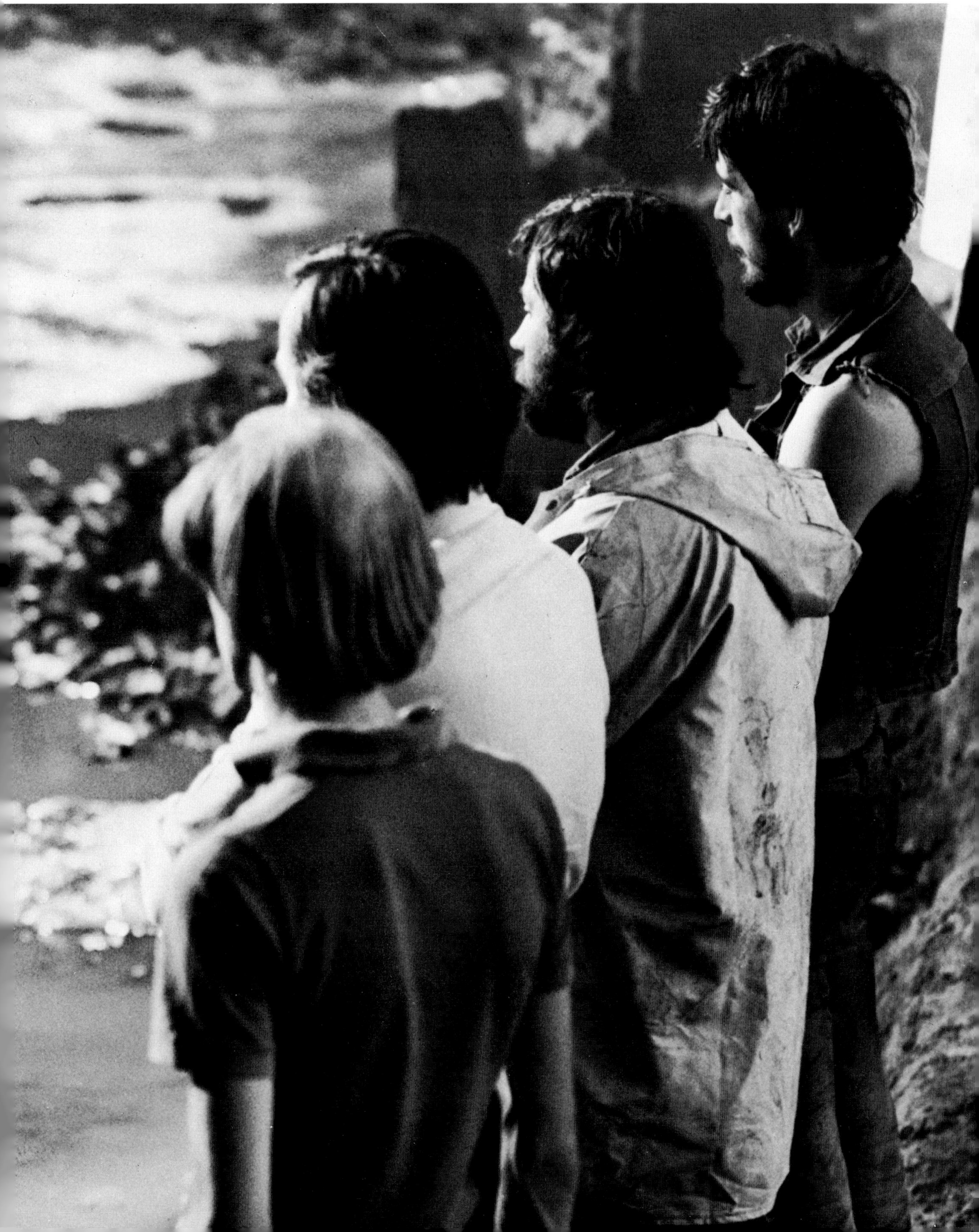

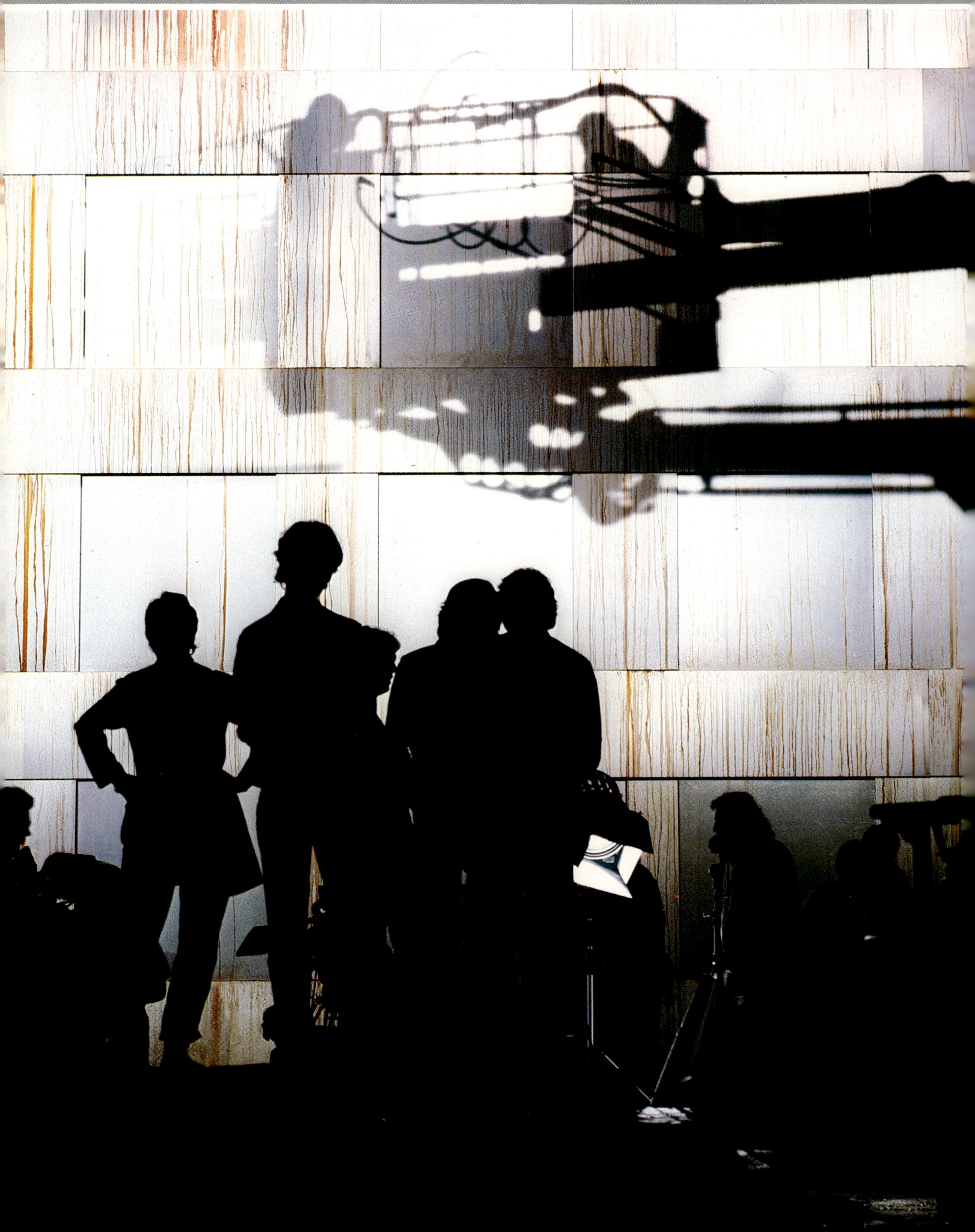

Zum letzten Mal werden Kostüme und Perücke weggetragen. Doch der Film macht es möglich: Elektra wird zu neuem Leben erweckt – und Karl Böhms Vermächtnis hat eine spektakuläre optische Umsetzung gefunden.

KARL BÖHMS VERMÄCHTNIS

Im Medienzeitalter gehört es vielleicht zu den gewohnten Vorkommnissen, für den Werdegang eines „reproduzierenden" Künstlers vom Rang eines Karl Böhm ist es jedoch keineswegs selbstverständlich: daß eines der Hauptwerke mehr als ein Jahr nach dem Tod uraufgeführt wird. Was sonst Komponisten oder Dramatikern vorbehalten bleibt – daß man voll Spannung auf das OPUS POSTUMUM wartet – dieses seltsame Gefühl aus Wehmut und Neugier, hoher Erwartung und ehrfürchtigem Staunen wird viele überkommen, die ELEKTRA in der UNITEL-Filmversion kennenlernen; sei es vor dem Fernsehschirm oder im Kino, von der Videokassette oder als Teil einer Opernfilmwoche. Und wie sehr sich der große, alte Mann der Dirigenten – der vor allem als Mozart- und als Richard-Strauss-Interpret unbestritten konkurrenzlos war – mit dieser Einspielung des gewaltigen Werkes ein unvergleichliches Monument geschaffen hat, das wurde schon allen jenen wenigen klar, die das Glück hatten, bei den Tonaufnahmen in den Wiener Sophiensälen mit dabei sein zu dürfen. Und das waren immerhin Zaungäste vom künstlerischen Kaliber eines Zubin Mehta, eines Kurt Herbert Adler, der damals gerade noch Direktor der Oper in San Francisco war, oder des Schauspieler-Sohnes Karlheinz Böhm. Dabei hatte es im Frühjahr 1981 noch recht besorgniserregende Meldungen über einen schweren Rückschlag im gesundheitlichen Gesamtzustand Karl Böhms gegeben und wenige Wochen vor den terminierten Aufnahmen hatte der fast 87jährige Maestro seine Konzert- und Bühnenauftritte en bloc für die nächste Zeit abgesagt. Und fast schien es so, als hätten sich die Verhandlungen für diese Elektra zu lange hingezogen. Immerhin hatte es bereits bald nach der denkwürdigen letzten Vorstellung dieses Werkes im Herodes Atticus in Athen im September 1977 erste Verhandlungen über eine Filmversion der Elektra gegeben! – Karl Böhm und Leonie Rysanek waren sich bei einem Gastspiel der Wiener Staatsoper in Washington 1979 endgültig einig geworden. Vor der Silhouette des Kapitols in Washington ging „er" gemeinsam mit seiner Frau Thea und Leonie Rysanek spazieren und erzählte ihr von seinem Lebenswunsch, einmal Elektra weniger heroinenhaft zu hören, sondern mit jener Sensibilität der Darstellung und Leuchtkraft in der hohen Stimmlage, die als „Markenzeichen" der Rysanek seit nunmehr fast dreißig Opernjahren gilt. Sie hatte mit ihm an allen großen Opernhäusern der Welt zusammengearbeitet und zählte zu seinen Lieblingssängerinnen. Auf seinen Rat hin hatte sie bis jetzt auf hochdramatische Rollen verzichtet, obwohl sie hin und wieder damit geliebäugelt hat. Böhm zweifelte, ob sie sich die Leichtigkeit für die Kaiserin – war sie doch in seinem „Frau ohne Schatten"-Team ein unersetzlicher Glanzpunkt –, für Ariadne, Chrysothemis würde erhalten können. Nun kam er selbst mit der Idee. Hatte er die „Salome" im Ohr, die sinnlichere Schwester der Elektra, mit der sie tags zuvor das Publikum hingerissen hatte und mit der sie beide viele herrliche Abende verbanden?

Die in Wien geborene Sopranistin sagte ja. Und so stieg sie von der jugendlich-dramatischen Chrysothemis auf die hochdramatische Elektra um. Die Chance, die Kräfte auf mehrere Tage verteilen zu können, reizte zu dem Abenteuer, diese mörderische Rolle – wenn auch nur für Böhm und nur für diesen einen Film – zu lernen. Und nun begannen eilige Verhandlungen, den Doyen der Dirigentengilde, die in aller Welt engagierte Sopranistin, den vielbeschäftigten Opernintendanten Götz Friedrich und die total ausgebuchten Wiener Philharmoniker unter einen Hut zu bringen. Der früheste Zeitpunkt war Frühjahr 1981 – und auch nur deshalb, weil durch einen MET-Streik in New York vertragliche Bindungen frei wurden. Es war aber schon wirklich höchste Zeit geworden. Ab diesem Zeitpunkt hatte sich Karl Böhm nur mehr zwei große Aufgaben vorgenommen: eine Japan-Reise mit der Wiener Staatsoper im Herbst 1980 (Karl Böhm dirigierte Figaro und Leonie Rysanek sang die Salome) und die UNITEL-Elektra.

Bis zur Fernosttournee, die zu einem der triumphalsten Gastspiele der Wiener Staatsoper wurde, konnte Karl Böhm sein unvorstellbares Programmpensum im großen und gan-

zen absolvieren. Dann begannen immer häufigere Absagen. Im März 1981 war er nochmals am Pult der Wiener Philharmoniker in der Staatsoper; mit einem Figaro sollte er sich von seinem Wiener Publikum verabschieden. Doch ahnte damals noch niemand, daß es seine Abschiedsvorstellung war. Ende März, Anfang April waren die Elektra-Tonaufnahmen angesetzt. Und allen gegenteiligen Befürchtungen zum Trotz: Ende März strafte ein blendend gelaunter Karl Böhm alle Pessimisten Lügen. Schon die ersten Klavierproben mit seiner Wunsch-Elektra Leonie Rysanek, mit der er mehr als 200 Mal von San Francisco bis Hamburg, von Neapel bis New York, von Wien bis Paris musiziert hatte, versetzte den fragilen, alten Mann in Entzücken. „So hat das noch niemand gesungen", lobte er seine neue Elektra, die tatsächlich die schwierigen Ausbrüche der rachefixierten Agamemnontochter mit jenem Belcanto-Schmelz verbindet, über den die meisten Interpretinnen der im Grunde mörderischen Strauss-Partie nicht verfügen. „Ich könnte deshalb diese Partie auch nie auf der Bühne so souverän gestalten", wehrte denn auch die von Karl Böhm so überschwenglich gelobte Sängerin alle Angebote ab, die Elektra doch in einem Opernhaus zu realisieren.

Neben der Wiener Sopranistin war ein Welt-Ensemble ohnegleichen engagiert worden: Astrid Varnay, die einzigartige Singschauspielerin und einstige Elektra als Klytämnestra, Catarina Ligendza, die bekannte Isolde der Gegenwart, als Chrysothemis. Dazu Dietrich Fischer-Dieskau als Orest, Hans Beirer als Ägisth, sowie die Prominent-Veteranen Kurt Böhme und Josef Greindl für die Rollen des alten Dieners und des Aufsehers von Orest. Sogar für die Mägde sowie die Einsatz-Rollen der Vertrauten und der Schleppträgerin gab es erste Kräfte. Das Londoner Decca-Team stand für die Tonaufnahmen bereit.

Die gelöste und enthusiasmierte Stimmung dauerte bis zum 4. April an. An diesem Samstag war ein Film-Team mit dabei, das für eine Begleit-TV-Dokumentation Aufnahmen auf Zelluloid bannte. Mehr als drei Viertel der Elektra waren bereits eingespielt, eine Gratulantenschar – an der Spitze Bundestheaterchef Robert Jungbluth – umschwärmte den glückstrahlenden Altmeister Karl Böhm, die Filmleute begleiteten ihn noch in sein Wohnhaus in Grinzing, alles schien gelaufen. Aber noch vor Beginn der Aufnahmen am darauffolgenden Montag ereilte Karl Böhm ein Schlaganfall. Man befürchtete das Schlimmste, doch noch einmal trotzte Karl Böhm seinem Schicksal. Er erschien noch zu zwei Orchestersitzungen und brachte die Musikeinspielungen zu Ende. Die allerletzten Takte dirigierte er just am 11. Juni – dem Geburtstag von Richard Strauss. Und die Widmung, die er seiner neuen Elektra unter ein Foto setzte (siehe Seite 181), spielt darauf an, daß er von Richard Strauss selbst zum „Stellvertreter auf Erden" eingesetzt worden war:

„Meiner schon immer geliebten ‚Frau'
und jetzt zur Spitze ihres Könnens gereiften
‚Elektra' mit innigstem Dank im Namen
von R. Strauss und seinem Stellvertreter auf Erden
in höchster Verehrung
Dein
Karl
11. 6. 81"

Der „Sachverwalter von Richard Strauss" hatte seit seinen Anfängen neben der Musik von Richard Wagner und Wolfgang Amadeus Mozart die Werke von Richard Strauss geschätzt, und der in seiner Vaterstadt Graz engagierte junge Kapellmeister hatte zum ersten Mal an den bayerischen Komponisten geschrieben, als er ihm seine Eindrücke und Erfahrungen mit der Alpensymphonie mitteilte. In engen künstlerischen, organisatorischen und auch privaten Kontakten war Karl Böhm zu Richard Strauss jedoch erst gekommen, als er nach Dresden ging – an jene Oper, in der die wichtigsten Uraufführungen von Strauss in Szene gegangen waren. Unter anderem die Elektra-Premiere. Von Dresden ab bis zum Tod von Strauss (1949) sollte diese Künstlerfreundschaft dauern, die durch zahllose Briefe und Fotos, Widmungen und Anekdoten bezeugt ist.

Jedenfalls erfüllt sich an diesem 11. Juni, dem Geburtstag von Richard Strauss, das musikalische Vermächtnis seines Stellvertreters auf Erden – Böhm gab kurze Zeit darauf bekannt, daß er nie mehr öffentlich auftreten werde. Sollte sich sein Zustand bessern, dann würde er nochmals zu Plattenaufnahmen aller Mozart-Symphonien bereit sein. Doch offenbar hingen an dieser Elektra die Lebensgeister des Karl Böhm. Und so überlebte er die Dreharbeiten nur um ganze zwei Wochen.

Zu den letzten Menschen, die ihn neben seiner Familie und seinem unermüdlichen Sekretär Jochen Sostmann noch besuchen durften, gehörte seine neue Elektra Leonie Rysanek mit ihrem Mann Ernst Ludwig Gausmann. Sie hat ihre Erinnerungen an Karl Böhm, ihren letzten Besuch, ihre erste Bekanntschaft und ihre zahlreichen privaten und künstlerischen Erfahrungen schriftlich niedergelegt. In ihren Böhm-Erinnerungen heißt es unter anderem:
»Genau eine Woche vor seinem Tode sah und sprach ich Karl Böhm zum letzten Mal und er tat mir den Gefallen, noch etwas mit mir gemeinsam zu essen: das Schlucken fiel ihm schon schwer. Der große alte Mann rang nach Worten und seine Augen leuchteten, wenn er „unsere Elektra" sagte; vor Glück liefen Tränen über seine eingefallenen Wangen. Man sah die körperliche Schwäche, aber spürte zugleich noch die Präsenz des Geistes und ein unbändiges Aufbäumen seines starken Willens. Ich wußte, daß ich ihn nie mehr wiedersehen würde und nahm Abschied von ihm, dem väterlichen Freund. Ich fühlte mich um vieles ärmer geworden. Karl Böhm ist nicht nur mein künstlerischer Vater gewesen, er war vor allem ein Freund, der mir immer mit seinem kompetenten persönlichen Rat zur Seite stand. Er hat mich geführt, mich vor – für meine Stimme – falschen Rollen bewahrt und über meine musikalische Entwicklung gewacht.
Zum ersten Mal begegnete ich Karl Böhm 1954 in Rom, wo ich unter seiner Leitung eine meiner Schicksalsrollen sang: die Senta in Wagners „Der Fliegende Holländer". Am Tag nach der Premiere bestellte er mich zu sich. Auf dem Weg durch die Ruinen des antiken Rom verlief ich mich und kam eine halbe Stunde zu spät. Ich, die ich als Pünktlichkeitsfanatikerin bekannt bin. „So wird das nichts aus uns", sagte der gerade wieder neu ernannte Wiener Staatsoperndirektor und engagierte mich dennoch für seine erste Saison in meine Heimatstadt. Viel später zeigte er mir seine Tagebuchaufzeichnung von dieser Premiere: „Rysanek, herrliche Stimme!"
Seit dieser Zeit arbeiteten wir an allen großen Opernhäusern der Welt zusammen und manchmal sagte er nicht ohne Bitterkeit zu mir: „Als wir beide uns entschlossen, Wien zu verlassen, stießen wir für uns das Tor zur Weltkarriere auf."

In der Eröffnungswoche der wiederaufgebauten Wiener Staatsoper 1955 hieß die zweite Premiere „Die Frau ohne Schatten", die im gleichen Hause, am 10. Oktober 1919, einst uraufgeführte Oper von Richard Strauss. Karl Böhm dirigierte und ich war zum ersten Mal seine Kaiserin, die ich bis zuletzt blieb. Für den dann folgenden Triumphzug dieser Oper in der ganzen Welt ist er allein verantwortlich: Wien, New York, Berlin, Paris, Salzburg, San Francisco und die Schallplattenaufnahme der Wiener Premiere von 1955 mit Goltz, Höngen, Hopf und Schöffler. Inzwischen gibt es von Böhms letzter „Frau"-Besetzung von Wien eine Piraten-Aufnahme mit Nilsson, Rysanek, King, Berry und Hesse – ein Zeugnis seines Anspruchs an ein erstklassiges Sängerensemble. Unvergeßlich war der Erfolg der „Frau ohne Schatten" in der Nat-Merrill-O'Hearn-Inszenierung anläßlich der Eröffnungswoche der Metropolitan Opera im neuerbauten Lincoln Center (New York 1966). Rudolf Bing, der große Generalmanager der MET, ließ sich damals nur schwer von Karl Böhm und mir überzeugen, diese Strauss-Oper an seinem neuen Haus zur Erstaufführung zu bringen. Er wurde von dem Triumph der Produktion so über-

Karl Böhm mit „seinen" Wiener Philharmonikern bei den Musikaufnahmen zur UNITEL-Elektra im Frühjahr 1981; es wurde die letzte Arbeit des großen österreichischen Dirigenten. Schon von schwerer Krankheit gezeichnet, verabschiedete er sich im Sophiensaal in Wien am 11. Juni 1981 – dem Geburtstag von Richard Strauss – von den Musikern seines Lieblingsorchesters.

rascht, daß er mehrere Jahre mit der Wiederaufnahme warten mußte, weil er versäumt hatte, Böhm und „sein" Ensemble dieser Märchen-Oper für die folgende Saison gemeinsam zu engagieren.

Ebenso unvergessen bleibt die französische Erstaufführung dieser Oper im Oktober 1972 an der Grand Opéra in Paris. Wir alle waren uns des Erfolges absolut nicht sicher und es gab viele Probleme: die technisch schwierig realisierbaren, traumhaft schönen Bühnenbilder von Jörg Zimmermann mit den zahlreichen Verwandlungen; das Verständnis um das beglückende Regie-Konzept von Nikolaus Lehnhoff bei unseren großartigen nur französisch sprechenden Kollegen in den kleineren Partien; nicht zuletzt die musikalisch sehr schwierige Partitur für ein im Strauss-Klangbild nicht verwurzeltes Orchester. Ich erinnere mich, wie intensiv Böhm probte und wie er außer Fassung geriet, wenn die gewerkschaftlich verlangte Pause mitten in einer schwierigen Passage die Probe unterbrach. (Eine ähnliche Situation hätte bei der Arbeit an der gleichen Lehnhoff–Zimmermann–Produktion in San Francisco 1976 beinahe zu Böhms Abreise geführt – aus der herrlichen Stadt, in die er auf mein Zureden nur dieses Mal an die Oper gekommen war, um auch hier seine „Frau" zu dirigieren.) Er war immer und überall ein hochgeschätzter, aber auch gefürchteter Dirigent, und zwar gleichermaßen bei Sängern, den Orchestermitgliedern und auch den Direktoren, kannte er doch in der Realisierung seiner musikalischen Maxime keine Kompromisse. Sein ganzes Denken und Arbeiten galt nur der Musik als Diener. Sicher ist das mit ein Grund seiner exemplarischen Aufführungen. Eine solche wurde die „Frau ohne Schatten" in Paris. Der Jubel des Publikums am Ende der Premiere übertraf alle Erwartungen und Hoffnungen und dröhnt mir noch heute im Ohr. Wir alle, mit mir Christa Ludwig, Ruth Hesse, James King, Walter Berry und nicht zuletzt Karl Böhm waren überglücklich. Als ich Böhm am nächsten Tag zum Mousse au chocolat im Café de la Paix traf, strahlte er, und er zeigte mir die Presse, wo zu lesen war, man müsse die „Frau ohne Schatten"-Besetzung in die Mauern des Palais Garnier meißeln, einer solch historischen Stunde hätte man am vergangenen Abend unter Leitung von Karl Böhm beigewohnt.

Fortgesetzt auf Seite 176

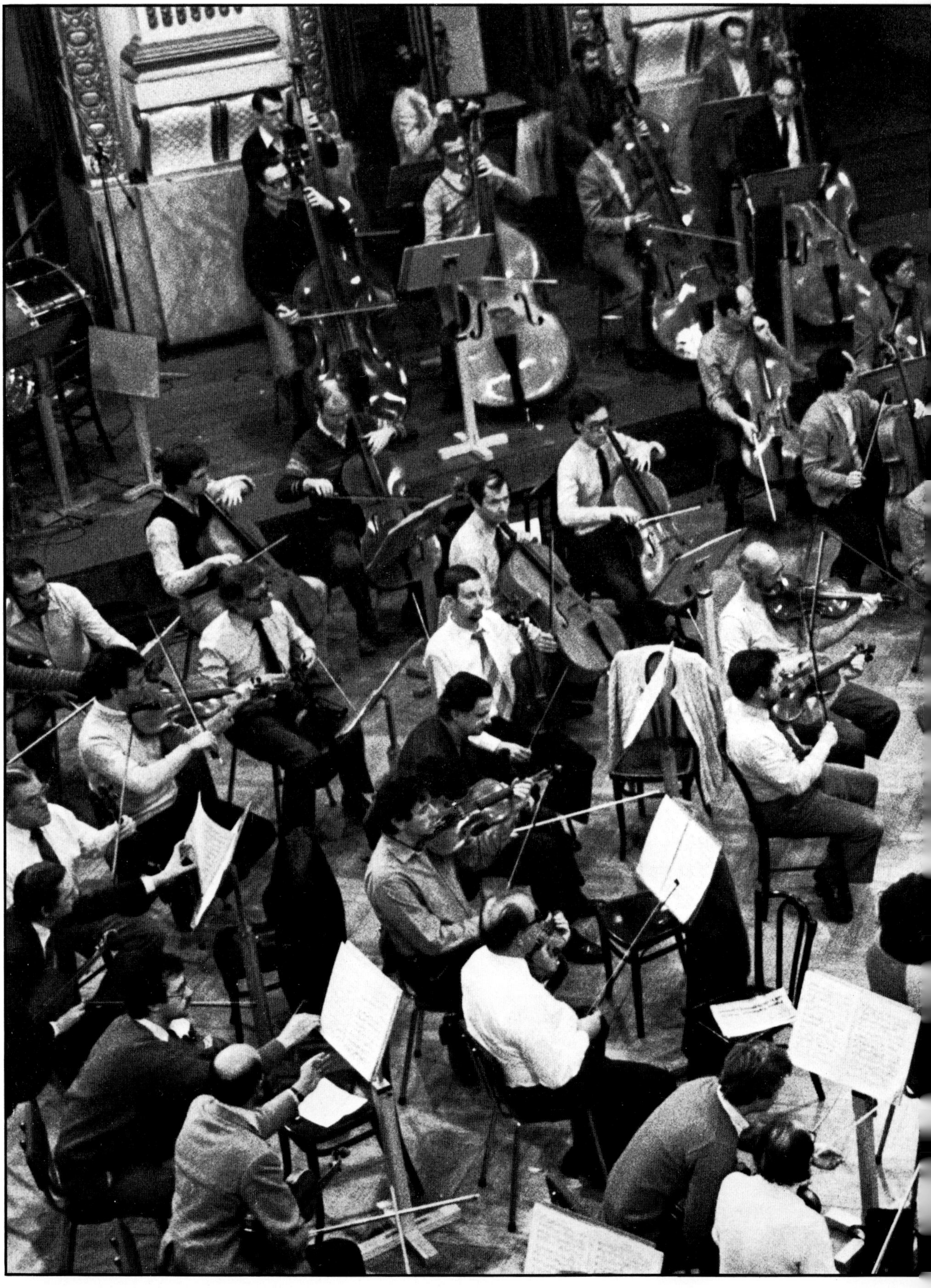

„Ich habe immer wieder an Sie, meine engen Freunde, gedacht, wie ich Sie das erste Mal gehört habe im Stehparterre des Musikvereins, und Sie vom ersten Tristan, den ich in der Oper dirigieren durfte, geliebt habe, wie man einen Menschen eben wirklich lieben kann. Überirdisch. Und ich wünsche mir – ich weiß nicht wann wir uns wiedersehen werden – ich wünsch' Ihnen von Herzen alles Gute, und bleiben Sie bei dieser philharmonischen Tradition . . . so, und jetzt bitt' ich Sie, mir den Schluß der Elektra zu machen. Wir müssen, bitte, beginnen 6 Takte vor 120 A . . ."

Schon während der Klavierproben zu dieser Elektra war das Interesse enorm. Schließlich hatte Karl Böhm seine langjährige Chrysothemis Leonie Rysanek zum Rollendebüt als Elektra überreden können. So war ein Filmteam unter der Leitung von Norbert Beilharz schon von Anfang dabei, als Karl Böhm und der Korrepetitor Konrad Leitner mit Leonie Rysanek und Catarina Ligendza im Probenzimmer arbeiteten.

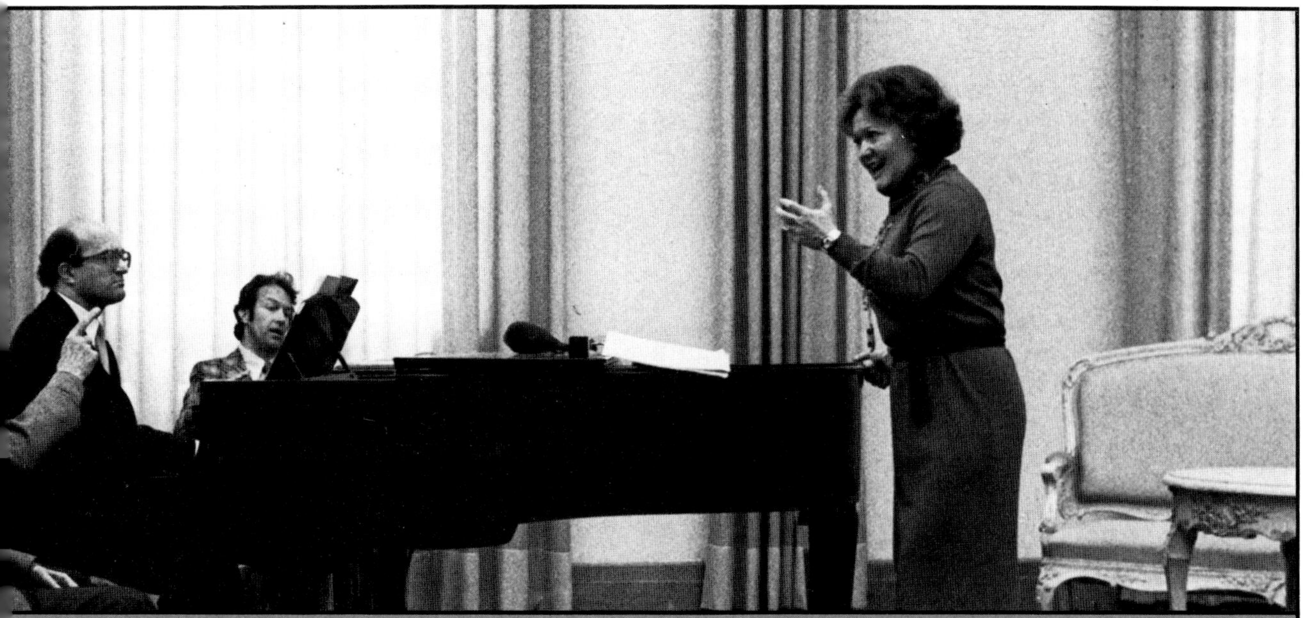
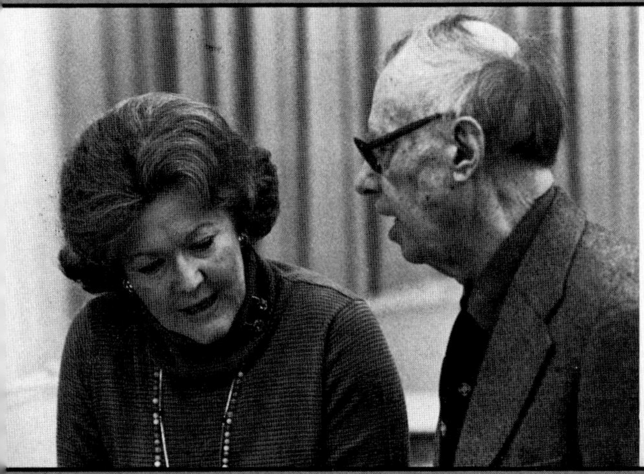
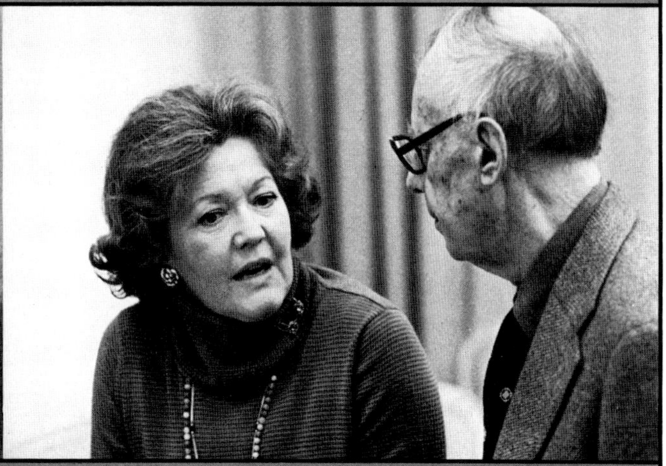
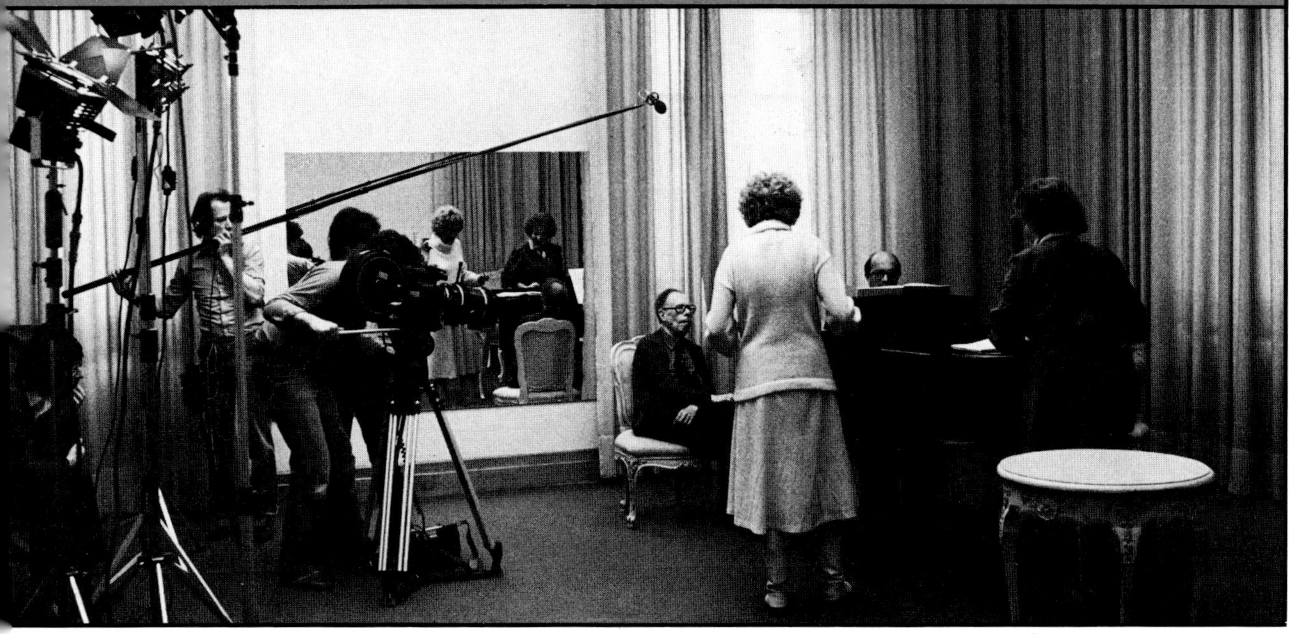

Bei den Aufnahmen selbst sind zwei Kollegen immer wieder zur Stelle, um mit Karl Böhm „Zwischenbilanz" zu ziehen: der langjährige DECCA-Toningenieur Christopher Raeburn sowie Ralph Hossfeld, der hinter dem Orchester zur Unterstützung der Sänger bereit steht, um exakte Einsätze zu übermitteln.

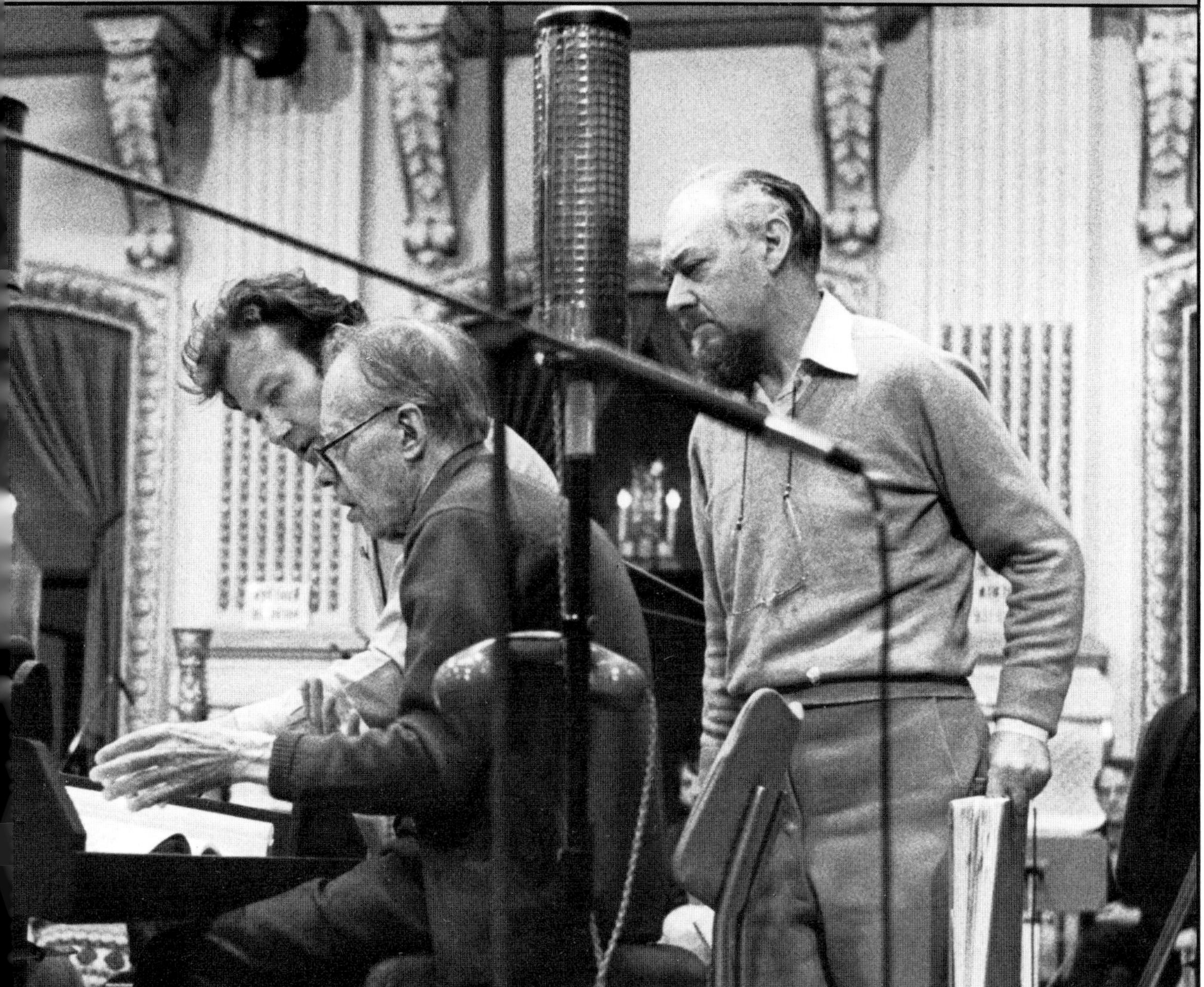

Bei den Aufnahmen im Sophiensaal – einem einstigen Wiener Ballsaal – gibt es prominente „Zaungäste": unter anderem konnte man Zubin Metha, den Dirigentenkollegen von Karl Böhm entdecken. Und Karlheinz Böhm, der populäre Schauspielersohn des Maestro's war regelmäßig anwesend.

173

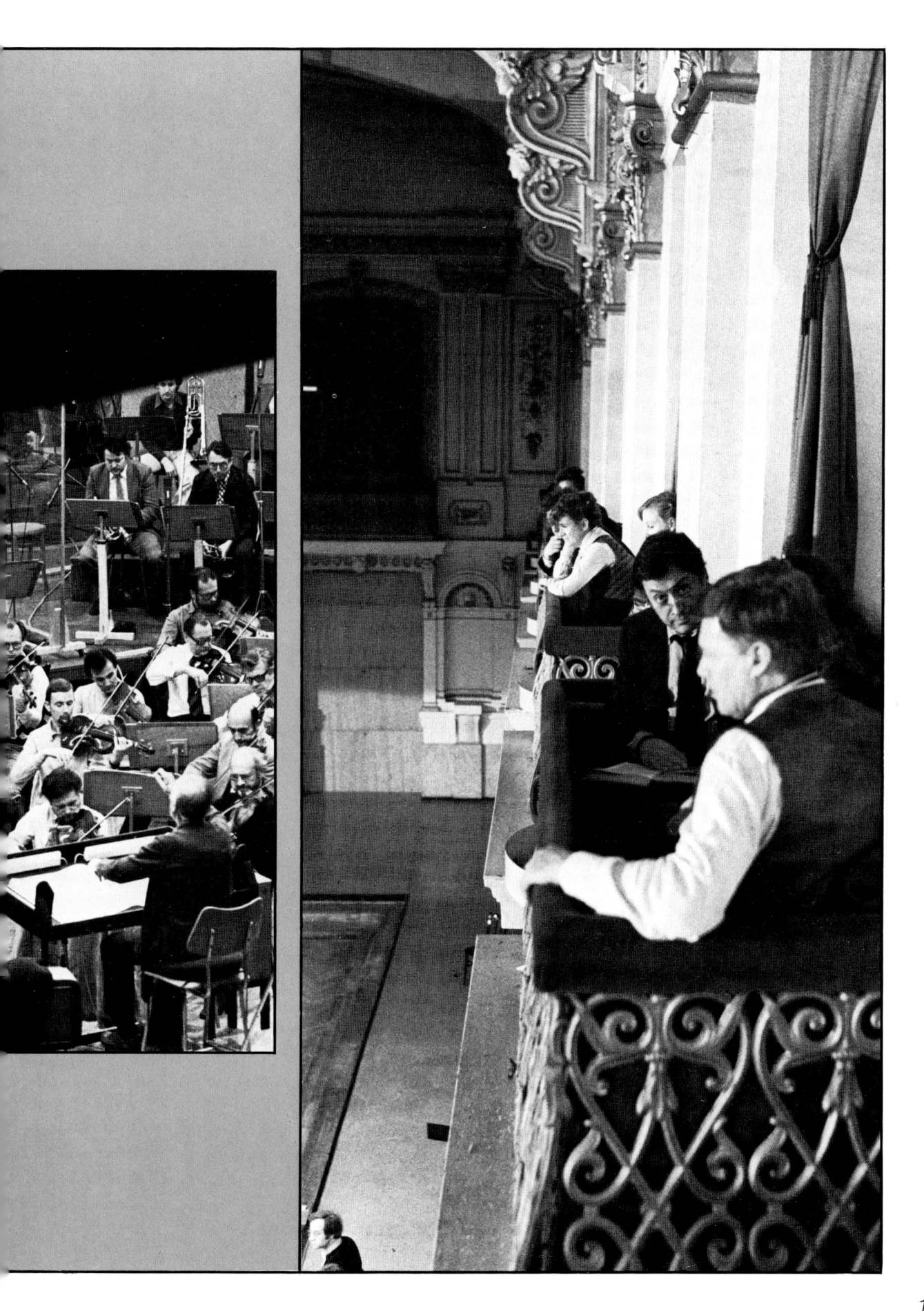

174

Auch der Direktor der San Francisco Opera, Kurt Herbert Adler sowie Österreichs Bundestheater-Generalsekretär Robert Jungbluth überzeugten sich schon bei den Aufnahmen von der außerordentlichen Qualität dieser letzten Böhm-Arbeit. Und selbstverständlich waren der Böhm-Manager Germinal Hilpert und der Böhm-Sekretär Jochen Sostmann nicht weit, wenn Leonie Rysanek ihrem Elektra-„Vater" ein Freudenküßchen gab.

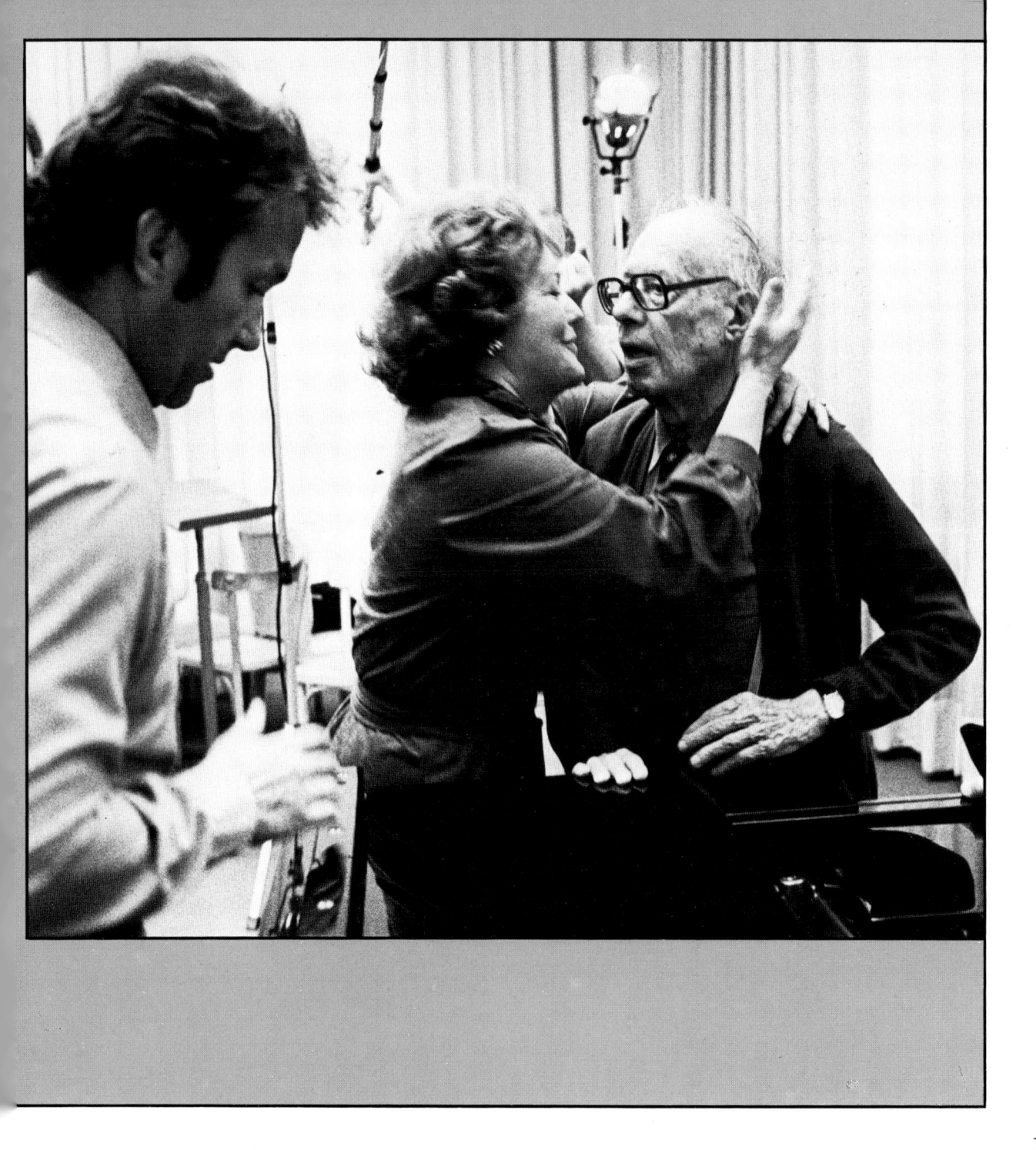

Die Stimmung bei den Elektra-Tonaufnahmen in Wien war von seltener Herzlichkeit geprägt.

Die österreichische Elektra, Leonie Rysanek, und die schwedische Chrysothemis Catarina Ligendza. Sie verstanden sich ebenso gut ...

Der Jubel um „Frau ohne Schatten", diese sicher sehr schwierige Strauss-Oper, wiederholte sich, wo immer Karl Böhm sie zur Aufführung brachte – so auch bei den Salzburger Festspielen 1974/75 in dem gefeierten Rennert/Schneider-Siemssen-Konzept.

Sprach Böhm von Inszenierungen, so kam er unverzüglich auf seine Arbeit mit Wieland Wagner zu sprechen. Beide schrieben gemeinsam Bayreuther Nachkriegsgeschichte: unvergeßlich „Tristan und Isolde", exemplarisch mit Birgit Nilsson und Wolfgang Windgassen, und natürlich Wielands letzte Arbeit, der „Ring" von 1965. Wohl niemand hatte zuvor Böhm diese glutvolle Wagner-Interpretation voller moderner Frische, echtem romantischen Gefühl und inspiriert von jugendlichem Schwung zugetraut. Auch hier schaffte er – gemeinsam mit Wieland Wagner – um sich „sein" Ring-Ensemble: Nilsson, Windgassen, Adam, Talvela, Mödl, Varnay, Stewart und als Wälsungenpaar James King und mich, – eine glückhaft berauschende Zusammenarbeit.

Böhm arbeitete in den Proben mit unerbittlicher Intensität, Widerspruch wagte keiner. Umso erschrockener war ich selbst, wie ich bei einer dieser Proben der „Walküre" aus der augenblicklichen Emotion heraus den inzwischen bekanntgewordenen Schrei tat, als James King das Schwert „aus der Esche Stamm" zog. Ängstlich sah ich, wie Karl Böhm und Wieland in der Pause nach dem 1. Akt auf der Bühne auf mich zugingen und dann aber erlösend sagten: „Der Schrei ist ungeheuer, der bleibt, wo können wir noch einen einbauen?" So kam es zum Schrei im zweiten Akt.

Böhm war offen für jeden natürlichen Ausdruck, wenn er musikalisch stimmte. Immer suchte er nach zeitgerechten, am Werk orientierten neuen Interpretationen – er kämpfte aber ebenso entschieden Zeit seines Lebens gegen werkfremde, experimentelle Gewaltakte, Interpretationen, mit denen Regisseure – ungeachtet der Musik – provozieren und nur auf sich aufmerksam machen wollten. Der Komponist, das Werk und die menschliche Stimme waren allein die Maxime für Böhms künstlerisches Schaffen. Und die von ihm geschätzten Regisseure wie Ebert, Schuh, Wieland Wagner, Schenk, Zeffirelli, Barlog, Everding, Götz Friedrich und zuletzt Dieter Dorn mußten sich oft seinen Vorstellungen vom Standort des Sängers auf der Bühne und der damit verbundenen optimalen stimmlichen Präsenz beugen.

So schrieb er in den letzten Jahrzehnten Operngeschichte und mit seinen Opern-Ensembles Sängergeschichte. Ich kenne kaum einen Dirigenten, der die menschliche Stimme so liebte wie er. Dabei war er ein gestrenger, unerbittlicher, völlig unsentimentaler Diener am Werk. Er haßte Larmoyanz und verhalf dennoch dem beglückenden, echten Gefühl immer zu seinem Recht, ob es nun klassische, romantische oder moderne Werke waren, die er interpretierte: Mozart wie Richard Strauss, Beethoven wie Alban Berg, Wagner wie Verdi. Er liebte den Applaus, den Jubel und – wenn er sich vorm Vorhang verbeugte – den Triumph seines Sänger-Ensembles. Ebenso aber verabscheute er jegliche Star-Allüren von Dirigenten-Kollegen und Sängern, die sich nicht dem Werk unterordneten. In seiner bekannten sparsamen Zeichengebung kamen die emotionsgeladenen Akzente, die Crescendi mit einem jugendlichen Schwung, der ihn bis zu seiner letzten Aufnahme, trotz der spürbaren körperlichen Schwäche, auszeichnete. Wenn er sich von seinem Sitz am Pult erhob und in die für ihn musikalisch wichtige Richtung schaute, erschrak man förmlich und wurde zur äußersten Konzentration gezwungen.

Als ich vor ein paar Jahren den „Lotte-Lehmann-Ring" von meinen Sänger-Kollegen verliehen bekam, war Karl Böhm einer der ersten Gratulanten und fügte seinen Glückwunsch hinzu: „Du hast den Ring für Sänger und damit die höchste Auszeichnung und Anerkennung, die du dir wünschen kannst, so wie ich den ‚Nikisch-Ring' für Dirigenten habe." Und dann erzählte er viel über Lotte Lehmann, die Jeritza und seine Jugend-Erlebnisse in der Oper. Als ich ihn einmal fragte, woher die Liebe zur menschlichen Stimme und seine Kenntnisse

... wie Astrid Varnay, die Amerikanerin (hier mit Norbert Beilharz) und Leonie Rysanek. Der „Teamgeist" war eine gute Voraussetzung für die erfolgreiche Arbeit.

um dieses so köstliche Organ stammen, sagte er nur einen Namen: Thea. Sie hatte er an der Münchener Oper, wohin ihn Bruno Walter von Graz rief, als Sängerin kennengelernt. Sie gab ihre Karriere für ihn auf, um ihn zu heiraten. Er meinte oft: „e i n ausübender Künstler in der Familie ist genug!" Seine stets mutige und tatkräftige Frau stand ihm bei seinen Entscheidungen und in seiner Arbeit ein Leben lang uneigennützig zur Seite. Sie war der Kraftquell für sein Schaffen. Als er starb, war auch ihr Leben erfüllt – sie folgte ihm wenige Monate später. Stolz sprach er auch immer von seinem einzigen Sohn, dem Schauspieler und Regisseur Karlheinz Böhm.

Rechte Seite: Das Böhm-„Wunderteam" bei einer „Frau ohne Schatten"-Premierenfeier in New York: Leonie Rysanek, Mignon Dunn (Mitte), James King (Hintergrund), Ursula Schröder-Feinen (Mitte rechts), Walter Berry (sitzend) – verstärkt durch den Star-Tenor Placido Domingo sowie den Fußball-„Kaiser" Franz Beckenbauer: Leonie Rysanek und Karl Böhm waren nicht nur durch die Oper verbunden sondern auch durch das gemeinsame Hobby – das runde Leder.

Karl Böhm im September 1977 vor der Akropolis in Athen: hier war der Entschluß gereift, Elektra noch ein letztes Mal zu dirigieren – für den Film. (Neben Karl Böhm Cynthia Wood, eine Verehrerin aus San Francisco.)

Aber noch einmal zurück zu den Opern, die ich mit diesem begnadeten Künstler erarbeiten durfte! Er prägte mich als Strauss-Sängerin und sprach immer vom Strauss'schen Jubelton der hohen Soprane. Wenn ich oft diese hohen Noten zu lang hielt, rief er in den Proben vom Pult: „Leonie, bitte keine Sommerwohnung da oben, setz' dich nicht so auf die hohen Töne, laß uns weitergeh'n." Doch er, der so streng war, wenn es um die Genauigkeit ging, freute sich immer über ein jubelndes B, C oder Des (wie bei der Kaiserin) und wartete in Aufführungen gerne mit dem Orchester, bis ich mich bequemte, wie er sagte, die hohe Note zu verlassen. – Ich erinnere mich auch an eine „Rosenkavalier"-Orchesterprobe an der MET kurz nach der Heirat meines zweiten Mannes, als er sich plötzlich am Pult nach dem Monolog der Marschallin im ersten Akt zu Bing, der hinter ihm im Zuschauerraum saß, umdrehte und sagte: „Die Rysanek ist jung verheiratet, die schleppt nicht mehr, die will z'Haus . . ." Eine weitere Strauss-Oper, die ich oft mit ihm gesungen habe: die „Ariadne". Bei einer Neuproduktion an der MET in New York war das Vorspiel in Englisch und nur die Oper original in Deutsch. Versehentlich sang ich als Primadonna im Vorspiel in der Generalprobe anstelle von „what is that" in Deutsch: „Was ist daas!" Es gab tosendes Gelächter des vollbesetzten Hauses. „Bei solch einer Reaktion des Publikums mußt du das beibehalten", sagte er, und so blieb es dabei.

Dann die „Prinzessin von Judäa" – unvergleichliche Erinnerungen. Auf seinen Rat habe ich diese schwere Partie erst sehr spät – 1971 – gesungen. „Salome" war eine Neuinszenierung an der Wiener Staatsoper und er gab mir sehr viele Tips zur Phrasierung wie zur Technik des Atmens. Ein Jahr später sang ich die Salome mit Böhm am Pult an der MET. Unter seiner Leitung wurde die schwierigste Partie nicht leicht, aber problemlos und man konnte sich ganz auf die Gestaltung konzentrieren. Beim Schlußgesang höre ich noch immer seine Worte: „Das ist Salomes Liebestod!"

Nur einmal sang ich in einem Konzert mit ihm. Es war ein Jubiläumskonzert der UNO in New York. Auf dem Programm stand u.a. „Isoldes Liebestod", das einzige Mal, daß ich diese Szene der von mir stets ersehnten Isolde mit ihm sang. Karl Böhm war es, der mir „verbot",

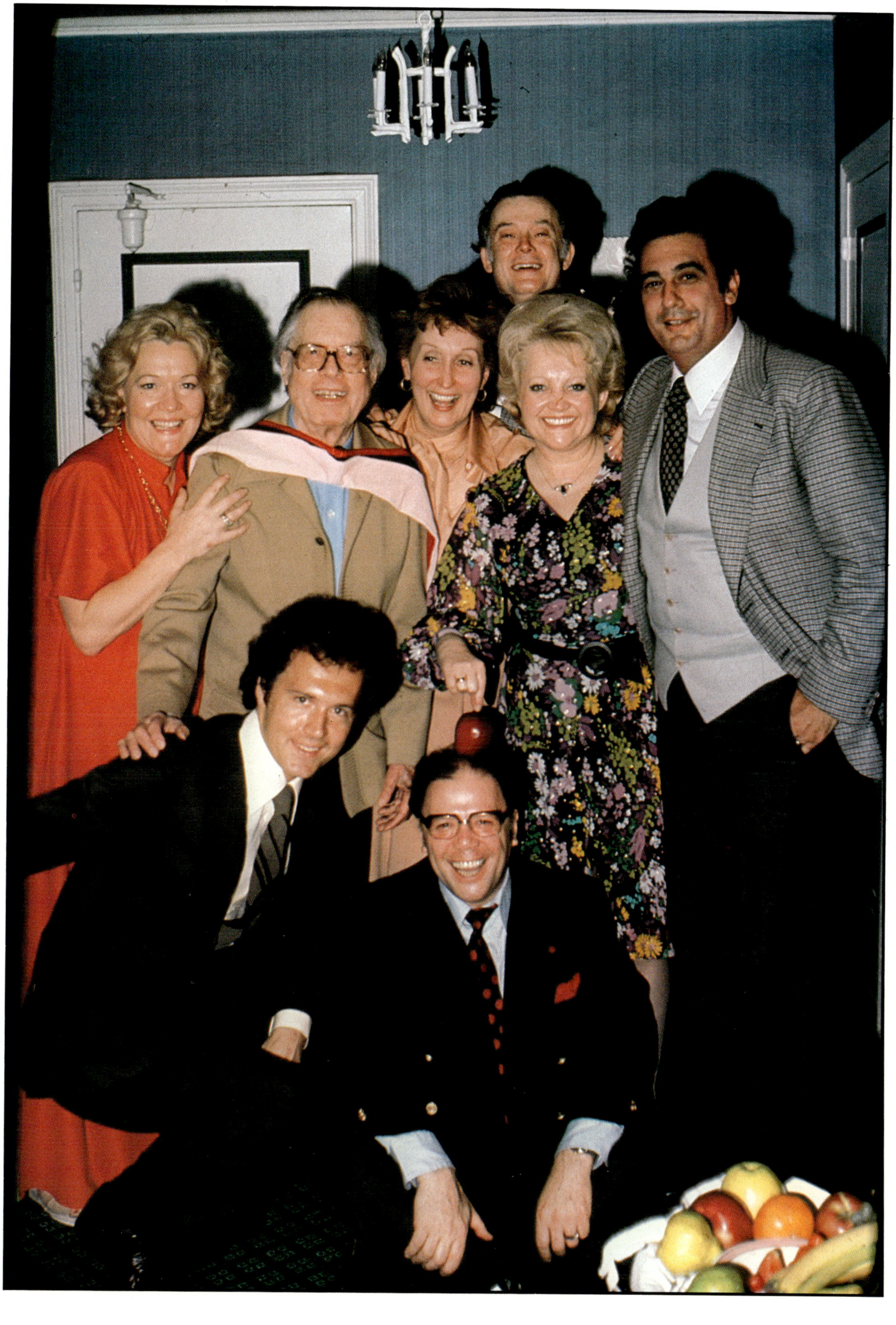

Richard Strauss spielt in meinem Zimmer (Dresdner Oper) die "Schweigsame Frau" vor. Dresden 16./VI. 1934.

diese so oft angebotene Partie zu akzeptieren, weil er sich sorgte, daß die Stimme zu dramatisch würde und ich Rollen wie die Kaiserin, Ariadne oder Desdemona dann nicht mehr zu meinem Repertoire zählen könne. Sicher verdank' ich diesem Rat, daß ich heute noch singe. Und nun zur „Elektra" mit der großen Birgit Nilsson und mir als Geschwisterpaar, zum ersten Mal gemeinsam in einer Neuinszenierung Wieland Wagners an der Wiener Staatsoper. Es ist wohl eine der letzten Inszenierungen Wielands, die man noch heute auf der Bühne sehen kann. Ich weiß nicht, wie oft wir beide unter Böhms Leitung dieses musikalische Drama gesungen haben und Triumphe feierten in Wien, Hamburg, München, New York, Athen oder Paris. Liebermann hatte die Hamburger Inszenierung von Everding zur Grand Opéra geholt. Bei einer Gala-Aufführung zum Staatsbesuch des deutschen Bundespräsidenten Walter Scheel fiel in der Orest-Szene für 20 Minuten das Licht aus und

Karl Böhm hatte noch von Richard Strauss selbst die „musikalischen Weihen" empfangen. Als musikalischer Leiter von Dresden, wo die meisten Strauss-Opern – auch die Elektra – uraufgeführt worden waren, hatte er den bayerischen Komponisten persönlich kennengelernt. Und Karl Böhm wurde tatsächlich zum künstlerischen Motor für den Siegeszug der „Frau ohne Schatten", der „Ariadne", des „Rosenkavalier", der „Salome" und eben auch der „Elektra".

die Vorstellung mußte unterbrochen werden. „Mit den Wiener Philharmonikern hätten wir ohne Licht weitergespielt, die können das auswendig!" – sagte er nach der Vorstellung. Später fragte Böhm oft spöttisch seine Kollegen: „Haben Sie schon einmal eine ‚Elektra' mit Pause dirigiert?" Die „Elektra" war eine seiner Lieblingsopern – aber auch ein Schmerzenskind, weil er sie zuletzt am Pult nicht mehr dirigieren konnte. Sie strengte ihn physisch und psychisch zu sehr an. Als wir vor einigen Jahren beim Gastspiel der Wiener Staatsoper im antiken Herodes-Atticus-Theater in Athen unterhalb der Akropolis vor Tausenden von

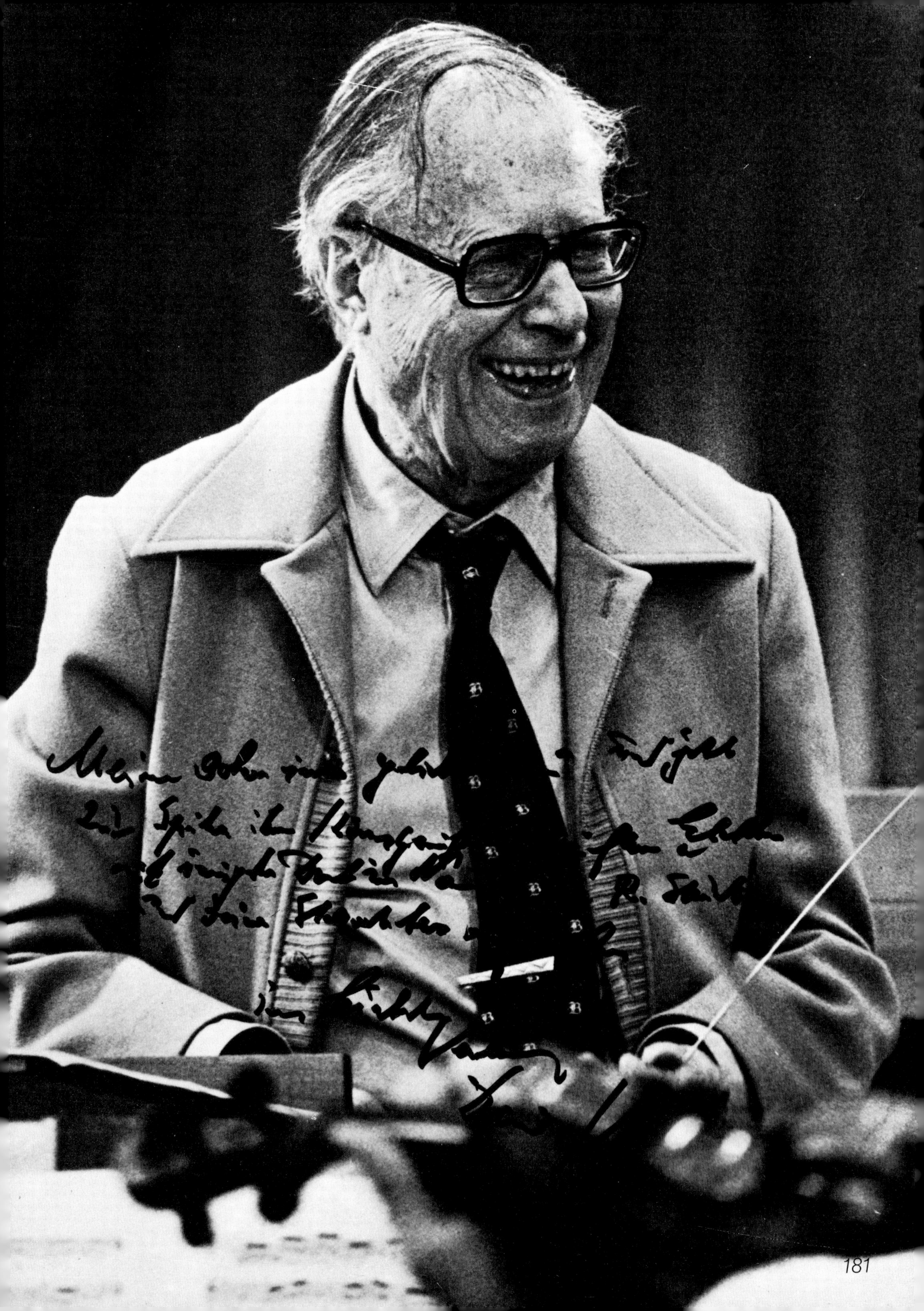

Menschen sangen, sagte Böhm am Schluß: "Das war meine letzte öffentliche Elektra-Aufführung" – und später "Vielleicht werde ich sie noch einmal für das Fernsehen dirigieren." Er dachte sicher dabei an den großen Erfolg des "Salome"-Filmes in der grandiosen Inszenierung von Götz Friedrich. Es gibt viele Geschichten um die Fernsehproduktion der "Elektra", alles ist nun Vergangenheit. Ich habe auf seinen ganz persönlichen Wunsch die Titelpartie für diese Aufnahme gelernt und bin heute glücklich, daß ich die sicher nicht leichte Arbeit auf mich genommen habe unter Verzicht auf viele andere reizvolle Aufgaben. Ich wußte damals nicht, daß es die letzte Zusammenarbeit werden sollte und Böhms musikalisches Testament. Es war sein Wunsch, dieses Werk zu dirigieren und seine heutige Interpretation in einem Fernsehfilm der Nachwelt zu überliefern. Oft war ich unsicher, ob ich das Elektra-Projekt realisieren sollte, er jedoch schob jeden Zweifel beiseite. Es war schließlich eine beglückende Zusammenarbeit: gemeinsam mit Astrid Varnay, Catarina Ligendza, Dietrich Fischer-Dieskau, Hans Beirer und nicht zu vergessen den unvergleichlichen Wiener Philharmonikern, die wie kein anderes Orchester der Welt die Intentionen und musikalische Sprache Karl Böhms kannten. Alle fühlten wohl die Besonderheit dieser Gestaltung und alle gaben ihr Bestes. War es diese letzte Kraft, die Böhm zusammenraffte, die dann zu seinem ersten Zusammenbruch führte? Doch mit enormer Willenskraft schaffte er es noch einmal, ans Pult zur abschließenden Aufnahme-Sitzung zurückzukehren. Man spürte: es war das letzte Mal, daß dieser große Dirigent den Taktstock hob – in der Aufnahme der Erkennungsszene der "Elektra" am 11. Juni 1981 in Wien. Mit herzzerreißenden Worten verabschiedete er sich von seinen Philharmonikern (–vgl. Bildtext auf Seite 167). Später spielte er jedem Besucher in seinem Haus in Baldham bei München das Tonband der "Elektra" vor und war glücklich – überglücklich. Seine Sprache war die Musik; das Sprechen fiel ihm schon schwer: "Wenn ich einmal nicht mehr Diener der Musik sein kann, nicht mehr dirigieren kann, möchte ich von dieser Welt abtreten". – Am 14. August starb er in Salzburg.

Um einen wahren Freund ärmer geworden bleibt mir nur zu sagen: Danke, Karl!«

ELEKTRA
IN UNSEREM JAHRHUNDERT

Karl Böhm ist tot. Er hatte uns vieles zu sagen und er hat es getan: mit seinen musikalischen Interpretationen, seinem Leben und seinen Worten. Es gibt Filme, die ihn als Opern- und Konzertdirigent zeigen, unzählige Schallplattenaufnahmen und Bücher: „Ich erinnere mich ganz genau..." hat er selbst geschrieben; er lebt in den Erzählungen seiner Freunde, in seinen Briefen und Fotos. Sein Leben ist zu Ende und das, was weiterlebt ist seine Geschichte. Und die ändert sich, daran schreiben wir alle mit, wie am Elektra-Stoff. Eines Tages versickert die Spur; wer weiß, was die Zukunft bringt: vielleicht lösen sich die Formen unserer musikalischen Tradition auf; der Mann am Pult, der die Zeichen gibt, vielleicht verschwindet er? Oder wird er zum Symbol für die Einheit im Chaos, dem Fellini in seinem Film „Orchesterprobe" ein Denkmal gesetzt hat: Ein Fernsehteam besucht eine Orchesterprobe, die in einer verlassenen Kirche stattfindet. Die Musiker nutzen die Gelegenheit – ebenso wortreich wie egozentrisch erzählen sie über ihre eigene Person, ihre Instrumente. Dem deutschen Gastdirigenten gelingt es nicht, den undisziplinierten Haufen zu einem harmonischen Zusammenspiel zu bewegen. Die Proben nähern sich dem Chaos. Plötzlich stürzt eine Mauer ein. Das Gebäude muß abgerissen werden. Erst in Staub, Trümmern und Verzweiflung finden Orchester und Dirigent zu einer Art Einheit. Auch eine Nachkriegserfahrung. Die stärkste Aktualität des Elektra-Stoffes ist der Krieg und die Aggression, das Klima der Macht und der sexuellen Gier, Gerechtigkeit und Fanatismus, die Folgen von Rache und Vergeltung, Haß und Liebe zwischen Menschen, die zusammengehören. So ist nur logisch, daß dieser gewaltige Stoff in unserem Jahrhundert mehrfach neu interpretiert wurde: von O'Neill dem großen US-Dramatiker, der „Trauer muß Elektra tragen" zu Beginn der dreißiger Jahre zur Erstaufführung brachte, von Jean Giraudoux, der kurz vor dem zweiten Weltkrieg ein „modern" anmutendes Elektra-Stück schrieb und von Jean Paul Sartre und Gerhart Hauptmann, die beide während des Krieges die Elektra-Tragödie neu ausdeuteten.

Nimmt man dazu noch die Stücke der altgriechischen Dichter Aischylos, Sophokles und Euripides, die auch heute immer wieder große Regisseure faszinieren, dann kann man wohl zu dem Urteil kommen: kein anderes Thema der griechischen Mythenwelt ist so aktuell geblieben, gibt so tiefen Einblick in die Abgründe menschlicher Leidenschaften wie Elektra.

Hochinteressant erscheint es, Vergleiche zwischen all diesen bekannten dramatischen Werken anzustellen. Es sei daher auf den folgenden Seiten versucht, die Schwerpunkte und Unterschiede darin auszuloten, indem der Handlungsablauf dargestellt wird – teilweise mit Proben aus dem Bühnentext. Die Reihenfolge richtet sich nach der Entstehungszeit der Dramen.

AISCHYLOS

gilt als Vater der abendländischen Tragödie; er fügte dem Chor, der zu Ehren des Dionysos tanzte, individuelle „Sprecher" hinzu. 458 v. Chr. hat er als alter Mann die Atriden-Tetralogie, die Orestie geschrieben: Agamemnon – Das Totenopfer (= Die Cheophoren, Die Opfernden) – Die Eumeniden – Proteus (Text ist nicht erhalten).

Agamemnon

Der erste Teil der Orestie schildert die Heimkehr und Ermordung des Agamemnon. Sie beginnt mit der Nachricht vom Sieg der Griechen über Troja, ein Späher hatte die Fackelpost erhalten. Klytämnestra bringt ein Dankopfer dar. Die Stimmung ist unheimlich, der Chor berichtet von vergangenen Untaten der Atriden und dem festen Mordplan der Königin. Der König wird vom Senat empfangen. Klytämnestra hält eine Willkommensrede und läßt Agamemnon gegen seinen Willen über einen purpurroten Teppich durch das Tor gehen. Der ahnungslose Agamemnon läßt Kassandra, die er aus Troja mitgebracht hat, zurück. In Visionen vergegenwärtigt sich Kassandra die vergangene Schuld der Atriden, sieht den rächenden Mord an Agamemnon während er aus dem Bad steigt, und kündigt weiteres Blutvergießen an. Klytämnestra und Ägisth erscheinen nach der Tat und rechtfertigen sich. Die dominierende Gestalt des Dramas ist die dämonische Klytämnestra, sie ist die treibende Kraft; selbst der Auftritt des Königs Agamemnon ist nur kurz. Klytämnestra handelt im Vollbewußtsein ihres Rechts, und ohne ein geringstes Zeichen von Reue fühlt sie sich nach dem grausamen Mord erleichtert. Ohne Angst und Verzögerung setzt sie ihren Helfershelfer Ägisth auf den königlichen Platz neben sich. Die Frage nach Schicksal, Schuld und Strafe wird vom Chor diskutiert. Während er zuerst verständnisvoll, jedoch unheilahnend den Mordplan Klytämnestras kommentiert, verurteilt er die Mörder nach der Tat.

Das Totenopfer

Der zweite Teil spielt zunächst am Grabhügel des Agamemnon in Argos. Orest ist mit Pylades unerkannt aus der Verbannung zurückgekehrt. Apollo hat ihm das Rachegebot des Zeus durch das Delphische Orakel verkündet. Elektra kommt im Auftrag ihrer Mutter zum Grab des Vaters. Klytämnestra hat in der Nacht zuvor die Stimme des Toten im Traum gehört, hat geträumt, sie hat einen Drachen geboren, den sie an die Brust legte und der ihr das Blut aussaugte; nun soll Elektra den Toten mit Opfern beschwichtigen. Elektra stimmt die Totenklage an und betrauert die Tatsache, daß Agamemnon ohne die ihm schuldigen Riten begraben wurde. Sie findet die Locke, die Orest zuvor dem Toten geweiht und auf das Grab des Vaters gelegt hat. Die Geschwister erkennen sich und schmieden den Racheplan. Orest muß sich selbst als das Tier von Klytämnestras Traum deuten, das den Auftrag hat, seine Mutter zu töten. Klytämnestra selbst läßt Orest und Pylades ahnungslos in den Palast ein und hört von den beiden, Orest sei in Phokis gestorben. Insgeheim aufatmend, schickt sie nach Ägisth. Mit Hilfe der alten Amme läuft Ägisth in die Falle, er wird getötet. Die von einem Diener alarmierte Klytämnestra eilt herbei. Orest zögert einen Augenblick vor dem Muttermord zurück, besinnt sich aber dann trotz Klytämnestras Flehen auf den Spruch des Orakels und ermordet die Mutter.
Vom Chor wird wieder Gericht gehalten. Die gleichen Erinnyen, die ihn im Namen des Vaters zur Tat trieben, stürzen sich jetzt im Namen der Mutter auf den Sohn. Orest hat nicht zum eigenen Vorteil gehandelt, ihm war der Muttermord nach den Gesetzen der Blutrache von Zeus befohlen worden. Der Chor kündigt eine noch entfernte Erlösung an. Von den Erinnyen verfolgt, stürzt Orest davon.
Elektra hatte an dem Mord selbst keinen Anteil. Sie tritt nach der innigen Erkennungsszene nicht mehr auf.

Die Eumeniden

Der dritte Teil von Aischylos' Orestie hat die Heiligtümer des Apollo und der Athene zum Schauplatz: Klytämnestras Schatten entsteigt der Unterwelt und weckt die Erinnyen. Apollo verweist sie aus seinem Tempel auf den Richtplatz. Der von Apollo entsühnte Muttermörder ist, begleitet von Hermes, von Delphi nach Athen aufgebrochen und von den Erinnyen gehetzt auf der Akropolis eingetroffen. Athene erscheint und empfängt die um ihr Recht streitenden Parteien als Gäste und lädt sie vor ein Blutgericht, das sie leiten will. Mißtrauisch sieht der Chor dem Verfall des Rechtes, einer neuen Zeit ohne Blutrache am Frevler entgegen. Apollo tritt als Zeuge und Mitangeklagter neben seinen Schützling, dem die unversöhnlichen Erinnyen gegenüberstehen; den Vorsitz der in ungerader Zahl eingesetzten Richter übt Pallas Athene aus. Sie gibt mit ihrer Stimme schließlich den Ausschlag für die Freisprechung des Orest. Am „Aeropag", auf den das neugegründete Gericht übersiedelt, werden die „Eumeniden" verehrt, die segenspendenden Nachfolgerinnen der rächenden Erinnyen.

Die Orestie

des Aischylos ist das erste, wahrhaft große Dramenwerk der Weltliteratur, eine Genietat, deren schöpferische Ausstrahlung auf das gesamte europäische Theater bis heute noch nachwirkt. Die Sprache dieser Dichtung grenzt ans Wunderbare, so sehr schöpft ihr Wort-, Bild- und Gedankengut aus den tiefsten Schächten menschlichen Seins. Das Wesentliche des gewaltigen Werkes ist eigentlich weder nacherzählbar noch durch eine Übersetzung getreu dem Original einzufangen. Erstmals hat es Aischylos auch gewagt, das Atridenschicksal nicht als gottgewollt hinzunehmen. Am Ende steht eine Wende, eine Vermenschlichung der Götter, ohne diese zu entthronen – Triumph des lichten athenischen Geistes.

SOPHOKLES

Um das Jahr 413 v. Chr. wurde die Elektra des Sophokles aufgeführt. Sie stellt ein Spätwerk des Dramatikers dar, der antiken Quellen zufolge neunzigjährig starb, 407 oder 406 v. Chr., kurze Zeit nach dem Tod des Euripides, den er feierlich betrauert haben soll.

Orest und Pylades sind in Mykene eingetroffen, sie beraten sich vor dem Altar des Apollo. Orest hatte das Orakel befragt, wie er den Vater rächen solle und hat den Auftrag erhalten, ohne Heer und Waffen, nur mit eigener List, die Mörder des Agamemnon zu töten.

Elektra erscheint mit einer regelrechten „Auftrittsarie". Sie erschüttert durch ihre Trauer und ihr Leid um den schmachvollen, ungerächten Tod ihres Vaters. Sie wird vom Chor der Frauen von Mykene getröstet, die ihr Gerechtigkeit voraussagen. Die Frauen sprechen ihr Mut zu, aber Elektra sieht keinen Ausweg mehr. Sie schildert das ihr unerträgliche Leben im Palast, wo sie ständig mit ansehen muß, wie Ägisth die Stelle ihres Vaters eingenommen hat, wie er seine Kleider trägt, in seinem Bett schläft. Die Mutter fürchte die Strafe nicht und schlachte Opfertiere, um ihre Schutzgötter freundlich zu erhalten. Sie mache auch ihr – Elektra – heftige Vorwürfe wegen ihrer feindseligen Haltung und weil sie Orest aus dem Hause geschafft habe. Elektra hat keine Hoffnung mehr, daß der Bruder kommt und die Rache ausführt, er habe nun schon so lange gezögert. Chrysothemis tritt hinzu. Zwischen den beiden entfacht sich eine Auseinandersetzung. Elektra wirft der Schwester vor, daß sie sich den Mächtigen beuge und sie nicht in ihrem gerechten Kampf gegen die Verbrecher unterstützte. Chrysothemis warnt Elektra vor weiterem Aufbegehren, Ägisth habe vor, sie lebendig einzugraben. Elektra fürchtet den Tod nicht, sie ist bereit zu sterben. Chrysothemis erzählt von einem bösen Traum Klytämnestras, der der Königin endlich Angst gemacht habe.

Klytämnestra tritt mit Opfergaben auf, es kommt zu einer Szene zwischen Mutter und Tochter. Klytämnestra verteidigt ihre Tat mit dem Hinweis auf das Leid, das Agamemnon ihr angetan hat. Elektra weist diese Rechtfertigung zurück. Die höhere Moral, die Sympathien und das Mitleid stehen auf Seiten von Elektra. Klytämnestra betet zu Apollo um Erlösung von den Ängsten und

Bedrängnissen. Ein Vertrauter des Orest tritt auf und führt den Auftrag aus, ihm einen Lügenbericht über seinen Tod vorauszuschicken.

Nun ist Elektras Schmerz ins Unerträgliche gesteigert. Sie weiß sich keinen anderen Ausweg mehr, als den Tod des Vaters selbst zu rächen. Sie wendet sich mit ihren flehentlichen Bitten um Hilfe an Chrysothemis, die sich aber für ihr individuelles Lebensglück entscheidet. Außerdem ist sie optimistisch, sie glaubt nicht an den Tod des Orest, sie hat seine Locke am Grab gefunden. Elektra ist zu verstört, um sich an diese Hoffnung noch klammern zu können. Sie nimmt von den Fremden die Urne des vermeintlichen Toten entgegen. Orest erkennt sie und ist von ihrem leidvollen Aussehen erschüttert. Er gibt sich zu erkennen und sie umarmen sich. Orest bittet Elektra, daß sie seine Rückkehr nicht durch ihre Freude verraten solle und sie beraten sich. Sie gehen an den Muttermord, solange Ägisth noch nicht im Haus ist. Orest zögert nicht. Ägisth kehrt voll Freude zurück, da er die Nachricht vom Tod des Orest gehört hat. Aus dem Haus wird die verhüllte Bahre der Klytämnestra getragen. Ägisth erkennt zu spät seine Mörder. Orest und Elektra sind durch die Leiden, die sie ohne Schuld durchmachen mußten, entsühnt. Die beiden trifft kein Vorwurf wegen ihrer Tat. Elektra gibt dem Orest moralische Unterstützung und hilft mit bei der Täuschung des Ägisth.

EURIPIDES

Seine „Elektra" wurde als Gegenspiel zur Sophokleischen Elektra gedichtet. Sie steht aber auch in Gegensatz zu Aischylos.

Elektra tritt bei Euripides nicht als leidende, unterdrückte und gedemütigte Tochter im Haus voll Feinden auf, sondern in harmonischer Umgebung, als unberührte Frau des „Landmannes". Sie wurde von Ägisth aus Angst vor königlichen Nachkommen mit einem armen Bauern auf dem Lande verheiratet, der sie aber achtet und verehrt wie eine unantastbare Priesterin. Wie in den anderen Stücken erscheint sie mit einer „Auftrittsarie"; sie beklagt den Tod ihres Vaters und ihr Schicksal, den Übermut von Klytämnestra und Ägisth, die auf dem Grab ihres Vaters nicht opfern:

> *Doch unter Phrygerbeute stolz auf ihrem Thron*
> *Sitzt meine Mutter: Dienerinnen Asiens,*
> *Gefangne meines Vaters, stehn um ihren Sitz,*
> *Die bunten Phrygermäntel schön befestigend*
> *Mit goldnen Spangen; aber schwarz klebt noch das Blut*
> *Des Vaters an den Wänden, und der ihn erschlug,*
> *Besteigt des Vaters Wagen kühn und fährt daher*
> *Und hält in blutbefleckter Hand frohlockend stolz*
> *Den Stab, mit dem er Hellas' Heeren einst gebot.*
>
> *Noch ungeehrt ist Agamemnons Grabesstatt,*
> *Empfing noch nie Trankspenden, nie der Myrte Zweig,*
> *Und seinem Scheiterhaufen ward kein Opferschmuck.*
> *Von süßem Weine trunken springt der „herrliche"*
> *Gemahl der Mutter, sagt man, auf dem Grab umher*
> *Und wirft mit Steinen nach des Vaters Marmormal,*
> *Und dieses Wort des Hohnes wagt er wider uns:*
> *Wo bleibt Orestes? Ist er hier, des Vaters Grab*
> *Zu schützen? Also höhnt er ihn, der ferne weilt.*

Der Chor stellt mit Elektra befreundete argivische Frauen dar. Elektra hat noch einen Verbündeten im „Alten", dem Erzieher Agamemnons, der Orest gerettet hat und nun verbannt lebt. Die Freude ist groß, als endlich Orest und Pylades eintreffen. Sie planen gemeinsam mit dem weisen Erzieher die Bestrafung des ruchlosen Königspaares:

Es wird ein Fest zu Ehren der Nymphen gegeben, auf dem Ägisth ein Opfermahl bringen wird, in idyllischer Umgebung auf dem Landgut, nur von Knechten umgeben, die Orest nicht kennen. Hier wäre eine günstige Gelegenheit, Ägisth zu töten. Vor der Szene – zur Einstimmung – singt der Chor ein Lied über den Ursprung des Goldenen Vlieses.

Unerkannt nähern sich Orest und Pylades der Feier und werden von Ägisth zur Teilnahme ein-

geladen. Dabei kommt es zur Tat. Die Szene: Ein Bote berichtet Elektra von der Kulthandlung und von der Ermordung des Ägisth.

Daraufhin brechen Elektra und der Chor in Jubel aus. Elektra hat nun den Plan, ihrer Mutter vorzutäuschen, daß sie ein Kind geboren hat. Der Brauch bestimmt nämlich, daß in einem solchen Fall Opferungen vorgenommen werden sollen. Unter diesem Vorwand lockt sie ihre Mutter ins Haus. Orest soll sich dort verbergen. Er schreckt vor dem Muttermord zurück, Elektra zerstreut seine Bedenken:

> ELEKTRA So geht sie glücklich mitten in das Netz hinein …
> Und prangt dabei im Wagen, prangt in stolzem Kleid!
> ORESTES Was also tun wir? Wagen wir den Muttermord?
> ELEKTRA Erbarmst du dich der Mutter, nun du sie gesehn?
> ORESTES Ach! Sie soll ich morden, die mich aufzog und gebar?
> ELEKTRA So wie sie selbst den Vater dir und mir erschlug.
> ORESTES Welch Wort des Wahnes, Phoibos, scholl aus deinem Mund.
> ELEKTRA Doch ist Apollon töricht, wer ist weise dann?
> ORESTES Das mir den Mord der Mutter – welchen Greul – gebot!
> ELEKTRA Wie kann's dir schaden, wenn du deinen Vater rächst?
> ORESTES Einst schuldlos, werd ich schuldig sein des Muttermords.
> ELEKTRA Und rächst du nicht den Vater, fehlst du deiner Pflicht.
> ORESTES Ich soll die Mutter …? Und wem büße ich den Mord?
> ELEKTRA Wem aber wirst du büßen, bleibt er ungerächt?
> ORESTES Ein böser Geist wohl sprach es, der dem Gotte glich.
> ELEKTRA Auf heiligem Dreifuß sitzend? Nein, das glaub ich nicht.
> ORESTES Doch glaub ich auch nicht, daß der Spruch wahrhaftig sei.
> ELEKTRA In feigen Unmut sinke nicht, verzage nicht!
> ORESTES So soll ich sie verstricken in denselben Trug?
> ELEKTRA Durch den Aigisthos, ihr Gemahl, durch dich erlag.
> ORESTES Ich geh hinein denn, schicke mich zu grausem Werk,
> Will tun das Schlimme: wenn's den Göttern so gefällt,
> So sei es! Süß und bitter ist der Kampf für mich.
> *Er betritt mit Pylades die Hütte.*

Danach tritt Klytämnestra auf, sie fährt im Wagen mit troischen Dienerinnen vor. Es kommt zur Auseinandersetzung zwischen Mutter und Tochter, die maßvoll aber bestimmt ist. Klytämnestra triumphiert nicht, sie entschuldigt sich mit dem Unrecht, das ihr angetan worden ist, sie kommt Elektra versöhnlich entgegen und bemüht sich um Verständnis:

> *Mich gab an deinen Vater einst Tyndareos*
> *Nicht mich zu töten, oder wer von mir entsproß.*
> *Doch er verlockte trügerisch, als liebte sie*
> *Der Sohn des Peleus, unser Kind vom Hause weg*
> *Zur Bucht von Aulis: dort durchstieß des Vaters Schwert*
> *Am Fuß des Altars Iphigenies weiße Brust.*
> *Und wenn er, aus des Feindes Hand die Vaterstadt,*
> *Das Haus zu retten und der andern Kinder Haupt,*
> *Die eine für die vielen gab: verzeihlich war's;*
> *So aber gab er nur der geilen Helena*
> *Zuliebe, weil ihr Gatte die Falsche nicht*
> *Zu zügeln wußte, meinem Kind den Todesstoß …*
>
> *Durft ich Orestes töten, um der Schwester Mann,*
> *Menelaos, auszulösen? Ließ dein Vater dies*
> *Geschehn? Doch er wohl durfte freveln wider mich,*
> *Und ich ihm nicht vergelten, der mein Kind erschlug?*
> *Ich tötet' ihn: wohin zu gehen war, den Weg*
> *Zu seinen Feinden schlug ich ein. Denn welcher Freund*
> *Des Vaters hätte seinen Mord mit mir geteilt?*
> *Nun sage, was du sagen willst, entgegne frei,*
> *Wie euer Vater „ohne Recht" gemordet ward.*
>
> > CHORFÜHRERIN *Du bist im Rechte, doch es ist ein*
> > *schimpflich Recht, denn eine Gattin, ist sie klug,*
> > *muß überall dem Gatten nachsehn …*

Als der Mord an der Mutter geschieht, berührt die Tat die zuerst so unversöhnliche Elektra schmerzlich. Voll Trauer und Reue sehen sich die Geschwister schuldbeladen, sie denken nun erschüttert und voll Zärtlichkeit an die Mutter, auch der Chor kann die Ermordung der Klytämnestra nicht gutheißen.

Der Konflikt scheint unlösbar, die Verzweiflung macht sich breit, da tritt als „Deus ex machina" Kastor auf, jener göttliche Zwillingsbruder der Klytämnestra (von Leda und Zeus), und führt die Atridensprößlinge auf den Weg zur Läuterung. Wohl könne er den Mord an seiner Schwester niemals gutheißen, doch müsse er sich dem ungerechten Spruch Apollos fügen. Er teilt den beiden reuevollen Nachkommen seiner Schwester den Schicksalspruch des Zeus mit: Elektra solle Pylades heiraten, aber Orest könne nicht als Muttermörder in seiner Vaterstadt bleiben. Er schickt ihn auf den Areshügel nach Athen, Apollo werde dort die Schuld auf sich nehmen, weil sein Orakel Orest die Tat anbefohlen habe. Er sagt ihm voraus, daß Stimmgleichheit eintreten werde und dann auch für alle Zukunft der Brauch bestehen werde: „Bei Stimmgleichheit ist der Angeklagte frei" – Im Zweifel für den Beschuldigten. Diese verheißungsvolle Rede gibt dem Stück einen außerordentlich versöhnlichen Ausklang. Elektra ist mehr als glimpflich davongekommen. Sie ist bei Euripides mehr als in den vorangegangen Stücken Mittäterin am Muttermord geworden, sie hat auch noch mehr Schuld als Orest, da sie nicht durch den Orakelspruch gerechtfertigt ist. Wohl aber hat sie, nach der Härte gegenüber der Mutter vor dem Mord, bitterste Reue und Liebe gezeigt. Nun bekommt sie den edelmütigen Pylades zum Mann. Als einzige Strafe bleibt die Gewißheit, daß sie ihren geliebten Bruder Orest nie mehr sehen wird.

EUGENE O'NEILL

„Trauer muß Elektra tragen", die bekannte Trilogie des amerikanischen Dramatikers Eugène O'Neill wurde 1928–1931 geschrieben. Sie hält sich dem Aufbau nach an die Orestie des Aischylos. Die Personen der Trilogie und ihre Beziehungen zueinander: Ezra (Vater), Christine (Mutter), Lavinia (Tochter), Orin (Sohn) und Mannon sind nach dem Atriden-Vorbild konstruiert. Dazu kommt noch Adam Brant, ein „Außenseiter-Verwandter" (der die Rolle des Ägisth übernimmt). Die drei Stücke spielen in einer kleinen amerikanischen Hafenstadt während des Bürgerkrieges 1865/66. Die Mannons sind dort eine seit Generationen angesehene Familie. Unter ihren puritanischen Masken jedoch verbergen sie hemmungslose Leidenschaften, deren Ursprung O'Neill tiefenpsychologisch erklärt. Schauplatz ist das in klassizistischer Manier erbaute Haus der Mannons.

1. Teil: Heimkehr

Ezra Mannon ist im militärischen Rang eines Brigadegenerals und hat als solcher am mexikanischen Krieg teilgenommen. Nach dem Tod seines Vaters hatte er den Familienbesitz, eine Reederei übernommen, und außerdem Jus studiert. Seine Gattin Christine ist eine schöne Frau mit starker erotischer Ausstrahlung, die aus gebildeter, aber mittelloser Familie kommt. Die Tochter Lavinia ist trotz äußerlicher Ähnlichkeit mit ihrer Mutter ihrem Vater leidenschaftlich ergeben und voll Haß und Mißtrauen gegen die überlegene Mutter. Sie hat beobachtet, daß Christine während der langen Abwesenheit ihres Vaters im Bürgerkrieg eine Liebesbeziehung zu Kapitän Brant begonnen hat. Dieser hatte zuerst ihr – Lavinia – den Hof gemacht und sie hatte sich uneingestanden sehr zu ihm hingezogen gefühlt. Schließlich entlockt sie dem attraktiven Kapitän das Geständnis seiner Verwandtschaft zu den Mannons. Er wolle sich an dieser Familie rächen, weil seine Mutter durch die Eifersucht, Habgier und Schwäche der Mannons unter die Räder geraten sei. Lavinia hält ihrer Mutter Ehebruch vor, diese gesteht ihre Liebe und kann ihre lang zurückgehaltene Abscheu vor ihrem Ehemann nicht mehr länger verbergen. Sie wirft Vater und Tochter vor, gegen sie gemeinsame Sache gemacht zu haben, als sie Orin, den sie zärtlich liebt, in den Krieg gehetzt hätten. Dieser Verlust habe sie schließlich in die Arme von Adam Brant getrieben. Lavinia will ihre Mutter zwingen, Brant aufzugeben, damit ihrem so abgöttisch geliebten Vater die Kränkung und Aufregung erspart bleibe. Sollte sie sich nicht daran halten, könne sie sicher sein, daß Adam Brant durch Ezra Mannons Einfluß ruiniert werde.

Es kommt zu einer Aussprache zwischen Christine und Brant. Aus dem ursprünglichen Rachegedanken von Adam Brant ist leidenschaftliche Liebe zur schönen, seiner Mutter in gewisser Weise ähnlichen Frau geworden. Beide wollen ihre Liebe nicht preisgeben und da kein anderer Ausweg besteht, Ezra Mannon töten und dann gemeinsam auf einer Insel ihr Lebensglück genießen. Brant soll Christine die notwendige Arznei besorgen, der Mord soll dann als Herzanfall getarnt werden.

Ezra Mannon ist zurückgekehrt. Maskenhaft-gespenstische Stimmung erwartet ihn. Er möchte vieles gutmachen, aber sein unzulängliches, wohl aufrichtiges Bemühen scheitert an dem bereits tief eingegrabenen Haß seiner Frau, den sie nur mit Mühe verbergen kann. Lavinia steht wie ein Racheengel dazwischen, eifersüchtig, ahnungsvoll, ihre Zuneigung zum Vater ist krankhaft gesteigert und hysterisch. Es kommt zum Geschlechtsakt zwischen Ezra und seiner Frau, er fühlt aber, daß sein Bemühen um ihre Liebe zu spät ist. Bei einer Auseinandersetzung frühmorgens verliert Christine schließlich die Beherrschung und peinigt ihn mit dem Geständnis ihrer Liebe zu Adam Brant und spricht offen ihren Haß aus. Er bekommt einen Herzanfall, worauf sie ihm wie geplant ihr Gift als Arznei einflößt. Lavinia kommt gerade noch zurecht, um die Beschuldigung des Vaters zu hören und schließlich das Fläschchen zu entdecken, das sie an sich nimmt.

2. Teil: Die Gejagten

Ein Tag nach der Ermordung Mannons: Orin wird zurückerwartet. Christine ist vor Angst wegen Lavinia gepeinigt. Sie versucht Orins Freundin Hazel für sich zu gewinnen, die mit ihrem Bruder Peter von sich aus eine sehr starke Beziehung zu den Geschwistern hat; sie sind einfache und gute Menschen, die aber von dem Geschwisterpaar kaum beachtet werden. Orin ist seinem Vater sehr ähnlich, aber viel weicher. Seine Beziehung zur Mutter ist innig, besitzergreifend. Der Tod seines Vaters ist ihm fast gleichgültig.

Orin findet seine Mutter sehr verändert. Es gelingt ihr, in Anspielung auf ihr früheres innigzärtliches Verhältnis Orins Eifersucht zu bändigen, denn er liebt sie. Sie bedeutet alles für ihn, er würde ihr alles verzeihen, selbst einen Mord, nur nicht die Liebe zu einem anderen Mann. Es gelingt Christine, ihn gegen Lavinia einzunehmen.

Lavinia hat daher Mühe, Zugang zu Orin zu finden. Er nimmt ihre Verdächtigungen der Mutter gegenüber nicht ernst. Erst auf dem Umweg über seine Eifersucht auf einen möglichen Liebhaber kann sie ihn argwöhnisch machen. Er verlangt Beweise.

Christine ist in Panik und eilt zu ihrem Geliebten auf das Schiff, um ihn vor Orin zu warnen. Lavinia ist mit Orin heimlich gefolgt, um ihrem Bruder die gewünschten Beweise zu liefern. Die Geschwister hören das Gespräch, in dem Christine Adam überredet, mit ihr vorzeitig zu fliehen – sie träumen von der Insel. Besinnungslos vor Eifersucht will sich Orin auf den „Nebenbuhler" stürzen. Lavinia bewahrt Ruhe. Sie töten Brant nach dem Fortgang der Mutter und täuschen einen Raubüberfall vor.

Christine ist ahnungslos nach Hause geeilt, sie ist nervlich ziemlich am Ende. Ihre Kinder kommen und Orin erzählt ihr schonungslos vom Tod des Kapitäns. Sie bricht zusammen – Orin kann sie nicht mehr trösten; Lavinia spricht mit Genugtuung von Gerechtigkeit, Christine tötet sich.

3. Teil: Die Verfluchten

Peter und Hazel kommen, um die Rückkehr der Geschwister aus China anzukündigen, einer Reise die die beiden nach dem Tod ihrer Mutter unternommen haben. Nun haben die beiden jedoch ihre Rollen getauscht. Lavinia ist im Aussehen und im Benehmen ganz ihre Mutter *geworden, stark und entschlossen. Orin ist zerstört, neurotisch, zerfahren und unsicher. Er klammert sich an Lavinia und jammert gleichzeitig nach der Mutter. Sein Zustand verschlechtert sich von Tag zu Tag. Er wird von schlechtem Gewissen geplagt und meint, sie hätten nicht das Anrecht auf ein glückliches Leben. Lavinia ist da anderer Ansicht. Sie hat auf den Inseln die Liebe kennengelernt und möchte Peter heiraten, um von der Vergangenheit loszukommen. Orin liebt jedoch seine starke Schwester so heftig wie zuvor seine Mutter, er ist maßlos eifersüchtig wegen Peter und will sie zur Liebe zwingen. Lavinia weist ihn zurück, da quält er sich immer mehr mit dem Selbstmordgedanken, um Erlösung zu finden und so zu seiner Mutter zurückzukehren.*

LAVINIA *(weicht vor ihm zurück)* Wie meinst du das? Was hast du Entsetzliches in der letzten Zeit gedacht – hinter all deinem verrückten Gerede? Nein, ich will's nicht wissen! Orin! Warum siehst du mich so an?

ORIN Du fühlst anscheinend nicht die ganze Bedeutung, die du jetzt für mich hast – dir selbst gegeben hast – seit wir Mutter gemordet haben!

LAVINIA Orin!

ORIN Ich liebe dich jetzt mit der ganzen Schuld in mir – der Schuld, die wir teilen!
Vielleicht liebe ich dich zu sehr, Vinnie!

LAVINIA Du weißt nicht, was du redest!

ORIN Es gibt jetzt Augenblicke, wo du mir nicht wie meine Schwester erscheinst – noch wie Mutter – sondern wie irgendeine Fremde mit dem gleichen schönen Haar – *(Er berührt liebkosend ihr Haar. Sie weicht heftig zurück. Er lacht wild.)* Am Ende bis du Marie Brantôme, hä? Und du sagst, in diesem Haus gäbe es keine Gespenster?

LAVINIA *(starrt ihn von Entsetzen gelähmt an)* Um Gottes willen –! Nein! Du bist wahnsinnig! Du kannst nicht meinen –!

ORIN Wie soll ich sonst sicher sein, daß du mich nicht verläßt? Dann – wagst du nie mehr, mich zu verlassen! Du fühlst dich ebenso schuldig wie ich! Du wärst ebenso verflucht wie ich! *(Dann, als er die wachsende entsetzte Abwehr in ihrem Gesicht wahrt – mit ausbrechender Wut)* Verdammt, begreifst du nicht, daß ich irgendwie Sicherheit finden muß, wenn ich nicht verrückt werden soll? Du willst doch nicht, daß ich verrückt werde, nicht? Ich würde zu viel reden! Ich würde gestehen! *(Dann, als hätte dieses Wort etwas in ihm aufgerührt, mit einem plötzlichen Übergang zu leidenschaftlichem Flehen)* Vinnie! Um Gottes Barmherzigkeit willen, laß uns jetzt hingehn und gestehn und den Mord an Mutter sühnen und beide Frieden finden!

LAVINIA *(verlockt und gepeinigt – haucht sehnsüchtig)* Frieden! *(Dann, mit Aufbietung aller Willenskraft, wild aufspringend)* Nein! Du Feigling! Es gibt nichts zu gestehen! Es war nur Gerechtigkeit!

ORIN *(wendet sich mit irrem Hohn zu den Ahnenproträts)* Hört ihr sie? Lavinia Mannon kriegt ihr nicht so rasch klein wie mich! Die müßt ihr ein Leben lang jagen und hetzen!

LAVINIA *(am Ende ihrer Selbstbeherrschung – in einem Ausbruch rasender haßerfüllter Wut)* Ich verabscheue dich! Ich wollte, du wärst tot! Du bist zu erbärmlich, um zu leben! Wenn du nicht so feig wärst, brächtest du dich um!

ORIN *(fährt wie unter einem Schlag zurück; sein irrer, gequälter Blick weicht hilflosem Entsetzen)* Vinnie!

LAVINIA Es ist so! Es ist so! *(Sie bricht hysterisch schluchzend zusammen.)*

ORIN *(flüstert jämmerlich flehend)* Vinnie! *(Er starrt sie noch einen Augenblick mit verlorenem Entsetzen an – dann kehrt der wilde besessene Blick in seine Augen zurück – mit schneidendem Hohn)* Ein weiterer Akt der Gerechtigkeit, hä? Du willst mich zum Selbstmord treiben, wie ich Mutter dazu getrieben habe! Auge um Auge, nicht wahr? Aber – *(Er bricht abrupt ab und starrt vor sich hin, als setzte sich dieser Gedanke plötzlich in seiner gemarterten Vorstellung fest – gebannt, bei sich)* Ja! Das wäre Gerechtigkeit – nun, wo du Mutter bist! Sie spricht jetzt durch dich! *(Immer stärker im Bann dieses Gedankens)* Ja! Es ist der Weg zum Frieden – sie wiederzufinden – meine verlorene Insel – der Tod ist auch eine Insel des Friedens – Mutter wird mich dort erwarten – *(Nun, mit erregtem Eifer, zu der Toten)* Mutter! Weißt du, was ich dann tue? Ich knie' nieder und bitte dich um Vergebung – und sage – *(Sein Mund verkrampft sich, als schluckte er Gift)* Ich freue mich, daß du Liebe gefunden hast, Mutter! Ich wünsche euch Glück – dir und Adam! *(Er lacht frohlockend)* Du hast mich gehört! Du bist hier! Du rufst mich! Du wartest darauf, mich mit nach Hause zu nehmen! *(Er dreht sich um und schreitet zur Tür.* LAVINIA *hat bei seinen letzten Worten den Kopf gehoben und ihn angstvoll angestarrt. Von Gewissensqual zerrissen, eilt sie ihm nach und schlingt die Arme um ihn.)*

*Lavinia hält Orin also nicht vom Selbstmord zurück; sie will frei sein und kämpft weiter um Peter. Doch zuletzt sieht sie ein, daß sie nicht ein weiteres Schicksal zerstören kann, und schließt sich nicht ganz ohne masochistische Befriedigung in dem Haus ihrer Familie alleine ein.
Elektra-Lavinia kommt in O'Neills Stück die entscheidende Rolle zu. In der Atmosphäre der unerfüllten, wegen Egoismus und Schwäche gescheiterten Beziehungen ist sie schließlich die*

einzige, die über ihren eigenen Schatten springt. Sie ist zwar überall mitschuldig, ihr Verhalten ist aber tiefenpsychologisch erklärt: Ihr Wesen ist durch die Lieblosigkeit ihrer Kindheit verschüttet worden. Die Mutter sah in ihr den verhaßten Vater – der Vater war zur wirklichen Liebe nicht fähig – Orin war ganz auf die Mutter fixiert. Adam Brant hat in ihr das Verlangen nach Zärtlichkeit geweckt, das ihr bis dahin völlig unbekannt geblieben war. Daher glaubte sie auch, die Mutter aus Gerechtigkeit dem Vater gegenüber zu hassen. Sie rächt sich grausam für die Enttäuschung, die ihrem ersten Gefühlsausbruch zugefügt worden war. Nach dem Tod ihrer Mutter glaubt sie, frei von allen Zwängen vor ihrer Schuld flüchten, ja hofft, Wärme und Liebe finden sowie Peter heiraten und das verhaßte Mannon-Haus verlassen zu können.

LAVINIA *(träumerisch)* Ich habe diese Inseln geliebt. Sie haben mich endgültig frei gemacht. Da war etwas Geheimnisvolles und Schönes – ein guter Geist – der Liebe – den das Land und das Meer ausströmt. Er hat mich den Tod vergessen lassen. Es gab kein Jenseits. Es gab nur diese Welt, die warme Erde im Mondschein – den Passatwind in den Kokospalmen – die Brandung am Felsenriff – die Feuer in der Nacht und das Trommeln, das im eigenen Herzen widerhallt – und die Eingeborenen mit ihrem nackten, unschuldsvollen Tänzen – ohne Wissen um Sünde! *(Sie hält plötzlich erschrocken inne.)* Um alles in der Welt! Ich rede wie eine richtige Schwätzerin. Du mußt mich für fürchterlich verdreht halten!

PETER *(lachend)* Nein, gar nicht! ich bin froh, daß du so geworden bist! Früher hast du nie den Mund aufgemacht, wenn du nicht mußtest!

LAVINIA *(schlingt plötzlich in aufwallender dankbarer Liebe die Arme um ihn)* Oh, Peter, nimm mich fest in deine Arme! Ich will Liebe fühlen! Liebe ist nur schön! Ich habe das früher nicht gewußt! Ich war dumm! *(Sie küßt ihn leidenschaftlich. Er erwidert ihre Küsse erregt und doch gleichzeitig von ihrer Hemmungslosigkeit ein wenig betroffen. Sie fährt sehnsüchtig fort)* Wir heiraten bald, ja, und ziehen aufs Land, weg von den Menschen und ihrem bösen Gerede. Wir schaffen uns eine Land-Insel, ganz für uns, und haben Kinder und lieben sie und lehren sie das Leben lieben, so daß Haß und Tod sie nie in ihre Gewalt bringen können! *(Sie schrickt zusammen – leise wie bei sich)* Aber ich vergesse Orin!

Schließlich siegt in Lavinia die Selbsterkenntnis und die Rücksicht auf den Menschen, den sie liebt und dessen einfältige Unberührtheit sie nicht zerstören will. Peter geht fort von ihr. Sie nimmt ihre Strafe und ihr Schicksal auf sich. Die Trilogie endet mit folgendem Dialog zwischen Lavinia und dem Gärtner:

LAVINIA *(grimmig)* Hab keine Angst. Ich gehe nicht den Weg, den Mutter und Orin gegangen sind. Das wäre Flucht vor der Strafe. Und es ist niemand mehr übrig, mich zu strafen. Ich bin die letzte Mannon. Ich muß mich selbst strafen! Hier allein mit den Toten zu leben, ist schlimmere Gerechtigkeit als Tod oder Kerker! Ich gehe nicht mehr aus und lasse niemand mehr ein! Ich verschließe die Läden vor jedem Sonnenstrahl. Ich lebe allein mit den Toten und hüte ihre Geheimnisse und lasse mich von ihnen hetzen, bis der Fluch getilgt ist und die letzte Mannon sterben darf! *(Mit einem seltsamen grausam-zufriedenen Lächeln über die selbstauferlegte Qual)* Ich weiß, sie werden dafür sorgen, daß ich lange lebe! Es ist Mannonsche Art, sich zu strafen, weil man geboren ist!

SETH *(mit grimmigem Verstehen)* Jawoll. Und ich hab von alledem kein Wort gehört, Vinnie. *(Er tut wieder, als suchte er den Boden ab.)* Hab hier irgendwo meine Schere gelassen.

LAVINIA *(wendet sich scharf zu ihm)* Geh und schließe die Läden und nagele sie fest zu.

SETH   Jawoll.

LAVINIA   Und sag Hannah, daß sie alle Blumen hinauswirft.

SETH   Jawoll. *(Er geht an ihr vorbei die Treppe hinauf und ins Haus. Sie steigt zum Portiko hinauf – dann dreht sie sich um und steht eine Weile steif und aufrecht und starrt mit gefrorenen Augen in die Sonne.* SETH *beugt sich aus dem Fenster rechts von der Tür und schließt mit einem energischen Ruck die Läden. Als wäre dies ein Kommando, macht* LAVINIA *auf den Hacken kehrt, geht mit hölzernen Schritten ins Haus und schließt die Tür hinter sich.)*

Die Selbsterkenntnis der Lavinia-Elektra ist aber auch schon das einzig Positive an der Trilogie. Die trostlose Suche aller nach Liebe, die sie nie erhalten können, scheint den Menschen O'Neills wie Tantalosqualen aufzuerlegen. Sie sind alle verflucht, am Egoismus zu scheitern. Das Ende ist Hoffnungslosigkeit, Die politische Hoffnungslosigkeit, die Götz Friedrich in seiner Inszenierung angesprochen hat, findet in „Trauer muß Elektra tragen" ein genaues Gegenstück: die ganz private Hölle jedes Menschen.

JEAN GIRAUDOUX *schrieb seine „Elektra" im Jahre 1937. Er hat zu dem Thema eine ganz besondere Einstellung: es geht ihm um die Spannung zwischen gerechtem und wahrhaftem Handeln auf der einen Seite und Staatsräson auf der anderen. Und es ist keine Frage wofür der aktive Politiker Jean Giraudoux, der zuerst Pressechef des Außenministeriums in Paris und 1939/40 Propagandaminister war, Partei ergriff. Lieber ist ihm die politische Klugheit des Ägisth, die für alle vorteilhafter ist als die Gerechtigkeit um jeden Preis, die Elektra will und an der schließlich alle zugrundegehen.*

Orest kommt als Fremder zum Palast. Er hat starke Kindheitserinnerungen mit zärtlichen Gefühlen für Elektra. Ägisth will Elektra mit dem Gärtner verheiraten – aus Klugheit, um die Gefahr zu entschärfen; um sie unbemerkt töten zu können – so sagt der betrunkene „Bettler", eine von Giraudoux eingeführte Figur, die Wahrheiten ausspricht, manchmal konfus, und sich überall einmischt – wie einst der griechische Chor. Der Mord und die Liebesbeziehung Klytämnestra-Ägisth sind ein Geheimnis. Elektra ahnt die Tatsachen und ist der Wahrheit wie Hamlet auf der Spur. Elektra und Orest treffen aufeinander, zwischen ihnen herrscht eine überaus zärtliche Beziehung. Orest ist schwach und liebenswürdig, er zeigt sich nicht sehr geneigt, Elektras Wahrheitssuche zu unterstützen, er hat kein Bedürfnis, sein angenehmes und verheißungsvolles Leben zu zerstören; ständig um ihn sind drei Mädchen – die Eumeniden. Aber er wird später aus Zuneigung zu Elektra fast deren blindes Werkzeug. Die Identität Orests bleibt vorerst unbekannt – Elektra gibt ihn als ihren neuen Bräutigam aus, so daß der Gärtner gehen muß. Giraudoux bietet verfremdetes Theater, sein Stil ist leicht, poetisch, ironisch.

Die Kluft zwischen Klytämnestra und Elektra ist unüberbrückbar. Die Wahrheit ist ja noch nicht offenkundig, Elektra ist aber mißtrauisch und Klytämnestra fürchtet ihre Tochter. Der tote Agamemnon, den Elektra heiß liebte, den ihre Mutter aber haßt, steht zwischen ihnen. Es kommt zu einer kritischen Situation. Argos wird von den Korinthern überfallen. Ägisth möchte nun Klytämnestra heiraten, um das Land zu retten. Er handelt aus Liebe zu Argos, seiner neuen Heimat. Die Vernunft ist auf seiner Seite, doch Elektra, die nun die ganze Wahrheit herausgefunden hat, ist unbarmherzig, sie macht die Heirat unmöglich und verhindert so die Rettung von Argos. Sie stellt Wahrheit und Gerechtigkeit vor jede Vernunft. Das Verhängnis nimmt seinen Lauf, Orest mordet Ägisth und Klytämnestra. Der Verfremdungseffekt: vom entscheidenden Geschehen erfährt der Zuschauer nur mittelbar, aus einer Art Plauderei und dem Kommentar des Chors (= Bettlers).

ELEKTRA Nenne mich deine Tochter, Frau des Narses, ich bin deine Tochter ... Da hat jemand geschrien!

DIE FRAU DES NARSES Nein, meine Tochter.

ELEKTRA Bist du sicher, daß er sein Schwert hat?

DIE FRAU DES NARSES Du hast ihn vorbeikommen sehn. Er hatte tausend Schwerter in seiner Hand. Ruhig, sei ruhig.

ELEKTRA Die Minute muß lang gewesen sein, in der sie ihn an der Schwelle des Bades erwartet hat – o meine Mutter!

DIE FRAU DES NARSES Wenn du doch endlich erzählen wolltest! Alles wird vorbei sein, und wir hören nichts!

DER BETTLER Eine Minute. Er sucht sie. Da! Jetzt ist er bei ihnen.

DIE FRAU DES NARSES Oh, ich kann warten. Es ist süß, die kleine Elektra zu streicheln. Ich habe nur Jungens, Banditen! Glücklich die Mütter, die Töchter haben!

ELEKTRA Ja ... glücklich ... Jetzt aber hat jemand geschrien!

DIE FRAU DES NARSES Ja, meine Tochter.

DER BETTLER So hört das Ende. Die Frau des Narses und die Bettler hatten Orest befreit. Er rast durch den Hof. Er berührt, umarmt nicht einmal Elektra. Das war falsch. Er kann sie nie wieder berühren. Er traf auf die Mörder, als sie mit den Aufrührern unterhandelten. Wie Ägisth sich vorbeugt, um ihnen zu sagen, daß alles in Ordnung sei und alles gut ausgehen werde, hört er ein Tier hinter sich schreien, das geschlachtet wird. Aber es ist kein Tier, das da schreit, es ist Klytämnestra. Man sticht sie nieder. Der eigene Sohn sticht sie nieder. Aufs Geratewohl und mit geschlossenen Augen hatte er nach den beiden gestoßen. Aber alles an einer Mutter, selbst an einer nichtswürdigen, ist feinfühlig und sterblich. Sie ruft nicht nach Elektra, nicht nach Orest, sondern nach ihrer jüngsten Tochter Chrysothemis, und das tat sie so gut, daß Orest den Eindruck hat, eine andere Mutter vor sich zu haben, eine unschuldige Mutter zu töten. Und sie klammert sich an den rechten Arm Ägisths. Sie tut recht, das war die einzige Stütze, die sie noch hatte im Leben. Aber sie hindert Ägisth, selbst das Schwert zu ziehen. Er versucht, sie abzuschütteln, um den Arm freizubekommen, vergebens! Sie war aber auch zu schwer, ihm als Schild zu dienen. Dann war noch der Vogel da, der nach ihm mit den Flügeln schlug, mit dem Schnabel hackte. Er wehrte sich. Mit dem linken bloßen Arm wehrte er sich, eine tote Königin mit Perlen und Geschmeiden im rechten Arm, verzweifelt, daß er als Verbrecher sterben sollte, nachdem alles an ihm rein und heilig geworden war; daß er für ein Verbrechen eintreten sollte, mit dem er nichts mehr zu tun hatte! Im Gefühl seiner Unschuld und Rechtlichkeit sollte er als Schurke gelten vor einem Muttermörder! Er wehrte sich mit der bloßen Hand, die vom Schwert nach und nach in Stücke geschlagen wurde. Das Schnürband seines Panzers verfing sich in einer von Klytämnestras Spangen, und sein Panzer öffnet sich. Da hörte er auf, sich zu wehren, er schüttelte nur seinen rechten Arm, und man fühlte, daß er die Königin abschütteln wollte, nicht mehr, um für sich zu kämpfen, sondern um für sich zu sterben, allein für sich, und um von Klytämnestra im Tod getrennt zu sein. Es ist ihm nicht gelungen. Für alle Ewigkeit bleiben Ägisth und Klytämnestra ein Paar. Aber im Sterben hat er einen Namen gerufen, den ich nicht sagen werde.

DIE STIMME ÄGISTHS   (hinter der Szene) Elektra …
DER BETTLER   Ich erzähle zu schnell. Er hat mich eingeholt.

Elektra hat nun ihre Wahrheit und Gerechtigkeit, zurück bleibt aber Krieg und Zerstörung für alle, auch für die Unschuldigen. Dies kommt konzentriert in der Schlußszene der Giraudoux-Elektra zum Ausdruck:

(Elektra, der Bettler, die Frau des Narses, die Eumeniden, die – am Anfang des Stückes noch Kinder! – jetzt so groß und so alt wie Elektra sind)

EIN DIENER   Flieht alle, flieht! Der Palast brennt!
ERSTE EUMENIDE   Das ist das Licht, das Elektra fehlte. Zu dem Tag und der Wahrheit hat sich der Brand gesellt.
ZWEITE EUMENIDE   Du bist zufrieden, Elektra. Die Stadt geht unter!
ELEKTRA   Ich bin zufrieden. Seit einer Minute weiß ich, daß sie wiedererstehen wird.
DRITTE EUMENDIE   Auch die, die sich abschlachten in den Straßen werden wiedererstehen? Die Korinther haben die die Stadt gestürmt und beginnen das Morden.
ELEKTRA   Wenn sie unschuldig sind, werden sie wiedererstehen.
ERSTE EUMENIDE   So weit hat dein Stolz dich gebracht, Elektra! Nichts bist du mehr! Nichts hast du mehr!
ELEKTRA   Ich habe mein Gewissen, ich habe Orest, ich habe Gerechtigkeit, ich habe alles!
ZWEITE EUMENIDE   Dein Gewissen! Hören wirst du es, dein Gewissen, in allen frühen Morgenstunden, die kommen. Sieben Jahre hast du nicht schlafen können wegen eines Verbrechens, das andre begangen hatten. Von heute an trägst du selbst dein Verbrechen!
ELEKTRA   Ich habe Orest. Ich habe Gerechtigkeit. Ich habe alles.
DRITTE EUMENDIE   Orest! Nie wirst du Orest wiedersehen. Jetzt scheiden wir von dir, um ihn einzukreisen. Dein Alter und deine Gestalt nehmen wir an, um ihn zu verfolgen. Leb wohl. Wir lassen ihn nie wieder los, bis er an sich verzweifelt, sich tötet und seine Schwester verflucht.
ELEKTRA   Ich habe Gerechtigkeit. Ich habe alles.
ERSTE EUMENIDE   Gerechtigkeit! Betrachte sie, deine Gerechtigkeit. Wiege sie auf deinen unschuldigen Händen, und sage mir, wieviel Fische am Strand, wieviel Brot in der Backstube du dafür eintauschen kannst! Reich bist du mit deiner Gerechtigkeit! Keine tote Krähe ist sie von heute ab wert!
(Die Eumeniden gehen ab.)
DIE FRAU DES NARSES   Was sagen sie da? Sie sind bös und gemein. – Wo sind wir jetzt, meine arme Elektra, wo sind wir?
ELEKTRA   Wo wir sind?
DIE FRAU DES NARSES   Ja. Kannst du es mir nicht erklären? Ich habe niemals schnell aufgefaßt. Ich fühle sehr wohl, daß etwas vorgeht, aber begreifen kann ich es nicht. Wie nennt man das, wenn der Tag anbricht wie heute, und alles ist verpfuscht, durcheinandergebracht, aber man atmet trotzdem, hat alles verloren, die Stadt brennt, die Unschuldigen töten einander, aber auch die Schuldigen ringen schon mit dem Tod, in einem Winkel des Tags, der da anbricht?
ELEKTRA   Frage den Bettler. Er weiß es.
DER BETTLER   Dafür gibt es ein sehr schönes Wort, Frau des Narses. Das nennt man die Morgenröte.   ENDE

Auch das Schlußbild von Giraudoux hat nichts Tröstliches, es ist nur gemildert durch die poetische Ironie. Elektra hat wohl ihre Gerechtigkeit, aber sie nützt niemandem. Auch die Wahrheit macht Agamemnon nicht wieder lebendig.

JEAN PAUL SARTRE

Krieg und Zerstörung, die Giraudoux in seiner Elektra verhängnisvoll kommen sieht, haben Europa voll ereilt, als Jean Paul Sartre 1942 „Die Fliegen" schrieb. Sartre will die noch vorhandenen Kräfte der Franzosen mobilisieren. Dazu muß man wissen, daß Sartre 1940 in deutsche Kriegsgefangenschaft geraten und dann ins besetzte Frankreich entlassen worden war. Dort wurde er ein wichtiges Mitglied der Résistance. Sein Theaterstück ist als politische Aktion des Widerstandskämpfers Sartre gedacht. Die deutschen Besatzungsbehörden ließen sich über den wirklichen Sinngehalt des Dramas, den das französische Publikum in der bestehenden Situation mühelos verstand, durch die antike Einkleidung der Handlung täuschen. Man gestattete 1943 die Aufführung. Im Vorwort des Textbuches, das nach Kriegsende im Druck erschien, heißt es:

»Nach unserer Niederlage im Jahre 1940 verfielen zu viele Franzosen der Mutlosigkeit oder gaben in ihrem Innern der Selbstverleugnung Raum. Ich aber schrieb „Die Fliegen" und versuchte, zu zeigen, daß Selbstverleugnung nicht die Haltung war, die die Franzosen nach dem militärischen Zusammenbruch unseres Landes wählen durften... Heute haben die Deutschen das gleiche Problem vor sich. Auch für die Deutschen, glaube ich, ist Selbstverleugnung unfruchtbar. Ich will damit nicht sagen, daß die Erinnerung an die Fehler der Vergangenheit aus ihrem Gedächtnis verschwinden soll. Nein. Aber ich bin überzeugt, daß nicht eine willfährige Selbstverleugnung ihnen jenen Pardon verschafft, den die Welt ihnen gewähren kann. Dazu verhelfen ihnen nur: eine totale und aufrichtige Verpflichtung auf eine Zukunft in Freiheit und Arbeit, ein fester Wille, diese Zukunft aufzubauen, und das Vorhandensein der größtmöglichen Zahl von Menschen guten Willens. Möge dieses Stück sie nicht nur in die Richtung auf diese Zukunft lenken, sondern ihnen helfen, sie zu erlangen.«

Der Existenzialist Sartre, für den nach atheistischer Vorstellung der Mensch selbst voll für seine Handlungsweise verantwortlich ist, hatte sich den mythologischen Stoff für seine Darstellung des freien Menschen gewählt. Orest stellt den Ideal-Menschen dar, der sich seiner Freiheit bewußt wird und durch seinen Einsatz und sein Verantwortungsbewußtsein sein Volk befreit. Orest kommt also mit seinem Erzieher, dem Pädagogen, als Durchreisender nach Argos, hier eine verwahrloste Provinzstadt und nicht ein mächtiges Königreich wie in den Vorlagen. Sie treffen auf Jupiter, der sich ebenfalls als Reisender ausgibt. Jupiter erzählt von der Heimkehr Agamemnons, dem Mord und der Mitwisserschaft des Volkes, das das Unrecht mit Wollust miterlebt und nichts dagegen unternommen hat und dafür jetzt in selbstzerfleischender Reue lebt. Die Fliegen, die über dem Dorf lasten, sind ein Symbol der Strafe (Erinnyen). Der Pädagoge hat Orest im Sinne der geistigen Freiheit erzogen. Beide wollen schließlich abreisen, da Orest sich dazu durchringt, daß er hier keine Pflichten und keine Bindungen eingehen soll und kann. Elektra tritt auf. Sie ist jung und schön, da sie im Gegensatz zu den anderen ohne Schuld ist. Das Verhältnis Klytämnestra-Elektra ist feindselig. Klytämnestra hat durch ihre Tat ihr ganzes Leben zerstört.

Elektra erkennt Orest nicht und fühlt sich von dem jungen Mann sehr stark angezogen. Sie lädt ihn zum jährlichen Fest ein, das am Tag des Mordes an Agamemnon stattfindet. In diesem öffentlichen Totenfest vor einer Höhle in den Bergen werden die Toten des ganzen Dorfes angerufen und kommen an diesem Tag ins Leben zurück. Bei der ganzen Feier herrscht ein Klima der hysterischen Selbstzerfleischung, Reue und Trauer; angeführt wird die Totenfeier von Ägisth und dem Oberpriester. Elektra revoltiert und ruft zum Widerstand auf. Ägisth droht für dieses Verhalten Strafe an und erklärt Elektra für vogelfrei. Nun fühlt sich Orest für sie verantwortlich, er gibt sich ihr zu erkennen. Orest möchte sich zugehörig fühlen, eine Heimat haben. Elektra hat in ihren Träumen einen ganz anderen erwartet als den liebenswürdigen, sanften, jungen Mann. Orest versucht Elektra zu überzeugen, daß er jener ist, den sie erwartet hat. Ägisth ist mit Jupiter ein Bündnis eingegangen: durch die Mitwisserschaft beim Mord an Agamemnon fühlt sich die ganze Bevölkerung schuldig und unfrei und unterwirft sich dem Regime Jupiter-Ägisth. Diese Macht ist durch das Auftauchen von Orest gefährdet, der weiß, daß er frei ist. Jupiter verlangt von Ägisth, Orest und Elektra gefangenzunehmen. (Bezeichnend: Jupiter wird

wegen seiner Machenschaften hier von Elektra auch mit „Sauhund" angeredet!) Doch es ist bereits zu spät. Die beiden Geschwister sind schon im Palast und Orest tötet Ägisth und Klytämnestra. Orest bekennt sich zu seiner Tat und will die Folgen auf sich nehmen, Elektra hingegen ist zu schwach. Elektra beschuldigt Orest, daß er die Tat ausgeführt hat, während sie nur davon sprach und die Ermordung gar nicht wollte. Ihr hätte die träumerische Beschäftigung mit der Rache und die verbale Ausführung genügt. Sie kann den Selbstvorwürfen und dem Entsetzen nicht entkommen und flieht vor Orest. Ganz im Gegensatz dazu steht die Härte und der Ernst des Orest, der sich durch das „Auf-sich-nehmen" der „Erbschuld" geradezu dem Christusbild nähert. Das wütende Volk hat sich versammelt, um Orest zu töten. Orest stellt sich seinen Verfolgern.
Auch bei Sartres Stück bilden die Schlußszenen einen dramatischen Höhepunkt, der für das ganze Werk charakteristisch ist, so daß wir diesen Text zitieren.

3. Akt (Schluß)
(Die Erinnyen beginnen zu summen und nähern sich Orest.)

OREST Ich bin ganz allein.

1. ERINNYE O nein, o Allerliebster unter den Mördern, ich bleibe bei dir: Du wirst sehen, welche Spiele ich erfinden werde, um dich zu zerstreuen.

OREST Bis zum Tode werde ich allein sein. Nachher …

1. ERINNYE Nur Mut, meine Schwestern, er wird schwächer. Schaut, seine Augen vergrößern sich; bald werden seine Nerven klingen wie die Saiten einer Harfe unter den Akkorden des Entsetzens.

2. ERINNYE Bald wird ihn der Hunger aus seinem Asyl verjagen, wir werden noch vor dem Abend wissen, wie sein Blut schmeckt.

OREST Arme Elektra! *(Pädagoge tritt ein.)*

5. Szene

PÄDAGOGE Mein Herr, wo seid Ihr denn? Man sieht nicht die Hand vor den Augen. Ich bringe Euch etwas zu essen; die Leute von Argos belagern den Tempel, und Ihr könnt nicht daran denken, ihn zu verlassen; heute nacht werden wir zu fliehen versuchen. Inzwischen eßt etwas. *(Die Erinnyen versperren ihm den Weg.)* Ha! Wer sind die da? Noch mehr Aberglauben. Wie sehne ich mich nach dem wilden attischen Land, wo es meine Vernunft war, die recht behielt.

OREST Versuche nicht, dich mir zu nähern; sie würden dich bei lebendigem Leib zerreißen.

PÄDAGOGE Langsam, meine Schönen. Hier, nehmt dieses Fleisch und diese Früchte, wenn diese meine Gaben euch beruhigen können.

OREST Die Leute von Argos, sagst du, haben sich vor dem Tempel geschart?

PÄDAGOGE Und wie! Und ich könnte Euch nicht einmal sagen, wer sich böser und erbitterter aufführt, um Euch zu schaden, diese hübschen Mädchen da oder Eure treuen Untertanen.

OREST Schon gut. *(Pause)* Öffne diese Türe.

PÄDAGOGE Seid Ihr verrückt? Sie stehen dahinter, mit Waffen.

OREST Tu, was ich dir sage.

PÄDAGOGE Diesmal ermächtigt Ihr mich wirklich, Euch nicht zu gehorchen. Sie werden Euch steinigen, sage ich Euch.

OREST Ich bin dein Herr, Alter, und ich befehle dir, diese Tür zu öffnen.

PÄDAGOGE O je! O je!

OREST Beide Flügel!
(Der Pädagoge öffnet die Türe und versteckt sich hinter einem der Flügel. Die Menge schlägt die beiden Flügel heftig zurück und bleibt erstaunt auf der Schwelle stehen. Starkes Licht.)

6. Szene

RUFE AUS DER MENGE Tötet ihn! Tötet ihn! Steinigt ihn! Zerreißt ihn! Tötet ihn!

OREST *(ohne auf sie zu hören)* Die Sonne!

MENGE Frevler! Mörder! Schlächter! Man wird dich vierteilen! Man wird dir geschmolzenes Blei in die Wunden gießen!

EINE FRAU Ich werde dir die Augen herausreißen.

EIN MANN Ich werde deine Leber essen.

OREST *(hat sich erhoben)* Da seid ihr also, meine sehr getreuen Untertanen? Ich bin Orest, euer König, der Sohn des Agamemnon, und heute ist der Tag meiner Krönung. *(Die Menge murrt – aus der Fassung gebracht.)* Ihr schreit nicht mehr? *(Die Menge schweigt.)* Ich weiß, ich jage euch Angst ein. Vor fünfzehn Jahren, auf den Tag genau, hat ein anderer Mörder vor euch gestanden; er trug rote Handschuhe bis zu den Ellbogen, Handschuhe aus Blut, und ihr hattet keine Angst vor ihm, denn ihr habt in seinen Augen gesehen, daß er einer der Euern war und daß er nicht den Mut hatte, zu seinen Taten zu stehen. Ein Verbrechen, das sein Urheber nicht ertragen kann, das ist schon beinah ein Unglücksfall. Ihr habt den Verbrecher als euern König aufgenommen, und das alte Verbrechen hat zwischen den Mauern der Stadt herumgespukt und leise gewinselt, wie ein Hund, der seinen Herrn verloren hat. Ihr schaut mich an, Leute von Argos, ihr habt verstanden, daß mein Verbrechen mir gehört; ich nehme es für mich in Anspruch vor dem Angesicht der Sonne, es ist der Grund meines Lebens und mein Stolz; ihr könnt mich weder züchtigen noch strafen, und darum jage ich euch Angst ein. Und dennoch, o meine Leute, liebe ich euch, und um euretwillen habe ich getötet. Für euch. Ich war gekommen, um mein Königreich zurückzuverlangen, und ihr habt mich zurückgestoßen, weil ich keiner der Eurigen war. Jetzt bin ich einer von euch, o meine Untertanen, wir sind durch das Blut gebunden, und ich verdiene, euer König zu sein. Eure Schuld und eure Reue, eure nächtlichen Ängste, das Verbrechen des Ägisth, all das ist mir, ich nehme es auf mich. Fürchtet eure Toten nicht mehr, es sind m e i n e Toten. Und schaut: Eure treuen Fliegen haben euch verlassen und sind bei mir. Aber fürchtet euch nicht, Leute von Argos: ich werde mich nicht, noch blutig, auf den Thron meines Opfers setzen; ein Gott hat ihn mir angeboten, und ich habe nein gesagt. Ich will ein König ohne Land und ohne Untertanen sein. Lebt wohl, meine Leute, versucht zu leben: alles ist neu hier, alles ist von vorn zu beginnen. Auch für mich beginnt das Leben. Ein sonderbares Leben. Hört noch dieses: Eines Sommers wurde Sykros von Ratten heimgesucht. Es war eine grauenhafte Pest, sie zernagten alles; die Bewohner der Stadt glaubten, sie müßten ihretwegen sterben. Aber eines Tages kam ein Flötenspieler. Er stellte sich im Herzen der Stadt auf – so. *(Er stellt sich auf.)*
Er begann auf der Flöte zu spielen, und alle Ratten kamen herbei und drängten sich um ihn. Dann machte er sich auf den Weg mit langen Schritten – *(Er steigt vom Sockel herunter.)*
und schrie den Leuten von Sykros zu: Macht Platz!
(Die Menge tritt zur Seite.)
Und alle Ratten hoben zögernd die Köpfe – so wie es die Fliegen tun. Schaut, schaut die Fliegen! Und dann, plötzlich stürzten sie sich hinter ihm her. Und der Flötenspieler verschwand auf immer mit seinen Ratten. So.
(Er geht hinaus. Die Erinnyen stürzen sich heulend hinter ihm her.) ENDE

GERHART HAUPTMANN

Die totale Auflösung in Zerrüttung und Entmenschlichung der Elektra-Figur bringt Gerhart Hauptmann. Sie ist ein Teil seiner Atriden-Trilogie: Iphigenie in Aulis, Agamemnons Tod (1941–43) und Elektra (1944). Europa steht vor dem Ende des Weltkriegs und Hauptmann hat sich 82jährig auf den Agnetenberg in Schlesien zurückgezogen. Zwei Jahre später stirbt Hauptmann. Am Ende seines Lebens stehend, erlebt er persönlich das Inferno der Vernichtung des alten Dresden.

Die Verwahrlosung der Hofmannsthal-Elektra hat sich in seinem Drama bis zur Ungeheuerlichkeit gesteigert, Elektra erscheint gorgonenhaft. Pylades: Mich schreckt ein blutrot aufgerissener Mund, aus dem die Zunge hängt, darüber glänzen zwei blinde Augen.

Die Tragödie spielt im Demetertempel, Schauplatz des Mordes an Agamemnon. Elektra wurde nach dem Mord dem Hungertod überlassen, sie flüchtet sich in den Mordschacht und hält sich dort versteckt, während sie nur mehr auf Rache wartet. Pylades und Orest treffen als Wanderer hier ein und erschrecken über das Grauen des Ortes und über die unmenschliche Schwester. Klytämnestra und Ägisth sind auf einer Jagdgesellschaft, haben sich verirrt und suchen im verfallenen Demetertempel Schutz vor dem Gewitter. Nach einer wahnwitzigen Auseinandersetzung tötet schließlich Pylades den Ägisth; und Orest erschlägt – ohne es wirklich zu wollen und erst nachdem ihn Klytämnestra angreift – die Mutter. Ihre letzten Worte lauten:
„*Die Welt soll sterben; sie wie wir.*"
Orest schreitet nach dem Mord aufrecht ins Freie, wo der Morgen anbricht. Elektra hat das Beil wie etwas Fremdes in der Hand.
So endet die Hauptmann-Tragödie, die immerhin noch einen Morgen kommen sieht.

GÖTZ FRIEDRICH

Götz Friedrich's Deutung des Stoffes, ausgedrückt in Hugo von Hofmannsthals Worten:
Seit dem Jahr 1945, als die Menschen im Chaos für die Zukunft neue Hoffnung schöpften, ist eine bewegte Zeit vergangen. Der Wiederaufbau Europas nach dem Krieg, geistige Umorientierung, neue Machtstrukturen, die unüberbrückbar scheinende Spaltung zwischen Ost und West, enttäuschte Hoffnungen – es ist eine Welt, die den Krieg noch nicht vergessen hat, die ihn ringsherum drohen sieht. Die in dem Bewußtsein lebt, daß es Mächte gibt, die die Erde um ein Vielfaches zerstören können; die erlebt hat, wie die kühnsten Ideologien mißbraucht und die Menschen immer wieder betrogen wurden.

Und so sieht das Schlußbild der Elektra-Verfilmung von Götz Friedrich, so wie es im Drehbuch von 1981 verzeichnet ist, aus – nach der Ermordung von Klytämnestra und Ägisth: »Elektra blickt auf den Palast. Der Regen wischt das Blut ab. Der Kopf Elektras beginnt, sich tänzerisch zu wiegen. Sie streckt sich dem Regen entgegen. Nackt stampfen die Füße in die Nässe, aus Blut und Regen gemischt.

Elektra bewegt sich tanzend zwischen neuem Palast und alter Burg. Sie kommt in die Nähe des Palastes, wo am Anfang die Mägde das Blut wegzuwaschen hatten.

Elektras Füße streifen tanzend über die Stelle, auf der früher der Leichnam Agamemnons lag. In dem Regenschauer scheint Agamemnon zu erscheinen. Tanzend streckt Elektra die Arme aus und scheint die Vision zu umarmen.

Tanzend kommt sie vor die Palastwand. Alle blicken auf sie, aus den verschiedensten Öffnungen des Palastes.

Aus einem der Fenster blickt auch Orest mit dem Pfleger auf seine Schwestern. Elektra – sie tut noch einige Schritte in angespanntestem Triumph. Ihre Füße wirbeln den Blutschlamm auf. Sie ist mehr und mehr davon bedeckt. Orest schaut ihr zu und gibt Zeichen, die Öffnungen des Palastes zu schließen. Elektra tanzt noch einige Schritte in Todesverzückung und stürzt zusammen. Chrysothemis läuft zur Schwester und beugt sich über sie. Hilfesuchend wendet sie sich um zum Palast.

Der Regen hat schlagartig aufgehört. Alle Öffnungen des Palastes haben sich geschlossen. Die Wand macht einen abweisenden, undurchdringlichen Eindruck.«

Chrysothemis ruft: „Orest!"
Orest lehnt mit dem Rücken gegen das geschlossene Fenster und wendet sich ab.
Chrysothemis: „Orest!"

In keiner anderen Version ist das Ende der Elektra so ernüchternd. Hofmannsthal ist der einzige, der Elektra sterben läßt. Bei ihm ist ihr Tod allerdings eine Befreiung; in einer Art religiösem Wahn streift sie alles Bedrückende ab und verbindet sich im Tod – wie Ariadne mit Bacchus – mit einem überirdischen Ich. Bei Götz Friedrich versinkt sie in Blut und Schlamm. Orest wendet sich ab: diese Welt bleibt unerlöst.

ELEKTRA – TRAGÖDIE IN EINEM AKT:

DAS BILDTEXTBUCH

Erste Magd
Wo bleibt Elektra?

Zweite Magd
Ist doch ihre Stunde, wo sie um den Vater heult, daß alle Wände schallen.

Erste Magd
Habt ihr gesehn, wie sie uns ansah?

Zweite Magd
Giftig, wie eine wilde Katze.

Dritte Magd
Neulich lag sie da und stöhnte –

Erste Magd
Immer, wenn die Sonne tief steht, liegt sie und stöhnt.

Dritte Magd
Da gingen wir zu zweit und kamen ihr zu nah –

Erste Magd
sie hält's nicht aus, wenn man sie ansieht.

Dritte Magd
Ja, wir kamen ihr zu nah. Da fauchte sie wie eine Katze uns an.
„Fort, Fliegen!" schrie sie, „fort!"

Vierte Magd:
„Schmeißfliegen, fort!"

Dritte Magd
„Sitzt nicht auf meinen Wunden!" –
und schlug nach uns mit einem Strohwisch.

Vierte Magd
„Schmeißfliegen, fort!"

Dritte Magd
„Ihr sollt das Süße nicht abweiden von der Qual.
Ihr sollt nicht schmatzen nach meiner Krämpfe Schaum."

Vierte Magd
„Geht ab, verkriecht euch", schrie sie uns nach.
„Eßt Fettes und eßt Süßes und geht zu Bett mit euren Männern",
schrie sie, und die –

Dritte Magd
ich war nicht faul –

Vierte Magd
die gab ihr die Antwort!

Dritte Magd
„Ja, wenn du hungrig bist", gab ich zur Antwort,
„so ißt du auch", da sprang sie auf und schoß gräßliche Blicke,
reckte ihre Finger wie Krallen gegen uns und schrie:
„Ich füttre mir einen Geier auf im Leib."

Zweite Magd

Und du?

Dritte Magd

„Drum hockst du immerfort", gab ich zurück,
„wo Aasgeruch dich hält, und scharrst nach einer alten Leiche!"

Zweite Magd

Und was sagte sie da?

Dritte Magd

Sie heulte nur und warf sich in ihren Winkel.

Erste Magd

Daß die Königin solch einen Dämon frei in Haus und Hof
sein Wesen treiben läßt...

Zweite Magd

Das eigne Kind!

Erste Magd

Wär' sie mein Kind, ich hielte, ich – bei Gott! –
sie unter Schloß und Riegel.

Vierte Magd

Sind sie dir nicht hart genug mit ihr?
Setzt man ihr nicht den Napf
mit Essen zu den Hunden?
Hast du den Herrn nie sie schlagen sehn?

Fünfte Magd

Ich will mich vor ihr niederwerfen und die Füße ihr küssen.
Ist sie nicht ein Königskind und duldet solche Schmach?
Ich will die Füße ihr salben und mit meinem Haar sie trocknen.

Aufseherin

Hinein mit dir!

Fünfte Magd

Es gibt nichts auf der Welt, das königlicher ist als sie.
Sie liegt in Lumpen auf der Schwelle, aber niemand ist hier im Haus,
der ihren Blick aushält.

Aufseherin

Hinein!

Fünfte Magd

Ihr alle seid nicht wert, die Luft zu atmen, die sie atmet!
Oh, könnt' ich euch alle, euch, erhängt am Halse,
in einer Scheuer Dunkel hängen sehn
um dessetwillen, was ihr an Elektra getan!

Aufseherin

Hört ihr das?
wir, an Elektra, die ihren Napf von unserm Tisch stieß,
als man mit uns sie essen hieß,
die ausspie vor uns und Hündinnen uns nannte.

Erste Magd

Was? Sie sagte keinen Hund kann man erniedern,
wozu man uns hat abgerichtet:
daß wir mit Wasser und mit immer frischem Wasser
das ewige Blut des Mordes von der Diele abspülen –

Dritte Magd

„Und die Schmach", so sagte sie,
„die Schmach, die sich bei Tag und Nacht erneut,
in Winkel fegen…"

Erste Magd

„Unser Leib", so schreit sie, „starrt von dem Unrat,
dem wir dienstbar sind!"

Aufseherin

Und wenn sie uns mit unsern Kindern sieht, so schreit sie:
„Nichts kann so verflucht sein, nichts, als Kinder,
die wir hündisch auf der Treppe im Blute glitschernd,
hier in diesem Hause empfangen und geboren haben."
Sagt sie das oder nicht?

Erste, zweite, dritte, vierte Magd

Ja! Ja!

Aufseherin

Sagt sie das oder nicht?

Erste, zweite, dritte, vierte Magd

Ja! Ja!

Fünfte Magd

Sie schlagen mich!

Elektra

Allein! Weh, ganz allein.
Der Vater fort, hinabgescheucht in seine kalten Klüfte...
Agamemnon! Agamemnon!
Wo bist du, Vater?
Hast du nicht die Kraft, dein Angesicht herauf zu mir zu schleppen?
Es ist die Stunde, unsre Stunde ist's, die Stunde, wo sie dich geschlachtet haben,
dein Weib und der mit ihr in einem Bette,
in deinem königlichen Bette schläft.
Sie schlugen dich im Bade tot.
Dein Blut rann über deine Augen und das Bad dampfte von deinem Blut.
Da nahm er dich, der Feige, bei den Schultern,
zerrte dich hinaus aus dem Gemach,
den Kopf voraus, die Beine schleifend hinterher.
Dein Auge, das starre, offne, sah herein ins Haus.
So kommst du wieder, setzest Fuß vor Fuß
und stehts auf einmal da, die beiden Augen weit offen,
und ein königlicher Reif von Purpur ist um deine Stirn,
der speist sich aus des Hauses offner Wunde.

Agamemnon! Vater!
Ich will dich sehn, laß mich heute nicht allein!
Nur so wie gestern, wie ein Schatten dort im Mauerwinkel
zeig dich deinem Kind!

Vater! Agamemnon!
Dein Tag wird kommen! Von den Sternen stürzt alle Zeit herab,
so wird das Blut aus hundert Kehlen stürzen auf dein Grab!
So wie aus umgeworfnen Krügen wird's aus den gebundnen Mördern fließen,
und in einem Schwall, in einem geschwollnen Bach
wird des Lebens Leben aus ihnen stürzen,
und wir schlachten dir die Rosse, die im Hause sind, wir treiben sie vor dem Grab zusammen,
und sie ahnen den Tod und wiehern in die Todesluft und sterben.
Und wir schlachten dir die Hunde, die dir die Füße leckten,
die mit dir gejagt, denen du die Bissen hinwarfst,
darum muß ihr Blut hinab,
um dir zu Dienst zu sein,
und wir, wir, dein Blut, dein Sohn Orest und deine Töchter, wir drei,
wenn alles dies vollbracht
und Purpurzelte aufgerichtet sind
vom Dunst des Blutes, den die Sonne nach sich zieht,
dann tanzen wir, dein Blut, rings um dein Grab.
Und über Leichen hin werd' ich das Knie hochheben, Schritt für Schritt,
und die mich werden so tanzen sehn,
ja, die meinen Schatten von weitem nur so werden tanzen sehn,
die werden sagen:
Einem großen König wird hier ein großes Prunkfest angestellt
von seinem Fleisch und Blut,
und glücklich ist, wer Kinder hat,
die um sein hohes Grab so königliche Siegestänze tanzen!
Agamemnon! Agamemnon!

Chrysothemis

Elektra!

Elektra

Ah, das Gesicht!

Chrysothemis

Ist mein Gesicht dir so verhaßt?

Elektra

Was willst du? Rede, sprich, ergieße dich,
dann geh und laß mich! –
Was hebst du die Hände? So hob der Vater seine beiden Hände,
da fuhr das Beil hinab und spaltete sein Fleisch.
Was willst du? Tochter meiner Mutter, Tochter Klytämnestras?

Chrysothemis

Sie haben etwas Fürchterliches vor.

Elektra

Die beiden Weiber?

Chrysothemis

Wer?

Elektra

Nun, meine Mutter und jenes andre „Weib",
die Memme, ei, Ägisth, der tapfre Meuchelmörder,
er, der Heldentaten nur im Bett vollführt.
Was haben sie denn vor?

Chrysothemis

Sie werfen dich in einen Turm,
wo du von Sonn' und Mond das Licht nicht sehen wirst.
Sie tun's, ich weiß es, ich hab's gehört.

Elektra

Wie hast denn du es hören können?

Chrysothemis

An der Tür, Elektra.

Elektra

Mach keine Türen auf in diesem Haus!
Gepreßter Atem, pfui! und Röcheln von Erwürgten,
nichts andres gibt's in diesen Mauern!
Mach keine Türen auf! Schleich' nicht herum, sitz' an der Tür wie ich
und wünsch' den Tod und das Gericht herbei auf sie und ihn.

Chrysothemis

Ich kann nicht sitzen und ins Dunkel starren wie du.
Ich hab's wie Feuer in der Brust,
es treibt mich immerfort herum im Haus,
in keiner Kammer leidets mich,
ich muß von einer Schwelle auf die andre, ach! treppauf, treppab,
mir ist, als rief' es mich,
und komm' ich hin, so stiert ein leeres Zimmer mich an.
Ich habe solche Angst, mir zittern die Knie bei Tag und Nacht,
mir ist die Kehle wie zugeschnürt, ich kann nicht einmal weinen,
wie Stein ist alles!
Schwester, hab Erbarmen!

Elektra

Mit wem?

Chrysothemis

Du bist es, die mit Eisenklammern mich an den Boden schmiedet.
Wärst nicht du, sie ließen uns hinaus.
Wär' nicht dein Haß, dein schlafloses, unbändiges Gemüt,
vor dem sie zittern, ah,
so ließen sie uns ja heraus aus diesem Kerker, Schwester!
Ich will heraus! Ich will nicht jede Nacht bis an den Tod hier schlafen!
Eh' ich sterbe, will ich auch leben!
Kinder will ich haben, bevor mein Leib verwelkt,
und wär's ein Bauer, dem sie mich geben;
Kinder will ich ihm gebären und mit meinem Leib sie wärmen in kalten Nächten,
wenn der Sturm die Hütte zusammenschüttelt!
Hörst du mich an? Sprich zur mir, Schwester!

Elektra

Armes Geschöpf!

Chrysothemis

Hab Mitleid mir dir selber und mit mir!
Wem frommt denn solche Qual? Der Vater, der ist tot.
Der Bruder kommt nicht heim.
Immer sitzen wir auf der Stange wie angehängte Vögel,
wenden links und rechts den Kopf und niemand kommt,
kein Bruder, kein Bote von dem Bruder,
nicht der Bote von einem Boten. Nichts!
Mit Messern gräbt Tag um Tag in dein und mein Gesicht sein Mal,
und draußen geht die Sonne auf und ab,
und Frauen, die ich schlank gekannt hab', sind schwer von Segen,
mühn sich zum Brunnen, heben kaum die Eimer,
und auf einmal sind sie entbunden ihrer Last,
kommen zum Brunnen wieder,
und aus ihnen selber quillt süßer Trank,
und säugend hängt ein Leben an ihnen,
und die Kinder werden groß. – Nein, ich bin ein Weib und will ein Weiberschicksal.
Viel lieber tot, als leben und nicht leben.

Elektra

Was heulst du? Fort! Hinein! Dort ist dein Platz!

Elektra

Es geht ein Lärm los.
Stellen sie vielleicht für dich die Hochzeit an?
Ich hör' sie laufen. Das ganze Haus ist auf.
Sie kreißen oder sie morden.
Wenn es an Leichen mangelt, drauf zu schlafen, müssen sie doch morden!

Chrysothemis

Geh fort, verkriech dich! daß sie dich nicht sieht.
Stell' dich ihr heut' nicht in den Weg: sie schickt Tod aus jedem Blick.
Sie hat geträumt.
Geh fort von hier. Sie kommen durch die Gänge.
Sie kommen hier vorbei.
Sie hat geträumt. Sie hat geträumt:
ich weiß nicht was, ich hab' es von den Mägden gehört;
sie sagen, daß sie von Orest geträumt hat,
daß sie geschrien hat aus ihrem Schlaf,
wie einer schreit, den man erwürgt. – Sie kommen schon.

Sie treibt die Mägde alle mit Fackeln vor sich her,
sie schleppen Tiere und Opfermesser.
Schwester, wenn sie zittert, ist sie am schrecklichsten,
geh ihr nur heut',
nur diese Stunde geh' ihr aus dem Weg!

Elektra

Ich habe eine Lust, mit meiner Mutter zu reden
wie noch nie!

Chrysothemis

Ich will's nicht hören!

Klytämnestra

Was willst du?
Seht doch, dort! so seht doch das!
Wie es sich aufbäumt mit geblähtem Hals und nach mir züngelt!
Und das laß ich frei in meinem Hause laufen!
Wenn sie mich mit ihren Blicken töten könnte!
O Götter, warum liegt ihr so auf mir?
Warum verwüstet ihr mich so?
warum muß meine Kraft in mir gelähmt sein?
warum bin ich lebendigen Leibes wie ein wüstes Gefild –
und diese Nessel wächst aus mir heraus,
und ich hab' nicht die Kraft zu jäten!
Warum geschieht mir das, ihr ew'gen Götter?

Elektra

Die Götter!
Bist doch selber eine Göttin, bist,
was sie sind!

Klytämnestra

Habt ihr gehört? habt ihr verstanden, was sie redet?

Die Vertraute

Daß auch du vom Stamm der Götter bist.

Die Schleppträgerin

Sie meint es tückisch.

Klytämnestra

Das klingt mir so bekannt.
Und nur als hätt' ich's vergessen, lang und lang.
Sie kennt mich gut. Doch weiß man nie, was sie im Schilde führt.

Elektra

Du bist nicht mehr du selber. Das Gewürm hängt immerfort um dich!
Was sie ins Ohr dir zischen, trennt dein Denken fort und fort entzwei,
so gehst du hin im Taumel, immer bist du als wie im Traum.

Klytämnestra

Ich will hinunter.
Laßt, laßt, ich will mir ihr reden.
Sie ist heute nicht widerlich.
Sie redet wie ein Arzt.

Die Vertraute

Sie redet nicht, wie sie's meint.

Die Schleppträgerin

Ein jedes Wort ist Falschheit.

Klytämnestra

Ich will nichts hören!
Was aus euch herauskommt, ist nur der Atem des Ägisth.
Und wenn ich nachts euch wecke,
redet ihr nicht jede etwas andres?
Schreist nicht du,
daß meine Augenlider angeschwollen und meine Leber krank ist?
Und winselst nicht du ins andre Ohr,
daß du Dämonen gesehen hast mit langen, spitzen Schnäbeln,
die mir das Blut aussaugen?
Zeigst du nicht die Spuren mir an meinem Fleisch, und folg' ich dir nicht
und schlachte, schlachte, schlachte Opfer um Opfer?
Zerrt ihr mich mit euren Reden und Gegenreden nicht zu Tod?
Ich will nicht mehr hören: das ist wahr und das ist Lüge.
Was die Wahrheit ist, das bringt kein Mensch heraus.
Wenn sie zu mir redet, was mich zu hören freut,
so will ich horchen auf was sie redet.
Wenn einer etwas Angenehmes sagt,
und wär' es meine Tochter, wär' es die da,
will ich von meiner Seele alle Hüllen abstreifen und das Fächeln sanfter Luft,
von wo es kommen mag, einlassen, wie die Kranken tun,
wenn sie der kühlen Luft, am Teiche sitzend, abends ihre Beulen
und all ihr Eiterndes der kühlen Luft preisgeben abends . . .
und nichts andres denken, als Lindrung zu schaffen.
Laßt mich allein mit ihr!

Klytämnestra

Ich habe keine guten Nächte.
Weißt du kein Mittel gegen Träume?

Elektra

Träumst du, Mutter?

Klyämnestra

Wer älter wird, der träumt.
Allein, es läßt sich vertreiben.
Es gibt Bräuche. Es muß für alles richt'ge Bräuche geben.
Darum bin ich so behängt mit Steinen,
denn es wohnt in jedem ganz sicher eine Kraft.
Man muß nur wissen, wie man sie nützen kann.
Wenn du nur wolltest, du könntest etwas sagen, was mir nützt.

Elektra

Ich, Mutter, ich?

Klytämnestra

Ja, du! denn du bist klug.
In deinem Kopf ist alles stark.
Du könntest vieles sagen, was mir nützt.
Wenn auch ein Wort nichts weiter ist!
Was ist denn ein Hauch?
Und doch kriecht zwischen Tag und Nacht, wenn ich mit offnen Augen lieg',
ein Etwas hin über mich.
Es ist kein Wort, es ist kein Schmerz, es drückt mich nicht,
es würgt mich nicht, nichts ist es, nicht einmal ein Alp,
und dennoch es ist so fürchterlich, daß meine Seele sich wünscht, erhängt zu sein,
und jedes Glied in mir schreit nach dem Tod,
und dabei leb' ich und bin nicht einmal krank:
du siehst mich doch: seh' ich wie eine Kranke?
Kann man denn vergehn, lebend, wie ein faules Aas?
Kann man zerfallen, wenn man gar nicht krank ist?
Zerfallen wachen Sinnes, wie ein Kleid, zerfressen von den Motten?
Und dann schlaf' ich und träume, träume,
daß sich mir das Mark in den Knochen löst,
und taumle wieder auf,
und nicht der zehnte Teil der Wasseruhr ist abgelaufen,
und was unterm Vorhang hereingrinst,
ist noch nicht der fahle Morgen,
nein, immer noch die Fackel vor der Tür, die gräßlich zuckt wie ein Lebendiges,
und meinen Schlaf belauert.
Diese Träume müssen ein Ende haben.
Wer sie immer schickt, ein jeder Dämon läßt von uns,
sobald das recht Blut geflossen ist.

Elektra

Ein jeder!

Klytämnestra

Und müßt ich jedes Tier, das kriecht und fliegt, zur Ader lassen
und im Dampf des Blutes aufstehn
und schlafen gehn wie die Völker des letzten Thule im blutroten Nebel:
ich will nicht länger träumen.

Elektra

Wenn das rechte Blutopfer unterm Beile fällt, dann träumst du nicht länger!

Klytämnestra

Also wüßtest du mit welchem geweihten Tier? –

Elektra

Mit einem ungeweihten!

Klytämnestra

Das drin gebunden liegt?

Elektra

Nein! es läuft frei.

Klytämnestra

Und was für Bräuche?

Elektra

Wunderbare Bräuche, und sehr genau zu üben.

Klytämnestra

Rede doch!

Elektra

Kannst du mich nicht erraten?

Klytämnestra

Nein, darum frag' ich.
Den Namen sag' des Opfertiers!

Elektra

Ein Weib!

Klytämnestra

Von meinen Dienerinnen eine, sag! ein Kind? ein jungfräuliches Weib?
Ein Weib, das schon erkannt vom Manne?

Elektra

Ja! erkannt, das ist's!

Klytämnestra

Und wie das Opfer? Und welche Stunde? Und wo?

Elektra

An jedem Ort, zu jeder Stunde des Tags und der Nacht.

Klytämnestra

Die Bräuche sag!
Wie brächt ich's dar? ich selber muß –

Elektra

Nein. Diesmal gehst du nicht auf die Jagd mit Netz und mit Beil.

Klytämnestra

Wer denn? wer brächt' es dar?

Elektra

Ein Mann.

Klytämnestra

Ägisth?

Elektra

Ich sagte doch: ein Mann!

Klytämnestra

Wer? gib mir Antwort.
Vom Hause jemand? oder muß ein Fremder herbei?

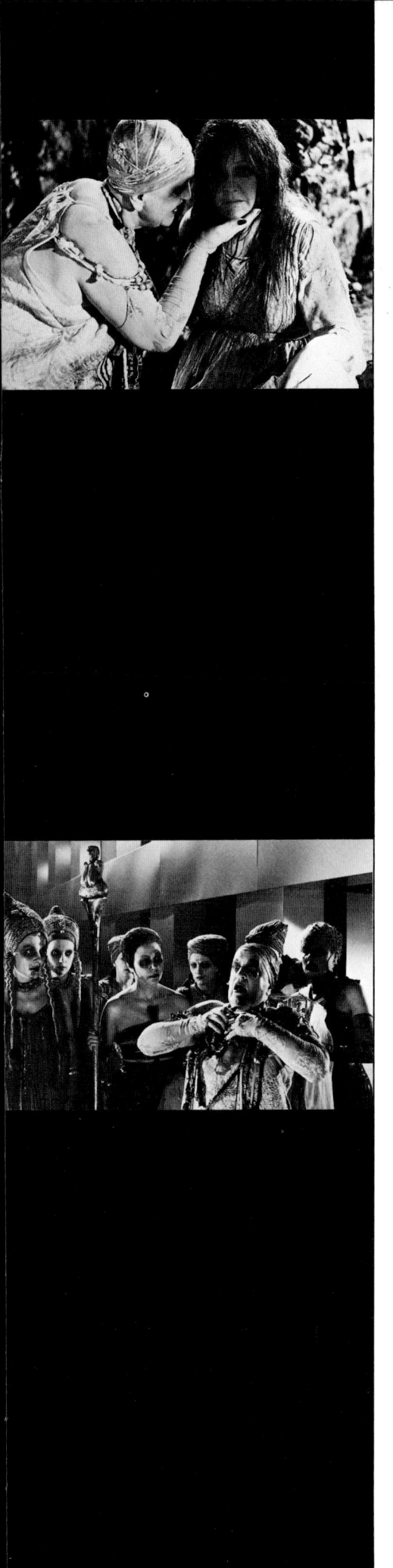

Elektra

Ja, ja, ein Fremder. Aber freilich ist er vom Haus.

Klytämnestra

Gib mir nicht Rätsel auf.
Elektra, hör mich an.
Ich freue mich, daß ich dich heut' einmal nicht störrisch finde.

Elektra

Läßt du den Bruder nicht nach Hause, Mutter?

Klytämnestra

Von ihm zu reden hab' ich dir verboten.

Elektra

So hast du Furcht vor ihm?

Klytämnestra

Wer sagt das?

Elektra

Mutter, du zitterst ja!

Klytämnestra

Wer fürchtet sich vor einem Schwachsinnigen.

Elektra

Wie?

Klytämnestra

Es heißt, er stammelt, liegt im Hof bei den Hunden und weiß nicht Mensch und Tier zu unterscheiden.

Elektra

Das Kind war ganz gesund.

Klytämnestra

Es heißt, sie gaben ihm schlechte Wohnung und Tiere des Hofes zur Gesellschaft.
Ich schickte viel Gold und wieder Gold, sie sollten ihn gut halten wie ein Königskind.

Elektra

Du lügst!
Du schicktest Gold, damit sie ihn erwürgen.

Klytämnestra

Wer sagt dir das?

Elektra

Ich seh's an deinen Augen.
Allein an deinem Zittern seh' ich auch, daß er noch lebt.
Daß du bei Tag und Nacht an nichts denkst als an ihn.
Daß dir das Herz verdorrt vor Grauen, weil du weißt: er kommt.

Klytämnestra

Was kümmert mich, wer außer Haus ist.
Ich lebe hier und bin die Herrin.
Diener hab' ich genug, die Tore zu bewachen,
und wenn ich will, laß ich bei Tag und Nacht
vor meiner Kammer drei Bewaffnete mit offenen Augen sitzen.
Und aus dir bring' ich so oder so das rechte Wort schon an den Tag.
Du hast dich schon verraten, daß du das rechte Opfer weißt
und auch die Bräuche, die mir nützen.
Ich finde mir heraus, wer bluten muß, damit ich wieder schlafe.

Elektra

Was bluten muß?
Dein eigenes Genick,
wenn dich der Jäger abgefangen hat!
Ich hör' ihn durch die Zimmer gehn, ich hör' ihn den Vorhang von dem Bette heben:
wer schlachtet ein Opfertier im Schlaf?
Er jagt dich auf, schreiend entfliehst du, aber er, er ist hintendrein:
er treibt dich durch das Haus!
Willst du nach rechts, da steht das Bett! Nach links, da schäumt das Bad wie Blut!
Das Dunkel und die Fackeln werfen schwarzrote Todesnetze über dich –
Hinab die Treppen durch Gewölbe hin,
Gewölbe und Gewölbe geht die Jagd –
Und ich! ich! ich, die ihn dir geschickt,
und ich steh da und seh dich endlich sterben!
Dann träumst du nicht mehr,
dann brauche ich nicht mehr zu träumen,
und wer dann noch lebt, der jauchzt
und kann sich seines Lebens freun!

Elektra

Was sagen sie ihr denn? sie freut sich ja!
Mein Kopf! Mir fällt nichts ein.
Worüber freut sich das Weib?

Chrysothemis

Orest!
Orest ist tot!

Elektra

Sei still!

Chrysothemis

Orest ist tot!
Ich kam hinaus, da wußten sie's schon.
Alle standen herum und alle wußten es schon, nur wir nicht.

Elektra

Niemand weiß es.

Chrysothemis

Alle wissen's!

Elektra

Niemand kann's wissen; denn es ist nicht wahr.
Es ist nicht wahr! Es ist nicht wahr! ich sag' dir doch, es ist nicht wahr!

Chrysothemis

Die Fremden standen an der Wand,
die Fremden, die hergeschickt sind,
es zu melden:
zwei, ein Alter und ein Junger.
Allen hatten sie's schon erzählt,
im Kreise standen alle um sie herum und alle, alle wußten es schon.

Elektra

Es ist nicht wahr!

Chrysothemis

An uns denkt niemand. Tot! Elektra, tot!
Gestorben in der Fremde! Tot!
Gestorben dort in fremdem Land,
Von seinem Pferd erschlagen und geschleift.

Ein junger Diener

Platz da! Wer lungert so vor einer Tür?
Ah! konnt' mir's denken! Heda, Stallung! he!

Ein alter Diener

Was soll's im Stall?

Junger Diener

Gesattelt soll werden, und so rasch als möglich! hörst du?
ein Gaul, ein Maultier oder meinetwegen auch eine Kuh, nur rasch!

Alter Diener

Für wen?

Junger Diener

Für den, der dir's befiehlt. Da glotzt er! Rasch, für mich!
Sofort! für mich! Trab, trab!
Weil ich hinaus muß aufs Feld, den Herren holen,
weil ich ihm Botschaft zu bringen habe, große Botschaft,
wichtig genug, um eine eurer Mähren zu Tod zu reiten –

Elektra

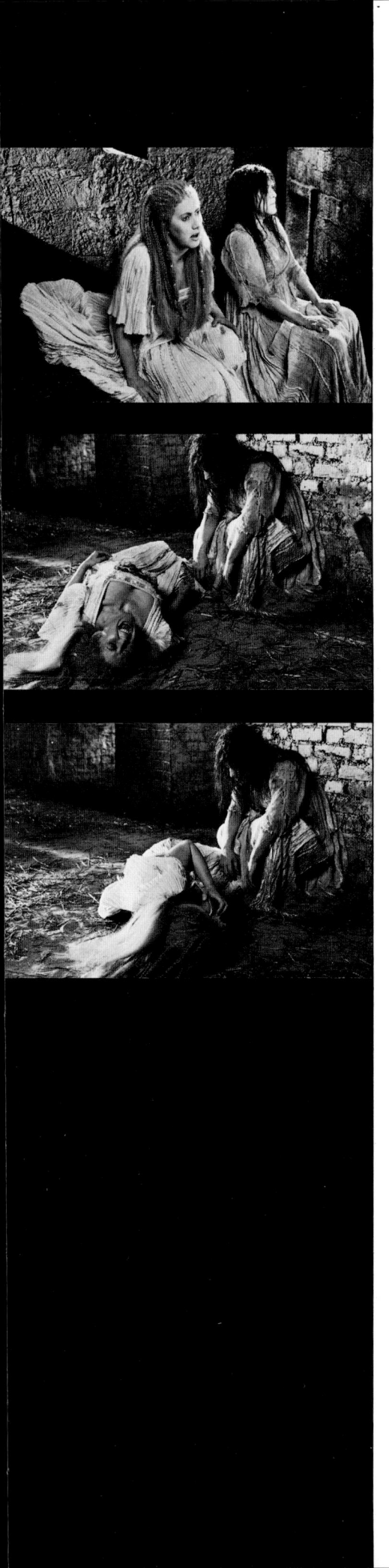

Nun muß es hier von uns geschehn.

Chrysothemis

Elektra?

Elektra

Wir, wir beide müssen's tun.

Chrysothemis

Was, Elektra?

Elektra

Am besten heut', am besten diese Nacht.

Chrysothemis

Was, Schwester?

Elektra

Was? Das Werk, das nun auf uns gefallen ist, weil er nicht kommen kann.

Chrysothemis

Was für ein Werk?

Elektra

Nun müssen du und ich hingehn und das Weib und ihren Mann erschlagen.

Chrysothemis

Schwester, sprichst du von der Mutter?

Elektra

Von ihr. Und auch von ihm.
Ganz ohne Zögern muß es geschehn.
Schweig still. Zu sprechen ist nichts.
Nichts gibt es zu bedenken, als nur: wie?
wie wir es tun.

Chrysothemis

Ich?

Elektra

Ja. Du und ich. Wer sonst?

Chrysothemis

Wir? Wir beide sollen hingehn? Wir? wir zwei?
Mit unsern beiden Händen?

Elektra

Dafür laß du mich nur sorgen.
Das B e i l, das B e i l, womit der Vater –

Chrysothemis

Du? Entsetzliche, du hast es?

Elektra

Für den Bruder bewahrt' ich es. Nun müssen wir es schwingen.

Chrysothemis

Du? diese Arme den Ägisth erschlagen?

Elektra

Erst sie, dann ihn; erst ihn, dann sie, gleichviel.

Chrysothemis

Ich fürchte mich.

Elektra

Es schläft niemand in ihrem Vorgemach.

Chrysothemis

Im Schlaf sie morden!

Elektra

Wer schläft ist ein gebund'nes Opfer.
Schliefen sie nicht zusamm', könnt' ich's allein vollbringen.
So aber mußt du mit.

Chrysothemis

Elektra!

Elektra

Du! Du! denn du bist stark!
Wie stark du bist! dich haben die jungfräulichen Nächte stark gemacht.
Überall ist soviel Kraft in dir!
Sehnen hast du wie ein Füllen, schlank sind deine Füße.
Wie schlank und biegsam – leicht umschling ich sie – deine Hüften sind!
Du windest dich durch jeden Spalt, du hebst dich durchs Fenster!
Laß mich deine Arme fühlen: wie kühl und stark sie sind!
Wie du mich abwehrst, fühl' ich, was das für Arme sind.

Chrysothemis

Laß mich!

Elektra

Nein, ich halte dich! Mit meinen traurigen verdorrten Armen
umschling' ich deinen Leib, wie du dich sträubst,
ziehst du den Knoten nur noch fester,
ranken will ich mich rings um dich,
versenken meine Wurzeln in dich
und mit meinem Willen dir impfen das Blut!

Chrysothemis

Laß mich!

Elektra

Nein! ich laß dich nicht!

Chrysothemis

Elektra, hör' mich.
Du bist so klug, hilf uns aus diesem Haus, hilf uns ins Freie.
Elektra, hilf uns, hilf uns ins Freie!

Elektra

Von jetzt an will ich deine Schwester sein, so wie ich niemals deine Schwester war!
Getreu will ich mit dir in deiner Kammer sitzen und warten auf den Bräutigam.
Für ihn will ich dich salben und ins duftige Bad sollst du mir tauchen
wie der junge Schwan und deinen Kopf an meiner Brust verbergen,
bevor er dich, die durch den Schleier glüht wie eine Fackel,
in das Hochzeitsbett mit starken Armen zieht.

Chrysothemis

Nicht, Schwester, nicht.
Sprich nicht ein solches Wort in diesem Haus.

Elektra

Dir führt kein Weg hinaus als der. Ich laß dich nicht,
eh du mir Mund auf Mund es zugeschworen, daß du es tun wirst.

Chrysothemis

Laß mich!

Elektra

Schwör', du kommst heut' nacht,
wenn alles still ist, an den Fuß der Treppe!

Chrysothemis

Laß mich! Ich kann nicht!

Elektra

Sei verflucht! –
Nun denn, allein!

Elektra

Was willst du, fremder Mensch?
was treibst du dich zur dunklen Stunde hier herum, belauerst, was andere tun!
Ich hab' hier ein Geschäft. Was kümmert's dich? Laß mich in Ruh'.

Orest

Ich muß hier warten.

Elektra

Warten?

Orest

Doch du bist hier aus dem Haus? bist eine von den Mägden dieses Hauses?

Elektra

Ja, ich diene hier im Haus.
Du aber hast hier nichts zu schaffen. Freu' dich und geh'.

Orest

Ich sagte dir, ich muß hier warten, bis sie mich rufen.

Elektra

Die da drinnen?
Du lügst. Weiß ich doch gut, der Herr ist nicht zu Haus'.
Und sie, was sollte sie mit dir?

Orest

Ich und noch einer, der mit mir ist,
wir haben einen Auftrag an die Frau.
Wir sind an sie geschickt,
weil wir bezeugen können, daß ihr Sohn Orest gestorben ist vor unseren Augen,
– denn ihn erschlugen seine eignen Pferde.
Ich war so alt wie er und sein Gefährte bei Tag und Nacht.

Elektra

Muß ich dich noch sehn?
Schleppst du dich hierher in meinen traurigen Winkel, Herold des Unglücks!
Kannst du nicht die Botschaft austrompeten dort, wo sie sich freu'n!
Dein Aug' da starrt mich an und sein's ist Gallert.
Dein Mund geht auf und zu und seiner ist mit Erde vollgepfropft.
Du lebst und er, der besser war als du
und edler, tausendmal und tausendmal so wichtig, daß er lebte,
er ist hin.

Orest

Laß den Orest. Er freute sich zu sehr an seinem Leben.
Die Götter droben vertragen nicht den allzu hellen Laut der Lust.
So mußte er denn sterben.

Elektra

Doch ich! doch ich!
da liegen und zu wissen, daß das Kind nie wieder kommt,
nie wieder kommt,
daß das Kind da drunten in den Klüften des Grausens lungert,
daß die da drinnen leben und sich freuen,
daß dies Gezücht in seiner Höhle lebt und ißt und trinkt und schläft –
und ich hier droben, wie nicht das Tier des Waldes einsam und gräßlich lebt,
ich hier droben allein.

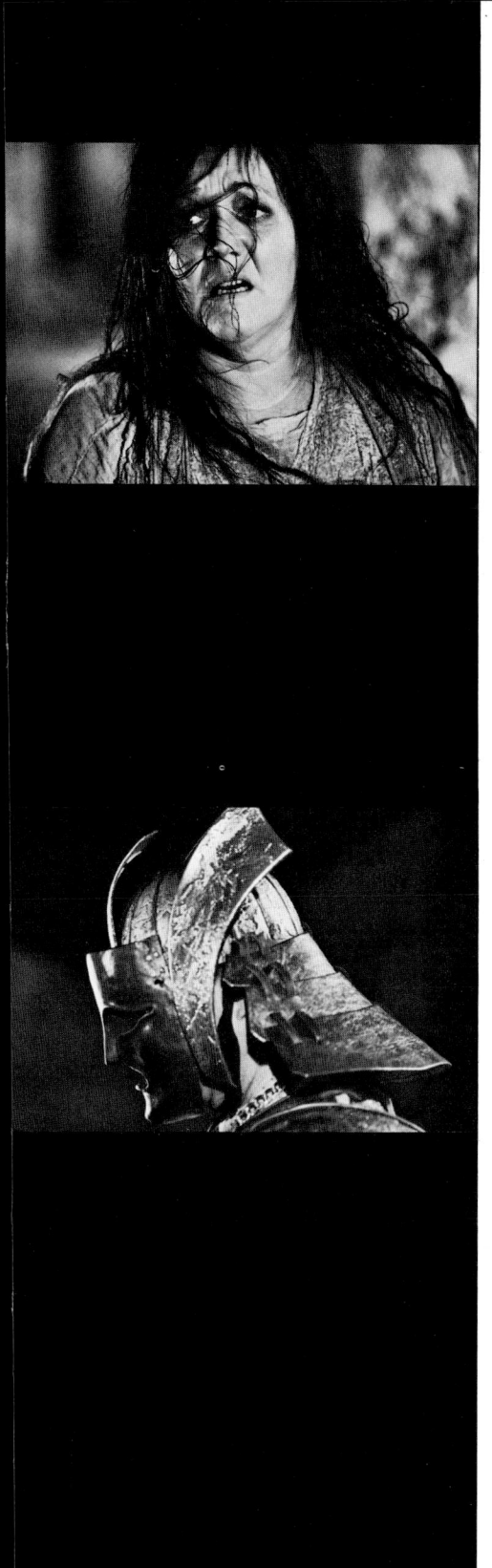

Orest

Wer bist denn du?

Elektra

Was kümmert's dich, wer ich bin?

Orest

Du mußt verwandtes Blut zu denen sein, die starben, Agamemnon und Orest.

Elektra

Verwandt? ich bin dies Blut!
ich bin das hündisch vergossene Blut des Königs Agamemnon!
Elektra heiß' ich.

Orest

Nein!

Elektra

Er leugnet's ab.
Er bläst auf mich und nimmt mir meinen Namen.

Orest

Elektra!

Elektra

Weil ich nicht Vater hab'...

Orest

Elektra!

Elektra

...noch Bruder, bin ich der Spott der Buben!

Orest

Elektra! Elektra!
So seh' ich sie? ich seh' sie wirklich? du?
So haben sie dich darben lassen
oder – sie haben dich geschlagen?

Elektra

Laß mein Kleid, wühl' nicht mit deinem Blick daran.

Orest

Was haben sie gemacht mit deinen Nächten?
Furchtbar sind deine Augen.

Elektra

Laß mich!

Orest

Hohl sind deine Wangen!

Elektra

Geh' ins Haus, drin hab' ich eine Schwester, die bewahrt sich für Freudenfeste auf!

219

Orest

Elektra, hör' mich!

Elektra

Ich will nicht wissen, wer du bist.
Ich will niemand sehn!

Orest

Hör mich an, ich hab' nicht die Zeit.
Hör' zu: Orestes lebt!
Wenn du dich regst, verrätst du ihn.

Elektra

So ist er frei? wo ist er?

Orest

Er ist unversehrt wie ich.

Elektra

So rett' ihn doch, bevor sie ihn erwürgen.

Orest

Bei meines Vaters Leichnam! dazu kam ich her!

Elektra

Wer bist denn du?
Wer bist du denn? Ich fürchte mich.

Orest

Die Hunde auf dem Hof erkennen mich, und meine Schwester nicht?

Elektra

Orest! –
Orest! Orest! Orest!
Es rührt sich niemand!
O laß deine Augen mich sehn,
Traumbild, mir geschenktes Traumbild,
schöner als alle Träume!
Hehres, unbegreifliches, erhabenes Gesicht,
o bleib' bei mir! Lös' nicht in Luft dich auf,
vergeh' mir nicht, vergeh' mir nicht,
es sei denn, daß ich jetzt gleich sterben muß
und du dich anzeigst und mich holen kommst:
dann sterbe ich seliger als ich gelebt!
Orest! Orest! Orest!
Nein, du sollst mich nicht umarmen!
Tritt weg, ich schäme mich vor dir.
Ich weiß nicht, wie du mich ansiehst.
Ich bin nur mehr der Leichnam deiner Schwester, mein armes Kind!
Ich weiß, es schaudert dich vor mir,
und war doch eines Königs Tochter!
Ich glaube, ich war schön:
wenn ich die Lampe ausblies vor meinem Spiegel,
fühlt' ich es mit keuschem Schauer.
Ich fühlt' es, wie der dünne Strahl des Mondes
in meines Körpers weißer Nacktheit badete, so wie in einem Weiher,
und mein Haar war solches Haar, vor dem die Männer zittern;
dies Haar, versträhnt, beschmutzt, erniedrigt.
Verstehst du's, Bruder?
Ich habe alles, was ich war, hingeben müssen.
Meine Scham hab' ich geopfert, die Scham, die süßer als alles ist,
die Scham, die wie der Silberdunst, der milchige des Monds
um jedes Weib herum ist
und das Gräßliche von ihr und ihrer Seele weghält.
Verstehst du's, Bruder?
Was schaust du ängstlich um dich?
Sprich zu mir! sprich doch!
Du zitterst ja am ganzen Leib?

Orest

Laß zittern diesen Leib! Er ahnt, welchen Weg ich ihn führe.

Elektra

Du wirst es tun? Allein? Du armes Kind?

Orest

Die diese Tat mir auferlegt, die Götter, werden da sein, mir zu helfen.

Elektra

Du wirst es tun!
Der ist selig, der tun darf.

Orest

Ich will es tun, ich will es eilig tun.

Elektra

Die Tat ist wie ein Bette, auf dem die Seele ausruht,
wie ein Bett von Balsam, drauf die Seele ruhen kann,
die eine Wunde ist, ein Brand, ein Eiter, eine Flamme!

Orest

Ich werde es tun.

Elektra

Der ist selig, der seine Tat zu tun kommt,
selig der, der ihn ersehnt,
selig, der ihn erschaut!
Selig, wer ihn erkennt, selig wer ihn berührt.
Selig, wer ihm das Beil aus der Erde gräbt,
selig, wer ihm die Fackel hält,
selig, wer ihm öffnet die Tür.

Der Pfleger

Seid ihr von Sinnen, daß ihr euren Mund nicht bändigt,
wo ein Hauch, ein Laut, ein Nichts uns und das Werk verderben kann.
Sie wartet drinnen, ihre Mägde suchen nach dir.
Es ist kein Mann im Haus, Orest!

Elektra

Ich habe ihm das Beil nicht geben können!
Sie sind gegangen, und ich habe ihm das Beil nicht geben können.
Es sind keine Götter im Himmel! – –

Klytämnestra

(Todesschrei)

Elektra

Triff noch einmal!

Chrysothemis
Es muß etwas geschehen sein.

Erste Magd
Sie schreit so aus dem Schlaf.

Zweite Magd
Es müssen Männer drin sein.
Ich habe Männer gehen hören.

Dritte Magd
Alle die Türen sind verriegelt.

Vierte Magd
Es sind Mörder!
Es sind Mörder im Haus!

Erste Magd
Oh!

Alle
Was ist?

Erste Magd
Seht ihr denn nicht, dort in der Tür steht einer!

Chrysothemis
Das ist Elektra! Das ist ja Elektra!

Erste und zweite Magd
Elektra, Elektra!
Warum spricht sie denn nicht?

Chrysothemis
Elektra, warum sprichst du denn nicht?

Vierte Magd
Ich will hinaus, Männer holen!

Chrysothemis
Mach uns doch die Tür auf, Elektra!

Mehrere Dienerinnen
Elektra, laß uns ins Haus!

Vierte Magd
Ägisth! – Zurück in unsre Kammern, schnell!
Ägisth kommt durch den Hof!
Wenn er uns findet
und wenn im Hause was geschehen ist, läßt er uns töten.

Chrysothemis
Zurück!

Alle
Zurück! zurück! zurück!

Ägisth

He! Lichter! Lichter!
Ist niemand da, zu leuchten?
Rührt sich keiner von allen diesen Schuften?
Kann das Volk keine Zucht annehmen?
Was ist das für ein unheimliches Weib?
Ich hab' verboten,
daß ein unbekanntes Gesicht mir in die Nähe kommt! – –
Was, du?
Wer heißt dich mir entgegentreten?

Elektra

Darf ich nicht leuchten?

Ägisth

Nun, dich geht die Neuigkeit ja doch vor allem an.
Wo find' ich die fremden Männer, die das von Orest uns melden?

Elektra

Drinnen, eine liebe Wirtin fanden sie vor, und sie ergetzten sich mit ihr.

Ägisth

Und melden also wirklich, daß er gestorben ist,
und melden so, daß nicht zu zweifeln ist?

Elektra

O Herr, sie melden's nicht mit Worten bloß,
nein, mit leibhaftigen Zeichen,
an denen auch kein Zweifel möglich ist.

Ägisth

Was hast du in der Stimme? Und was ist in dich gefahren,
daß du nach dem Mund mir redest?
Was taumelst du so hin und her mit deinem Licht?

Elektra

Es ist nichts andres, als daß ich endlich klug ward
und zu denen mich halte, die die Stärkeren sind.
Erlaubst du, daß ich voran dir leuchte?

Ägisth

Bis zur Tür.
Was tanzest du? Gib Obacht.

Elektra

Hier! Die Stufen, daß du nicht fällst.

Ägisth

Warum ist hier kein Licht?
Wer sind die dort?

Elektra

Die sind's, die in Person dir aufzuwarten wünschen, Herr.
Und ich, die so oft durch freche, unbescheid'ne Näh' dich störte,
will nun endlich lernen,
mich im rechten Augenblick zurückzuziehen.

Ägisth

Helft! Mörder! Helft dem Herren! Mörder! Mörder!
Sie morden mich!
Hört mich niemand? hört mich niemand?

Elektra

Agamemnon hört dich!

Ägisth

Weh mir!

Chrysothemis

Elektra! Schwester! komm' mit uns!
o komm' mit uns!
es ist der Bruder drin im Haus!
es ist Orest, der es getan hat!

Frauen und Männer

Orest! Orest! Orest!

Chrysothemis

Komm!
Er steht im Vorsaal, alle sind um ihn und küssen seine Füße.
Alle, die Ägisth von Herzen haßten, haben sich geworfen auf die andern,
überall in allen Höfen liegen Tote,
alle, die leben, sind mit Blut besprizt
und haben selbst Wunden,
und doch strahlen alle,
alle umarmen sich und jauchzen,
tausend Fackeln sind angezündet.
Hörst du nicht? So hörst du denn nicht?

Elektra

Ob ich nicht höre?
ob ich die Musik nicht höre?
sie kommt doch aus mir. Die Tausende, die Fackeln tragen und deren Tritte,
deren uferlose Myriaden Tritte überall die Erde dumpf dröhnen machen,
alle warten auf mich:
ich weiß doch, daß sie alle warten, weil ich den Reigen führen muß.
Und ich kann nicht,
der Ozean, der ungeheure, der zwanzigfache Ozean
begräbt mir jedes Glied mit seiner Wucht,
ich kann mich nicht heben!

Chrysothemis

Hörst du denn nicht, sie tragen ihn, sie tragen ihn auf ihren Händen.

225

Elektra

*Wir sind bei den Göttern, wir Vollbringenden.
Sie fahren dahin wie die Schärfe des Schwerts durch uns, die Götter,
aber ihre Herrlichkeit ist nicht zuviel für uns!*

Chrysothemis

*Allen sind die Gesichter verwandelt,
allen schimmern die Augen und die alten Wangen vor Tränen!
Alle weinen, hörst du's nicht?*

Elektra

*Ich habe Finsternis gesät und ernte Lust über Lust.
Ich war ein schwarzer Leichnam unter Lebenden –
und diese Stunde bin ich das Feuer des Lebens,
und meine Flamme verbrennt die Finsternis der Welt.*

Chrysothemis

*Gut sind die Götter! Gut!
Es fängt ein Leben für dich und mich und alle Menschen an.
Die überschwenglich guten Götter sind's, die das gegeben haben.
Wer hat uns je geliebt?*

Elektra

*Mein Gesicht muß weißer sein als das weißglühende Gesicht des Monds.
Wenn einer auf mich sieht, muß er den Tod empfangen oder muß vergehen vor Lust.*

Chrysothemis

Wer hat uns je geliebt?

Elektra

*Seht ihr denn mein Gesicht?
Seht ihr das Licht, das von mir ausgeht?*

Chrysothemis

*Nun ist der Bruder da und Liebe fließt über uns wie Öl und Myrrhen,
Liebe ist alles!
Wer kann leben ohne Liebe?*

Elektra

Liebe tötet! aber keiner fährt dahin und hat die Liebe nicht gekannt!

Chrysothemis

*Elektra!
Ich muß bei meinem Bruder stehn, Elektra!*

Elektra

*Schweig, und tanze.
Alle müssen herbei!
Hier schließt euch an!
Ich trage die Last
des Glückes, und ich tanze vor euch her.
Wer glücklich ist wie wir, dem ziemt nur eins:
schweigen und tanzen!*

Chrysothemis

*Orest! – –
Orest!*

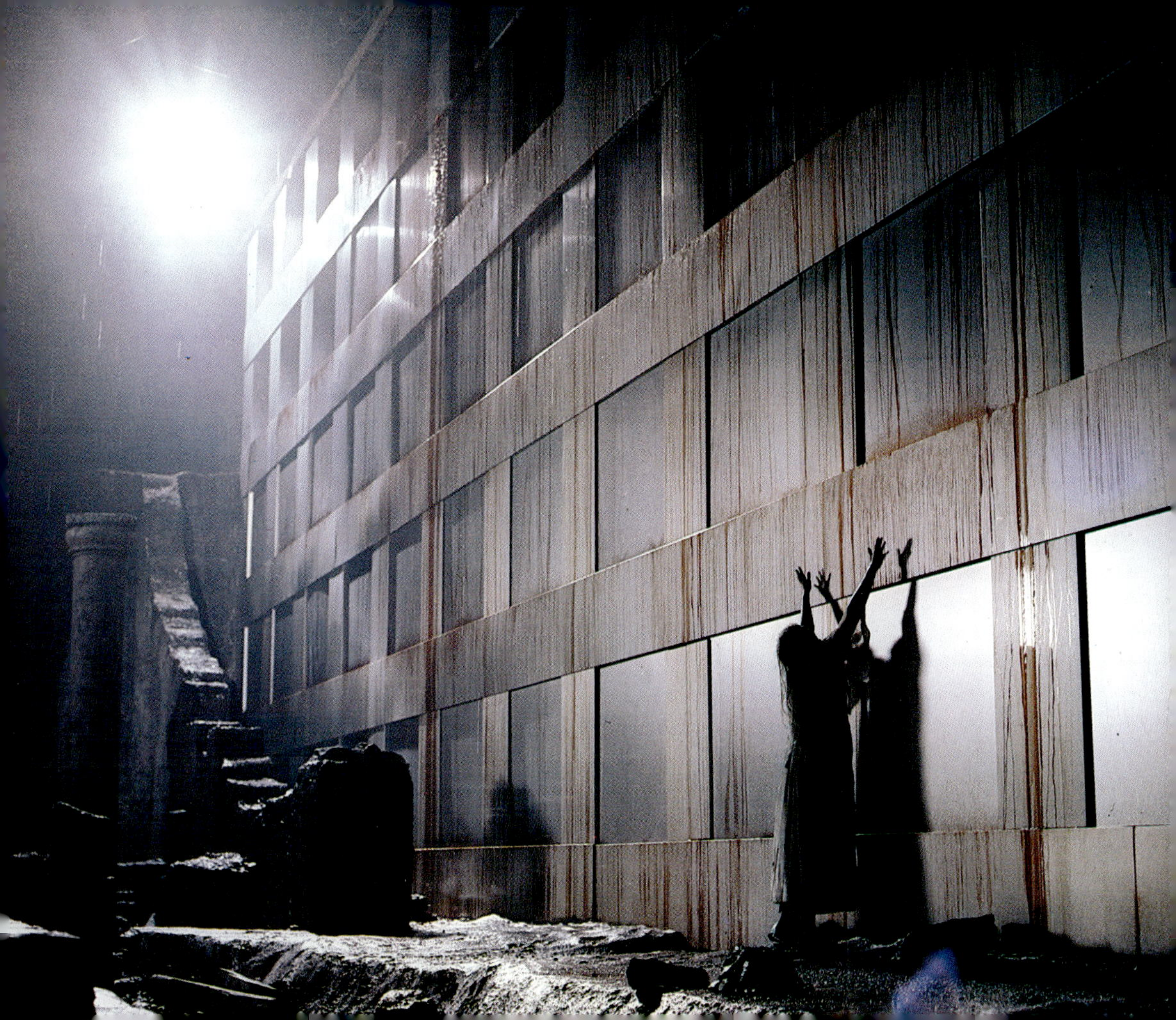

DAS ERGEBNIS – FOTOBESCHREIBUNG

zu Seite

40/41 Elektra (Leonie Rysanek) sieht die Mägde. „Habt ihr gesehen, wie sie uns ansah? Giftig wie eine wilde Katze."

42/43 4. Magd (Milkana Nikolova): „Schmeißfliegen fort!"

44 Aufseherin (Colette Lorand): „Hinein mit dir!"

45 5. Magd (Marjorie Vance): „Ihr seid alle nicht wert, die Luft zu atmen, die sie atmet!"

46/47 Von links nach rechts (vordere Reihe): 1. Magd (Kaja Borris), 4. Magd (Milkana Nikolova), 3. Magd (Rohangiz Yachmi), 2. Magd (Axelle Gall), 5. Magd (Marjorie Vance): „Sie schlagen mich!"

48/49 „Agamemnon! Agamemnon! Wo bist du, Vater?" (Rolf Boysen, Leonie Rysanek)

50/51 „Es ist die Stunde, unsere Stunde ist..." (Leonie Rysanek)

52/53 „Dein Tag wird kommen! Von den Sternen stürzt alle Zeit herab, so wird das Blut aus hundert Kehlen stürzen auf dein Grab" (Leonie Rysanek)

54/55 Elektra zu Chrysothemis (Catarina Ligendza): „Was hebst du die Hände? So hob der Vater seine beiden Hände, da fuhr das Beil herab und spaltete sein Fleisch" (Leonie Rysanek)

56/57 Chrysothemis (Catarina Ligendza) zu Elektra (Leonie Rysanek): „Ich kann nicht sitzen und ins Dunkel starren wie du. Kinder will ich haben bevor mein Leib verwelkt, und wär's ein Bauer, dem sie mich geben."

zu Seite

58/59 „Ein jeder Dämon läßt von uns, sobald das rechte Blut geflossen ist." – Auftritt Klytämnestras, Opferszene.

60/61 Klytämnestra (Astrid Varnay): „Und müßt ich jedes Tier, das kriecht und fliegt zur Ader lassen ... ich will nicht länger träumen."

62/63 Klytämnestra (Astrid Varnay) zur Vertrauten (Carmen Reppel, rechts) und zur Schleppträgerin (Olga Varla) bzw. Elektra (Leonie Rysanek): „Ich will hinunter. Laßt, laßt, ich will mit ihr reden."

64/65 Klytämnestra (Astrid Varnay) zu Elektra (Leonie Rysanek): „Ich habe keine guten Nächte. Weißt du kein Mittel gegen Träume?"

66/67 Elektra (Leonie Rysanek) zu Klytämnestra (Astrid Varnay): „Läßt du den Bruder nicht nach Hause, Mutter?"

68/69 Elektra (Leonie Rysanek) zu Klytämnestra (Astrid Varnay): „Was bluten muß? Dein eigenes Genick!"

70/71 Chrysothemis (Catarina Ligendza): „Orest ist tot." Elektra (Leonie Rysanek): „Wer schläft ist ein gebundnes Opfer. Schliefen sie nicht zusammen, könnt ich's allein vollbringen. So aber mußt du mit! Denn du bist stark! Wie stark du bist! Dich haben die jungfräulichen Nächte stark gemacht."

72/73 Orest (Dietrich Fischer-Dieskau): „Die Hunde auf dem Hofe erkennen mich, nur meine Schwester nicht!"
Elektra (Leonie Rysanek): Ich bin nur mehr der Leichnam deiner Schwester! – Ich glaube, ich war schön."

74/75 Elektra (Leonie Rysanek): „Ich habe ihm das Beil nicht geben können." – Todesschrei Klytämnestras (Astrid Varnay) – Elektra: „Triff noch einmal!"

76/77 Ägisth (Hans Beirer) zu seinen Lustknaben beim Überfall durch Orest (Dietrich Fischer-Dieskau) und dessen Pfleger (Josef Greindl): „Helft! Mörder! helft dem Herrn!"
Chrysothemis und die Mägde: „Es muß etwas geschehen sein!"

78/79 Ägisth (Hans Beirer): „Sie morden mich! hört mich niemand?" –
Neben der Leiche Klytämnestras (Astrid Varnay).

80/81 Elektra (Leonie Rysanek): „Ich trage die Last des Glückes, und ich tanze vor euch her."

82/83 Elektras Tod (Leonie Rysanek).
(Die Tote und die blutbefleckte Fassade spiegeln sich im Wasser, das seit dem letzten großen Regenschauer den Boden bedeckt).

NACHWORT DES VERLEGERS

Es ist heute sehr schwierig, sich auf dem Buchsektor zu engagieren. Die Medien sind, das hört man immer wieder, daran schuld, daß immer weniger Bücher gekauft und gelesen werden. Ich meine: in Zeiten wie diesen muß sich auch der Verleger den neuen Gegebenheiten des Marktes anpassen. Dieser Bildband ist eine Novität auf dem Sektor Buchproduktion. Handelt es sich doch einerseits um die ideale Ergänzung zu einem Spitzenprodukt der Film- bzw. Fernsehwelt: Karl Böhms Vermächtnis, eine aufsehenerregende „Elektra" in der Regie eines der bedeutendsten Regisseure der Gegenwart – Götz Friedrich – und andererseits um ein Sachbuch, ein Bilder-Buch in des Wortes ältester Bedeutung, die Kombination aus Optischem und Geistigem. Hier sind tatsächlich neue Wege beschritten worden. Voraussetzung dafür war ein Fotograf, der es versteht, das Medium Fotografie auch gegen die Filmkamera, gegen moving pictures zu behaupten. Helmut Koller ist einer jener talentierten Männer, die mit der Fotokamera mehr einfangen als das, was man mit dem Auge sieht: er kann Stimmungen auf Fotopapier zaubern, kann durch ein kühnes Layout neue optische Qualitäten erzeugen – kurz und gut, er ist ein Spitzenfotograf, der international zu den Besten seines Berufes zählt, obwohl er nicht einmal dreißig Jahre alt ist. Helmut Koller hat übrigens bei meinem ersten Bildband – Thema „Die Frau über dreißig" – mitgearbeitet, und diese Zusammenarbeit hat ihre Früchte getragen. Durch Helmut Koller bin ich auch an den Textautor dieses Buches gekommen. Dr. Peter Dusek hatte in seiner Eigenschaft als Vizepräsident der Freunde der Wiener Staatsoper mehrfach mit Helmut zu tun. Sie hatten Ausstellungen – über Richard-Strauss-Opern und über Ballett in Wien – gemeinsam gestaltet. Peter Dusek ist aber zugleich auch ORF-Redakteur, der im Funk und als Zeitgeschichte-Autor bewiesen hat, daß er sich im Medienverbund behaupten kann, der zielgruppenorientiert schreiben kann und seine private Opernleidenschaft sonst nur selten beruflich umsetzt. Die Aufgabe, die ich ihm gestellt habe, war schwierig: ein Handbuch über Elektra zu schreiben, das für den Opern-Experten ebenso attraktiv sein muß wie für den sogenannten unbedarften Laien, dessen Interesse am Stoff, am Werk und an Opernaufführungen vielleicht erst durch den Fernsehfilm geweckt wird. Sie als Leser können sich sehr rasch davon überzeugen, daß diese Zielsetzung außergewöhnlich gut erfüllt wurde.

Bleibt mir nur noch, mich zu bedanken: bei den beiden Mitgestaltern des Buches, meinen Mitarbeitern Kemeter und Waldau, die durch grafisches, technisches und redaktionelles Know-how zu der Qualität dieses Buches viel beigetragen haben – und ganz besonders bei der UNITEL, die durch die Freigabe der Fotos dieses anspruchsvolle Experiment erst ermöglicht hat. Ohne dieses Entgegenkommen wäre der Ladenpreis dieses Buches in unerschwingliche Höhen getrieben worden. Zu danken gilt es aber auch Professor Götz Friedrich, der sich intensiv mit diesem Projekt auseinandergesetzt hat, und Leonie Rysanek, die einen eigenen Beitrag für dieses Buch zur Verfügung gestellt hat; und nicht zuletzt muß an dieser Stelle Herrn Ernst Ludwig Gausmann, dem Ehemann von Kammersängerin Leonie Rysanek, Reverenz erwiesen werden: er hatte als einziger die Erlaubnis, die musikalischen Vorbereitungen Karl Böhms für diese Elektra zu fotografieren. Da er auch während der Dreharbeiten mit der Kamera mit dabei war, sind – wie im Fotonachweis nachzulesen – auch einzelne Reportage-Fotos sowie Aufnahmen im bebilderten Textbuch-Abschnitt von „Elu" Gausmann. Ferner fanden sich Archive, Verlage und die Inhaber der Rechte am Opern-Libretto zu Sonderregelungen in Bezug auf Bild- und Textwiedergabe bereit. Und die Offizin von Mondadori in Verona brachte dank „minutiöser Improvisation" das Kunststück fertig, das vorliegende Werk in wenigen Wochen technisch „auf die Bühne zu bringen" – Deadline 26. September '82, Tag der ersten öffentlichen Aufführung des Elektra-Films (präsentiert von der Deutschen Oper Berlin, der UNITEL und dem deutschen ARD-Fernsehen im Filmtheater Cinema Paris am Berliner Kurfürstendamm).

An diesen Details kann man ablesen, in welch engagierter Weise dieses Buch entstanden ist. Es ist alles andere als das Produkt traditioneller Verlagsroutine. Einem filmischen Meisterwerk wurde ein hoffentlich adäquates Gegenstück zur Seite gestellt; die Sache und der künstlerische Anspruch standen im Mittelpunkt aller Überlegungen. Und so wie ich mich im Verlagswesen mit Büchern wie „Die Krebsmafia" oder „Die Frau über dreißig" mit Themen beschäftige, die mit meinem sonstigen Wirken in der Immobilien- und Beratungsbranche sehr wenig zu tun haben, so wurde auch hier eine Brücke geschlagen. Das Buch zum Film: es sollte Vorbereitung und Einstimmung sowie Reminiszenz in jeder Hinsicht sein, und damit ein Stück aktueller Mythos – ein Papier gewordenes Dokument menschlicher Selbstfindung. Elektra – Rache ohne Erlösung: ein Motto der Provokation. Ein Thema der totalen Herausforderung. Das Prinzip Hoffnung – als letztes Motiv für eine Oper. Das Prinzip Hoffnung auch für einen Film und sein Buch.

Reinhardt Stefan Tomek

PETER DUSEK – Text und Konzept

Journalist und Opernfreund, Wohnsitz Wien. Jahrgang 1945, Sternzeichen: Stier, Familienstand: verheiratet, eine Tochter. Lieblingskomponist: Richard Strauss, Lieblingssängerin: Leonie Rysanek.

Geburtsort: Waidhofen an der Thaya, nahe der tschechoslowakischen Grenze, Jugend in Wien, Studium an der Alma Mater Rudolphina: Geschichte, Deutsch, Philosophie, Dr. phil. (Dissertation: Die Intitulatio der fränkischen Könige im 9. und 10. Jahrhundert). Journalistische Ausbildung bei der Zeitung „Die Presse", seit 1972 beim Österreichischen Rundfunk (ORF), Lehrauftrag an der Universität Klagenfurt, Schärf-Preis, Staatspreis für Wissenschaftsjournalisten.

Aktivitäten als Opernfreund:

- *Kritiker für die Zeitschriften ORPHEUS und VOX*
- *Programmhefte der Wiener Staatsoper (Text und Redaktion)*
- *Hörfunkreportagen über Orange-Festival und Athen-Kultursommer*
- *Vizepräsident des Vereines der Freunde der Wiener Staatsoper*
- *Gobelinsaalgespräche mit Edita Gruberova, Peter Schreier, Theo Adam, Marcel Prawy, Egon Seefehlner und Götz Friedrich*
- *Ausstellungen mit Helmut Koller.*

Publikationen des Historikers:

Zeitgeschichte im Aufriß (Buch und Videofilm); Medienkoffer zur österreichischen Zeitgeschichte (Mitherausgeber); Zeitdokumente (6 Schallplatten); Broschüren für Schüler (Stichwort Österreich-Staatsvertrag); Schulfunkreihen („Krieg und Geschäft", „Politische Propaganda im 19. und 20. Jahrhundert").

HELMUT KOLLER – Fotos und Layout

Freier Fotograf, Wohnsitz seit Winter 1981/82 in New York, Atelier in Wien. Jahrgang 1954, Sternzeichen: Krebs, Familienstand: Junggeselle. Lieblingsmaler: Egon Schiele, Lieblingsfilm: Rocky Horror Picture Show.

Jugend: Südburgenland (nahe der ungarischen Grenze). Berufliche Profilierung: Oper und Ballett – 7 Jahre als angestellter Fotograf der österreichischen Bundestheater; Wiener Staatsoper wird zur zweiten Heimat.

Parallel zu den „Lehrjahren" in Wien erste Aufträge der UNITEL.

Bilanz der UNITEL-Aufträge bis Sommer 1982:

- *Josephslegende mit Judith Jamison und Kevin Haign in der Choreographie von John Neumeier (Wien)*
- *Mahler-Zyklus unter Leonard Bernstein mit den Wiener Philharmonikern (MUSIKVEREIN, Wien)*
- *Beethoven-Klaviersonate mit Daniel Barenboim (PALAIS LOBKOWITZ, Wien)*
- *Rigoletto unter der Regie von Jean Pierre Ponelle mit Luciano Pavarotti, Edita Gruberova und Ingvar Wixell (Drehorte: Mantua, Cremona, Parma)*
- *Brandenburgische Konzerte unter Nicolaus Harnoncourt (Ulm).*

Ausstellung von eigenen foto-grafischen Werken (Strauss-Opern-Zyklus, „Empfundene Bewegung", Ballett in Wien): Wien, Monaco, München, New York.

Publikationen: Ballettkalender; Broschüren der Wiener Staatsoper; mehrere Plattencover; Reportagen in internationalen Journalen („Style" u.a.); Mitarbeit am Buch „Die Frau über 30" – erster Kontakt mit Reinhardt Stefan Tomek.

WHO IS WHO?

DIE WICHTIGSTEN NAMEN – KURZ KOMMENTIERT

AISCHYLOS,
griechischer Dichter, *525 v. Chr. in Eleusis, † 456 v. Chr. in Gela auf Sizilien. – Gilt als „Erfinder" der abendländischen Tragödie, da er zum Chor und zum solistischen Erzähler der früheren griechischen Dramen einen zweiten bzw. dritten „Gegenspieler" hinzufügte und so die dramaturgischen Voraussetzungen für die Entstehung des „Schauspiels" schuf. Von seinen 90 Tragödien sind nur 7 erhalten, neben der „Orestie" (Tetralogie von „Agamemnon", „Das Totenopfer", „Die Eumeniden" und – nicht erhalten – „Proteus") noch: „Die Perser", „Sieben gegen Theben", „Die Schutzflehenden" und „Der gefesselte Prometheus".

BACHOFEN, Johann Jakob,
Schweizer Altertumsforscher und Jurist, *am 22.12.1815 in Basel, † am 25.11.1887 in Basel. Hochschulprofessor für römisches Recht, prägte mit seinen wissenschaftlichen Arbeiten den Begriff „Mutterrecht".

BEIRER, Hans,
österreichischer Heldentenor, Jahrgang 1911, begann seine Bühnenlaufbahn in den 30er Jahren im lyrischen Fach und wurde in den späten 40er und frühen 50er Jahren zu einem der international gefragtesten Wagnertenöre. Kammersänger Beirer sang unter Furtwängler und Knappertsbusch ebenso wie unter Karajan oder Karl Böhm. Er trat in allen großen Opernhäusern der Welt auf; von seiner Wagner-Karriere zeugen u.a. Live-Mitschnitte aus Bayreuth (Melodram). Vor der Elektra-Verfilmung war er bereits der Herodes in der UNITEL-„Salome".

BLAHAČEK, Rudolf,
tschechischer Kameramann, *am 18.9.1942 in Brünn. – Lebt seit 1970 in der Bundesrepublik Deutschland. Vor der UNITEL-Elektra hat er u.a. den Herbert-Wessely-Film über Egon Schiele „Eszesse" (mit Mathieu Carrièr und Christine Kaufmann) sowie die Franz-Seitz-Filmversion des „Dr. Faustus" nach Thomas Mann als Kameramann mitgestaltet.

BÖHM, Karl,
österreichischer Dirigent, *am 28.8.1894 in Graz, † am 14.8.1981 in Salzburg. – Studierte in seiner Heimatstadt Jus und Musik und begann 1917 an der Grazer Opernbühne seine internationale Karriere, die ihn in alle Musikzentren der Welt führen sollte. Besonders Dresden, Darmstadt, Hamburg, München und später Wien wurden jene Städte, die seinen künstlerischen Werdegang prägten. Karl Böhm wurde zum führenden Mozart-, Wagner- und Strauss-Dirigenten der Nachkriegszeit. Ein reiches Schallplattenerbe sowie zahlreiche Musikfilme werden das „Phänomen Karl Böhm" auch späteren Generationen nahebringen können.

BÖHME, Kurt,
deutscher Baß, 1908 in Dresden geboren, dort bis in die 60er Jahre an der Staatsoper, außerdem seit 1949 Mitglied der Bayerischen Staatsoper München. Seine internationale Karriere führte ihn um den ganzen Erdball; seine berühmteste Rolle war der Ochs von Lerchenau im „Rosenkavalier", den er über 500 Mal sang. Zahlreiche Opernaufnahmen aus mehreren Jahrzehnten bewahren seine schönsten Rollen auf Platten und Tonbändern.

BORRIS, Kaja,
Holländische Altistin, engagiert an der Deutschen Oper Berlin; neben kleineren Rollen bereits erfolgreiche Solo-Auftritte als Ulrica („Ein Maskenball") und Emilia („Otello").

BOYSEN, Rolf,
deutscher Charakterschauspieler. – Begann seine Bühnenlaufbahn 1946 in der Provinz, seit den 50er Jahren gehört er zu den erfolgreichsten Theater-, Film- und Fernseh-Schauspielern. Unter Götz Friedrich hat er im „Moses und Aaron" von Arnold Schönberg in der Sprechrolle des Moses an der Wiener Staatsoper mitgewirkt. Er war auch der Sophokles-Ödipus am Wiener Burgtheater bei der Götz Friedrich-Inszenierung dieser Tragödie 1980.

DOIG, Christopher,
neuseeländischer Tenor, geboren 1948, kam 1975 als Stipendiat nach Wien, trat hier an der Staatsoper in zahlreichen kleinen Rollen auf, sang aber auch schon David und Steuermann.

EURIPIDES,
griechischer Dichter, *480 v. Chr. auf Salamis, †406 v. Chr. in Makedonien. – Von mehr als neunzig Dramen sind 17 erhalten, darunter Werke wie „Medea", „Alkestis", „Hekabe", „Orestes" oder das Satyrspiel „Der Kyklop". Mit dem Elektra-Stoff hat er sich auch in „Iphigenie bei den Tauriern" sowie „Iphigenie in Aulis" auseinandergesetzt – den Vorbildern für viele spätere Dramatisierungen des Iphigenie-Schicksals sowie die beiden Iphigenie-Opern von Christoph Willibald von Gluck (1774 und 1779).

FISCHER-DIESKAU, Dietrich,
deutscher Bariton, Berliner (Jahrgang 1925). Seit Ende der 40er Jahre internationale Karriere als Lieder- und Opernsänger. Seinen ersten Sensationserfolg erzielte er unter der musikalischen Leitung von Karl Böhm als Don Giovanni in einer Inszenierung von Carl Ebert. Zahllose Schallplatteneinspielungen beweisen die enge Verbindung von Karl Böhm und Fischer Dieskau: u.a. existiert auch ein Schallplatten-Orest neben Inge Borkh. Mit Leonie Rysanek hat er eine Fidelio-Einspielung unter Ferenc Friczay (1914–1963) aufgenommen (beides Deutsche Grammophon).

FREUD, Sigmund,
österreichischer Nervenarzt, *am 6.5.1856 in Freiberg (Mähren), † am 23.9.1939 in London. Der in Wien wirkende Forscher – er lebte hier von 1859 bis zur Emigration 1938 – ist der Begründer der Psychoanalyse und deutete als erster Träume als verschlüsselte und verdrängte Wünsche, Erlebnisse oder Ängste. Wesentlich sind seine Beschreibungen der Sexualität als Faktor des Unbewußten beim Menschen.

FRIEDRICH, Götz,
deutscher Regisseur, *am 4.8.1930 in Naumburg a.d. Saale, begann seine Karriere als Assistent von Walter Felsenstein an der komischen Oper in Berlin (DDR). 1973–1977 war er Oberspielleiter der Hamburgischen Staatsoper, 1977–1981 Principal Producer in Covent Garden London; seit 1981 ist Prof. Götz Friedrich Generalintendant der Deutschen Oper Berlin. Aufsehenerregende Inszenierungen u.a. in Bayreuth (Tannhäuser, Parsifal) haben ebenso zum „Markenzeichen Götz Friedrich" beigetragen wie zahlreiche Opernfilme; für UNITEL hat Götz Friedrich vor Elektra bereits Salome, Tannhäuser und Falstaff inszeniert.

GALL, Axelle,
französische Mezzosopranistin, seit Mitte der 70er Jahre Mitglied der Wiener Staatsoper, wo sie als Annina im Rosenkavalier, als Dryade (Ariadne) oder Rheintochter ebenso eingesetzt wird wie als Niklaus oder als Orlowsky.

GIRAUDOUX, Jean,
französischer Schriftsteller und Politiker, *am 29.10.1882 in Bellac, † am 31.1.1944 in Paris. Schrieb stark gegenwartsbezogene Dramen, die er in märchenhafte oder mythische Stoffe „verpackte". Neben seiner „Elektra" (1937) sind vor allem „Undine", „Der Trojanische Krieg findet nicht statt" und „Die Irre von Chaillot" erfolgreich.

GREINDL, Josef,
deutscher Bassist, 1912 in München geboren, debütierte Ende der 30er Jahre in München; schon 1943 Mitwirkung in Bayreuth. Erarbeitete sich ein riesiges Repertoire, das vom Hans Sachs bis zum Sarastro alle Baß- und Heldenbariton-Partien umfaßte. Sehr oft auch unter Karl Böhm: der Bayreuther Ring-Mitschnitt (Philips) von 1967 bringt Josef Greindl als Hagen (Sieglinde: Leonie Rysanek).

HALMEN, Pet,
rumänisch-deutscher Bühnenausstatter, *am 14.11.1943 in Talmaciu in Rumänien. – Lebt seit 1959 in der Bundesrepublik. Begann in Berlin als Theatermaler, wurde später von Jean Pierre Ponnelle als Kostümbildner herangezogen: gemeinsame Arbeiten u.a. Turandot und Fliegender Holländer in New York, Köln, San Francisco. Er stattete auch den Monteverdi-Zyklus von Ponnelle in Zürich aus und hat sich inzwischen auch als Bühnenbildner bewährt (u.a. Aida mit Pavarotti in Berlin). Die drei kleinen Abbildungen am Kopf der nächsten Seite zeigen Figurinen aus der Serie seiner Kostümentwürfe zum Elektra-Film. 1983 will er sich als Regisseur erproben.

Kostümzeichnungen zum Elektra-Film, nach den farbigen Figurinen von Pet Halmen: Chrysothemis, Klytämnestra, Schleppträgerin und Vertraute; Tänzerinnen und Oberpriesterin aus dem Opferzug; Ägisth mit zwei Lustknaben.

HAUPTMANN, Gerhart,

deutscher Dramatiker, *am 15.11.1862, † am 6.6.1946 im heute polnischen Agnetendorf. Seine berühmtesten Werke entstanden bereits um die Jahrhundertwende: „Vor Sonnenaufgang", „Die Weber", „Rose Bernd", „Der Biberpelz", „Die Ratten". 1912 Nobelpreis für Literatur. Seine Elektra-Bearbeitung gehört zu seinem Spätwerk (Atriden-Tetralogie).

HOFMANNSTHAL, Hugo von,

österreichischer Dichter, *am 1.2.1874 in Wien, † am 15.7.1929 in Rodaun bei Wien. – Wurde als Frühtalent mit Gedichten bekannt und gründete seinen Ruhm auf Libretti für Opern von Richard Strauss (Elektra, Rosenkavalier, Frau ohne Schatten, Ariadne auf Naxos, Arabella, Ägyptische Helena) ebenso wie auf Dramen – neben „Elektra": „Der Schwierige", „Der Unbestechliche". Berühmt ist sein regelmäßig in Salzburg aufgeführter „Jedermann".

HOMER,

sagenumwobener griech. Erzähler, lebte im 8. Jahrhundert vor Chr. in Kleinasien. Unter seinem Namen wurden die klassischen Epen „Ilias" und „Odyssee" tradiert, die über den Fall der Stadt Troja berichten.

JANDA, Gerd,

österreichischer Bühnenarchitekt, der u.a. für den ORF die Bauten für die „Ringstraßenpalais"-Fernsehserie entwarf und realisierte.

JUNG, C.G.,

Schweizer Psychiater, *am 26.7.1875 in Kesswil, † am 6.6.1961 in Zürich. Erweiterte die Lehren von Sigmund Freud durch die These vom „kollektiven Unbewußten", erkennbar in den sogenannten Archetypen – gleichbleibenden Grundmustern der Träume und Mythen.

LIGENDZA, Catarina,

schwedische Sopranistin, studierte in den 60er Jahren u.a. bei Josef Greindl. Debütierte 1971 an der MET unter Karl Böhm als Leonore in Beethovens Fidelio und noch im gleichen Jahr als Isolde in Bayreuth. Zählt zu den gefragtesten Wagner- und Strauss-Sängerinnen der Gegenwart. Auf Schallplatten ist sie u.a. als Meistersinger-Evchen (Deutsche Grammophon) zu hören. Der UNITEL-Elektra ging u.a. eine UNITEL-Verfilmung des Fliegenden Holländers voraus.

LORAND, Colette,

Schweizer Sopranistin, internationale Karriere seit den frühen 50er Jahren, weites Repertoire, das von Werken wie Aribert Reimanns „König Lear" bis zur „Salome", von Carl Orffs „Prometheus" bis zu Fortners „Elisabeth Tudor" reicht. Die Rolle der Aufseherin übernahm sie für die UNITEL-Elektra auf ausdrücklichen Wunsch von Karl Böhm, der auch die Nebenrollen mit Spitzenkräften besetzt haben wollte.

NIKOLOVA, Milkana,

bulgarische Sopranistin, seit 1973 u.a. an der Wiener Staatsoper engagiert, wo sie neben Gräfin Ceprano, Inez oder Laura auch die Cho Cho San und die Santuzza sang.

O'NEILL, Eugene,

amerikanischer Dramatiker, *am 16.10.1888 in New York, † am 27.11.1953 in Boston, Sohn irischer Wanderschauspieler, Durchbruch in den 20er Jahren, Nobelpreis 1936. „Trauer muß Elektra tragen" zählt neben „Eines langen Tages Reise in die Nacht", „Fast ein Poet" oder „Alle Reichtümer dieser Welt" zu seinen erfolgreichsten Bühnenstücken.

REPPEL, Carmen,

deutsche Sopranistin, hat sich u.a. in Gelsenkirchen bereits als Strauss-Sängerin in großen

Rollen bewährt, und zwar als Kaiserin und Chrysothemis.

RYSANEK, Leonie,
österreichische Sopranistin, 1949 Debüt in Innsbruck als Agathe, bereits 1951 erstes Auftreten in Bayreuth als Sieglinde unter Karajan. 1956 Senta in San Francisco, 1959 Lady Macbeth-Triumph an der Metropolitan Opera New York. Zusammenarbeit mit Karl Böhm seit 1954. Zahlreiche Schallplatten, u.a. Kaiserin (Decca) unter Karl Böhm, für UNITEL Chrysothemis (neben Birgit Nilsson). Die UNITEL-Elektra war die erste Zusammenarbeit mit Götz Friedrich, als zweite folgte die Kundry beim Jahrhundert-Parsifal 1982 in Bayreuth.

SARTRE, Jean Paul,
französischer Philosoph und Schriftsteller, *am 21.6.1905, † am 15.4.1980 in Paris. – Sein berühmtestes philosophisches Werk entstand 1943: „Das Sein und das Nicht-Sein", im selben Jahr, in dem die „Fliegen" herauskamen. Sartre gehört wie Camus zu den sog. Existenzialisten. Seine Philosophie kam stärker in Werken wie „Die Eingeschlossenen" oder „Hinter verschlossenen Türen" zum Ausdruck.

SOPHOKLES,
griech. Dichter, *etwa 497 v. Chr., † um 407 v. Chr. in Athen. Er bekleidete auch hohe politische Ämter. Von seinen weit mehr als hundert Dramen sind 7 erhalten: neben der 409 v. Chr. uraufgeführten Elektra sind dies: „Antigone", „Ödipus", Ödipus auf Kolonos", „Ajax", „Philoktet" und „Die Trachinierinnen".

STRAUSS, Richard,
deutscher Komponist, *am 11.6.1864 in München, † am 8.9.1948 in Garmisch-Partenkirchen. Kapellmeisterkarriere, 1885 als Nachfolger Hans von Bülows in Meiningen; dann München, Weimar, Berlin, Wien. Ab 1925 freier Dirigent (weltweit) und Komponist. War international berühmt geworden durch seine symphonischen Dichtungen wie „Till Eulenspiegel". Als Opernkomponist wurde er mit einem Schlag bekannt, als er 1905 Salome nach dem Text von Oscar Wilde vertonte. „Der Rosenkavalier" begründete den dauernden Weltruhm. Nach seiner langjährigen Zusammenarbeit mit Hugo von Hofmannsthal brachte Strauss noch mehrere Opern heraus, so „Die schweigsame Frau" (Libretto Stefan Zweig), „Daphne" und „Capriccio". Doch keines dieser Werke erreichte eine ähnliche internationale Popularität wie Elektra, Salome oder Rosenkavalier.

SVOBODA, Josef,
tschechischer Bühnenbildner, international einer der gefragtesten Ausstatter, der mit Götz Friedrich u.a. den Ring der Nibelungen in London herausbrachte. In den größten Opernhäusern der Welt sind Svoboda-Ausstattungen zu sehen, so Verdis Otello in Paris oder Sizilianische Vesper in New York.

VANCE, Marjorie,
amerikanische Sopranistin. Seit Mitte der 70er Jahre Mitglied des Opernstudios der Wiener Staatsoper, wo sie u.a. als Blumenmädchen und als Najade auffiel und auch bereits als Norina und als Adina aufgetreten ist.

VARLA, Olga,
griechische Sopranistin. – Studierte in Wien und wurde Mitte der 70er Jahre bereits an die Staatsoper engagiert, wo sie kleine Rollen wie Tebaldo und Barbarina übernahm.

VARNAY, Astrid,
amerikanische Sängerin. Debüt 1941 an der MET, seit den 50er Jahren in München und Bayreuth, Düsseldorf, Paris, Hamburg, Salzburg und Wien als Wagner- und Strauss-Sängerin zu hören. Eine bei Melodram erschienene Plattenaufnahme dokumentiert sie in ihrer neben Brünnhilde, Isolde und Ortrud berühmtesten Rolle: als Elektra. Die Chrysothemis dieser 1953 entstandenen Aufnahme war übrigens Leonie Rysanek. In den 70er Jahren wechselte Astrid Varnay zu Klytämnestra und Herodias, zu Mama Lucia und zur Amme über. Vor der Klytämnestra in der UNITEL-Elektra wurde die Ausdruckskraft dieser faszinierenden Frau schon als Herodias im Salome-Film festgehalten.

YACHMI, Rohangiz,
iranische Mezzosopranistin. – Wurde anfangs der 70er Jahre an die Wiener Staatsoper engagiert und erarbeitete sich hier ein großes Repertoire, das vom Pagen in Salome bis zum Cherubin, vom Siebel bis zum Komponisten und von der Suzuki bis zur Maddalena reicht.

LITERATURHINWEISE

Die Zeit, da zumindest jeder Abiturient die griechische Mythologie und Geschichte so weit kennenlernen konnte, um sich in der „Story" vom Trojanischen Krieg und im Geschick des Artridengeschlechts auszukennen, ist offenbar vorüber. Die klassischen Dramen und ihre Nachfolgestücke werden weniger gelesen. Textausgaben sind jedoch in guter Auswahl im Buchhandel erhältlich. Reclam-Bände und andere Taschenbücher stehen neben zweisprachigen Dünndruckausgaben sowie textkritisch-wissenschaftlichen Editionen. – Unter anderem ist dem Interessierten als weiterführende Literatur zu empfehlen:

AISCHYLOS, *Die Orestie (freie Übertragung von Walter Jens), München 1981, dtv-Weltliteratur Nr. 2086.*

SOPHOKLES, *Werkausgaben u. a. bei Philipp Reclam jun. Verlag GmbH, D-7257 Ditzingen/Stuttgart.*

EURIPIDES, *Tragödien und Fragmente, z.B. in der Tusculum-Bibliothek (griechisch/deutsch), Artemis-Verlag, München*

HOFMANNSTHAL, HUGO V., *Elektra (Operntext), Musikverlag Schott, Mainz (vertritt Verlag Fürstner Ltd, Bramstedt).*

SARTRE, J. P., *Dramen (I): Die Fliegen / Schmutzige Hände, Rowohlt-Taschenbuchverlag GmbH, Reinbek b. Hamburg.*

HAUPTMANN, G., *Dramen in Werke-Ausgaben bei Ullstein, Berlin, und Fischer-Taschenbuchverlag, Frankfurt/M.*

BACHOFEN, J. J., *„Das Mutterrecht", hrsg. von H. I. Heinrichs, Frankfurt/M., Suhrkamp Taschenbuch Wissenschaft, stw 135.*

FREUD, SIGMUND, *Werke, auch in Studienausgaben, vor allem Ullstein, Berlin, und Fischer-Taschenbuchverlag, Frankfurt/M.*

JUNG, C. G., *Einzelausgaben des umfangreichen Gesamtwerks, Walter-Verlag, Freiburg (Breisgau) und Olten (Schweiz).*

OVERHOFF, K., *„Die Elektra-Partitur von Richard Strauss. Ein Lehrbuch für die Technik der dramatischen Komposition", Universitätsverlag Anton Pustet, Salzburg.*

Hinzu kommen die Bearbeitungen des griechischen Sagenstoffs von Grillparzer bis Hölderlin sowie z.B. die Texte zu den Iphigenie-Opern von Gluck.

Einige der genannten Bücher wurden als Quellen für Text und Zitate herangezogen. Sollten die Herausgeber das Copyright – unwissentlich – nicht beachtet haben, so wende sich der Rechtsinhaber an den Verlag. – Auf Seite 185, Absatz 2, wird frei zitiert nach dem Bertelsmann-Schauspielführer von Felix Emmel/G. Richter, Ausgabe Gütersloh 1967. Die Wiedergabe des Elektra-Textbuches (Seiten 199 bis 226) erfolgt gegen Honorar mit Genehmigung des Verlags B. Schott's Söhne, Mainz. Gefördert wurde das Erscheinen des Werkes durch die Freigabe der Bildrechte von UNITEL, München-Unterföhring, zur Wiedergabe der Fotos in diesem Buch.

Der erste Bildband aus
der Buchproduktion von
Editions Tomek, Monaco,
der von Helmut Koller entscheidend mitgestaltet wurde:

DIE FRAU ÜBER 30

*Großformat 21,5 x 30 cm, Leinen
mit farbigem Schutzumschlag,
160 Seiten, 128 Schwarzweiß-Fotos.
Deutsch 1980 / Französisch 1981.
Preis DM / sfr. 56,–; FFr. 130,–.
Erhältlich in Ihrer Buchhandlung.
(Auslieferung: VVA, D-4830 Gütersloh,
Bestell-Nummer 330/43006)*

Lesen Sie hier das programmatische Vorwort:

*Im Bild und Abbild unserer Gesellschaft fehlt zusehends
die Faszination des Mädchenhaften. Die Ausstrahlung und
die subtilen Farben von Frische und Unberührtheit des
Mädchens, der jungen Frau – über Jahrhunderte Thema
unserer Dichter – sind abhanden gekommen. An ihre
Stelle ist die Faszination der Reife getreten, die bewegende Ausstrahlung der Frau über Dreißig.
„Über 30" – als symbolischer Anhaltspunkt – sie mögen
knapp dreißig, über dreißig oder vierzig und mehr Jahre
jung sein, diese seltsamen, wundervollen Wesen, die dem
Abbild unserer Gesellschaft endlich wieder Farbe geben;
alle haben sie eines gemeinsam: das erotisierende Charisma ihrer – oft schmerzhaften – Selbstverwirklichung.
Meist wird der Prozeß zur Ich-Findung durch äußere
Zwänge in Gang gesetzt, oft durch das Scheitern einer
Ehe, fast immer jedoch durch die langsame Verrottung
oder auch abrupte Zertrümmerung eines Klischees, mag
dieses nun von unserer Gesellschaft indoktriniert oder
freiwillig angenommen worden sein.
Sicherlich schaffen es manche Frauen nicht, diesen Weg
konsequent zu Ende zu gehen. Aber während es früher
die Regel war, daß eine Frau über dreißig „draußen" ist,
„kaputt" und „uninteressant" (mit Ausnahme von Berühmtheiten natürlich), ist dies heute fast umgekehrt.
Manchmal geschieht die – vielleicht latent herangereifte –
Selbstverwirklichung in einer vulkanhaften Eruption, in
einer alles um sich herum vernichtenden Explosion, ein
Selbstverwirklichungs-Terrorismus, undifferenziert und
ungerecht, Leid auch jenen zufügend, die wissentlich
nichts dafür können. Aber es gibt auch Explosionen, die
Goldadern freilegen ... Die Frau über Dreißig, wie wir sie
sehen und bewundern, hat den Mut, sich selbst anzunehmen. Indem ihr dies gelingt, setzt sie Impulse, die unsere
Gesellschaft bitter nötig hat.
Dies alles einzufangen, darum haben wir uns in diesem
Buch mit Bildern und Texten bemüht.*

FOTONACHWEIS

HELMUT KOLLER	Titelfoto (Schutzumschlag); Seiten: 7, 13, 18–22, 40–83, 104–107, 108 u., 109, 110, 112–115, 117, 119–122, 124, 125, 126 o., 127 o., 128 o. und u., 130, 131, 132 o. und r. u., 133 Mitte und l. u., 136 o. und r. u., 137–141, 143, 144 l., 146, 147, 148 u., 149, 150 o. und r. u., 151–154, 156, 157, 160, 161, 199–201, 202 o. und Mitte, 203–224, 225 o. und u., 226, 227, 231
ERNST LUDWIG GAUSMANN	85, 108 l. und r. o., 116, 118, 126 l. u. und r., 127 u., 128 Mitte l., 129, 132 l. u. und Mitte, 133 r. u., 136 Mitte r., 142, 144 Mitte, 145, 148 o., 150 l. u., 158, 165–177, 179, 181, 202 u., 225 Mitte
PRIVATARCHIV GAUSMANN (Organismos Fotoreportaz, Athen)	11
ANTHONY-VERLAG, Starnberg (Kirchberger)	14
DAGMAR BARTIK, Wien	233
BAVARIA-VERLAG, Gauting	16
BAVARIA-VERLAG (Privatbes. Alice Strauss)	34
PRIVATARCHIV DR. KARL BÖHM	180
EDITIONS TOMEK, Monaco	239
LOTHAR KNESSL, Wien	178
BILDARCHIV PHOTO KRANICH, Berlin (Foto F. Peyer, Hamburg)	32
ÖSTERR. NATIONAL-BIBLIOTHEK, Wien	27, 29, 31

FILMMATERIAL:

Die Farbfotos in diesem Buch wurden aufgenommen auf
KODAK EKTACHROME FILM.
Für die Dreharbeiten des Elektra-Opernfilms verwendet wurde
EASTMAN COLOR NEGATIVE FILM.